Φρίξος Κλάρας

Χορός με την Ελεονώρα

Φρίξος Κλάρας

Χορός με την Ελεονώρα.

Δεκαέξι διηγήματα, πεζογραφήματα, ευθυμογραφήματα, ερωτογραφήματα, θεατρογραφήματα γύρω από μια νουβέλα.

Bibliografische Information der Deutschen Nationalbibliothek:

Die Deutsche Nationalbibliothek verzeichnet diese Publikation in der Deutschen Nationalbibliografie; detaillierte bibliografische Daten sind im Internet über http://portal.dnb.de abrufbar.

Kontakt: fritz.karol@web.de
Illustration: *Alkistis* alkistis.karouli@gmail.com

Επικοινωνία: fritz.karol@web.de
Εικονογράφηση: *Άλκηστις* alkistis.karouli@gmail.com

ISBN 978-3-98527-633-2

www.rediroma-verlag.de
9,95 Euro (D)

ΠΕΡΙΕΧΟΜΕΝΑ

Αφιερωμένο στον Wolfgang Fischer, που σε μιαν ανέμελη στιγμή διατάραξε τη γαλήνη μας διηγούμενος κάποιες ταξιδιωτικές φαντασιώσεις του.

Ένα αστέρι πέφτει απ' τον ουρανό

Όταν ο Θεός έπλασε τους ανθρώπους, τους έδωσε για τη ζωή και την ευτυχία τους ό,τι χρειάζονταν. Έναν πλανήτη με όλα τα καλά, ζώα, φυτά, βουνά και λαγκάδια με άφθονο νερό και ήλιο, ένα ταίρι για να μην αισθάνονται μόνοι και να πορεύονται με σιγουριά στην ανατροφή των απογόνων τους κι ένα δυνατό, ευέλικτο μυαλό για να επιβάλλονται στην πλάση και να μπορούν να ανταπεξέρχονται στους κινδύνους. Τους έκανε έτσι ανεξάρτητους από δεσμεύσεις και κύριους της ίδιας τους της ζωής, ένα δώρο που το έδωσε μια και μοναδική φορά και μόνο στην ανθρωπότητα!

Όμως είδε ότι οι άνθρωποι παρ' όλα αυτά δεν ήταν ευτυχισμένοι. Άλλοι ήταν πλούσιοι, όμως οι λιγοστοί φίλοι τους ήταν ψεύτες και υποκριτές, ενώ οι πολυπληθείς εχθροί τους είχαν σαν μοναδικό, θα 'λεγες, σκοπό της ζωής τους την καταστροφή τους. Άλλοι πάλι ήταν φτωχοί και είχαν φίλους, όμως η πείνα είναι οδυνηρή και φέρνει γκρίνια και προστριβές. Άλλοι είχαν δύναμη, όμως δεν ήξεραν να τη χειριστούν για το καλό ενώ άλλοι μαστίζονταν απ' την αδυναμία τους και παρέμεναν για πάντα σκλαβωμένοι μέσ' τη δυστυχία τους.

Έπρεπε να παραδεχτεί ότι οι άνθρωποι τελικά χρειάζονταν κάτι ακόμα, ίσως κάτι μικρό για να είναι ευτυχισμένοι κι ευχαριστημένοι. Τους παρατήρησε από μακριά για να δει τις συνήθειές τους. Είδε ότι άλλοι ζούσαν μέσ' το λίπος κι άλλοι λιμοκτονούσαν. Αυτοί που είχαν έναν σύντροφο και οικογένεια, εύχονταν να μπορούσαν να τραβήξουν στα πέρατα του κόσμου, ενώ οι οδοιπόροι και οι ταξιδευτές εύχονταν ένα σπιτικό. Ήταν έτσι που κανείς δεν χαίρονταν με αυτά που είχε. Αυτοί που δούλευαν όλη μέρα, είχαν κουραστεί, αλλά τα χέρια και τα ανικανοποίητα σώματα των πλουσίων διψούσαν για δουλειά. Όσοι πίναν κρασί διψούσαν για νερό, κι όσοι ξέραν το κρασί μόνον κατ' όνομα, εύχονταν κάποτε να πιούν κι' αυτοί...

Όμως ο θεός δεν καταλάβαινε τον λόγο που οι άνθρωποι δεν ήταν ευχαριστημένοι κι αποφάσισε να στείλει τρείς αγγέλους πάνω στην γη για να τους παρατηρήσουν από κοντά.

Ο πρώτος διαπίστωσε ότι οι άνθρωποι μπορούσαν να κάθονται ώρες ολόκληρες με ένα απλανές και μελαγχολικό βλέμμα κοιτάζοντας τη φωτιά. Αυτό τους μαγνήτιζε και τους χαλάρωνε. Τους έκανε να σκέφτονται τους εαυτούς τους και τη ζωή τους, αναγνώριζαν ότι έκαναν πολλά λάθη κι ότι στις στιγμές που ήταν ωραίες και θα μπορούσαν να είναι ευτυχισμένοι, αυτοί εύχονταν κάτι άλλο.

Ο θεός θεώρησε καλό που οι άνθρωποι πήγαιναν στο δικαστήριο τους εαυτούς τους κι άφησε τη φωτιά όπως ήταν...

Ο δεύτερος άγγελος ανέφερε ότι οι άνθρωποι μπορούσαν να κάθονται ώρες ατέλειωτες μπροστά στη θάλασσα και να αιωρούνται με τις σκέψεις τους στον απέραντο ωκεανό και στους κόσμους πίσω απ' αυτόν. Ανέφερε επίσης ότι μια περίεργη ηρεμία και γαλήνη, μια μίξη απ' την απόλαυση της στιγμής και την ανησυχία για το φευγαλέο αγκάλιαζε την ψυχή τους έτσι όπως πλανιόνταν στην απεραντοσύνη του νερού και πλανεύονταν απ' τον φλοίσβο του.

Ο θεός το βρήκε κι αυτό καλό, γιατί ήξερε ότι οι άνθρωποι χρειάζονταν τη γαλήνη. Αυτήν την υπέροχη ηρεμία στην οποία ελλοχεύει τόση δύναμη, όπου ο άνθρωπος απολαμβάνει πλήρως τη στιγμή του κι όμως έχει το βλέμμα του στραμμένο προς το μέλλον του. Άφησε λοιπόν και τη θάλασσα όπως ήταν...

Ο τρίτος διηγήθηκε ότι οι άνθρωποι τη νύχτα κοιτούσαν συχνά τον ουρανό κι ότι όλες τις επιθυμίες τους και τις ευχές τους, είτε για πλούτο, είτε για ευτυχία, είτε για μια καλύτερη ζωή τις στέλναν στο φεγγάρι και στ' αστέρια. Αυτός ο βραδινός ουρανός ήταν σαν ένας φίλος, στον οποίο κανείς μπορούσε να στείλει όλην την καρδιά του και όλες τις ευχές του, όμως δεν είχε καμμιά δυνατότητα να βοηθήσει.

Αυτό δεν άρεσε καθόλου στον θεό. Διότι η φωτιά θύμιζε στον άνθρωπο τον εαυτό του, η θάλασσα ήταν η απόλαυση της στιγμής και της αιωνιότητας συγχρόνως, όμως ο ουρανός ήταν σαν μιαν ερώτηση χωρίς απάντηση.

Εφτά μέρες κι εφτά νύχτες συλλογιότανε μέχρι που βρήκε την απάντηση για το πώς θα μπορούσε ο νυχτιάτικος ουρανός να απαντήσει στους ανθρώπους.

Από τότε αφήνει κάθε νύχτα να πέφτουν απ' τον ουρανό μερικά αστέρια, και κάθε αστέρι είναι η απάντηση σε μιαν ερώτηση. Γιατί κάθε άνθρωπος που θα δει ένα αστέρι να πέφτει απ' τον ουρανό, δικαιούται μιαν ευχή που θα γίνει πραγματικότητα.

Όμως ο θεός το άφησε ανοιχτό κι ελεύθερο το τι θέλουν να ευχηθούν, αν θέλουν λεφτά, ευτυχία, καριέρα, υπόληψη ή δύναμη, ή απλά αν θέλουν έναν φίλο ή να γνωρίσουν τα πέρατα της γης.

Το αν μπορεί όμως κανείς να ευχηθεί για ηθική, αρετή κι αγάπη, αυτό ο θεός το άφησε στην κρίση του ανθρώπου.

Τώρα ξέρουμε λοιπόν γιατί υπάρχουν τόσοι λίγοι άνθρωποι που γνωρίζουν τι είναι η ηθική, που ζουν ενάρετα και μοιράζουν απλόχερα την αγάπη στον συνάνθρωπό τους. Επίσης τώρα καταλαβαίνουμε γιατί υπάρχουν τόσοι πολλοί που χλευάζουν και λοιδορούν τους ενάρετους, τους ηθικούς κι αυτούς που αγαπάνε τους άλλους, θεωρώντας τους χαζούς, αδύναμους και κορόιδα.

Όμως ο θεός φρόντισε να φτιάξει έτσι τις καρδιές μας, ώστε οι άνθρωποι που μας εντυπωσίασαν με τον έντιμο και ηθικό τρόπο ζωής τους και μοίρασαν την αγάπη γύρω τους, να μένουν για πάντα εκεί, στην καρδιά μας, ενώ όσοι έκαναν επίδειξη πλούτου, ισχύος και υπεροψίας στη ζωή τους, απλά πέρασαν άνιχνοι απ' τον κόσμον αυτόν κι ούτε τους θυμάται κανείς, αλλά ίσως και να μην θέλει κανείς να τους θυμάται.

Κάποιοι μάλιστα ισχυρίζονται ότι αυτοί οι ίδιοι είναι τα πεφτάστερα που βλέπουμε, τιμωρημένοι για την αλαζονεία τους, αλλά πού να ξέρει στα σίγουρα κανείς...

Στους ανθρώπους, μικρούς και μεγάλους, αρέσουν τα παραμύθια. Τόσο πολύ που, ενώ οι μικροί ξεκαρδίζονται στα γέλια, οι μεγάλοι προτιμούν να παραμυθιάζονται χαζοχαμογελώντας, παρά να ψάχνουν ψιλοσοβαρά τα νοήματα που κρύβονται μέσα τους...

Ένα παραμύθι γι' Άρχοντες και Γέρους

Το Κάστρο στεκόταν αγέρωχο. Ήταν σαν να φώναζε σε όλον τον κόσμο "*Με βλέπετε; Είμαι πάντα εδώ, περήφανο και δυνατό!*" Τα σημάδια του χρόνου ήταν βέβαια εμφανή πλέον πάνω του, όμως αυτό δίσταζε να τα παραδεχτεί, αν και κατά βάθος ήξερε την αλήθεια.

Αν ρώταγε κανείς τους χωρικούς γύρω του, θα 'λεγαν ότι οι Άρχοντες που κυβερνούσαν απ' το Κάστρο έκαναν στη διάρκεια των αιώνων αρκετά λάθη. Για παράδειγμα, ο καθένας έχτιζε κι από ένα κομμάτι, τις περισσότερες φορές περιττό, κι έτσι το Κάστρο τώρα έμοιαζε σαν καλοθρεμμένος καπελάς, τεμπέλικα στρογγυλοκαθισμένος ρεμβάζοντας την κοιλάδα και τον κόσμο μπροστά του που έσφυζε από ζωή...

Η ζωή! Η ζωή του είχε βρει πια μια ισορροπία, όμως το Κάστρο απλά δεν το 'ξερε. Αναπολούσε τις παλιές καλές στιγμές, αυτές που πάντα οι άνθρωποι τις θεωρούνε "καλές", εθελοτυφλώντας στο γεγονός ότι οι τωρινές μπορεί να είναι ακόμα καλύτερες. Αλλά αυτό μόνο ο χρόνος μπορεί να μας το δείξει, αφού όμως κι αυτός έχει πια περάσει...

Το Κάστρο μας λοιπόν αναπολούσε τις μέρες που προσπαθούσε να γίνει δυνατό, ισχυρό, να επιβληθεί! Ήταν οι καιροί της δράσης, της επιτυχίας και του λάθους. Οι Άρχοντες δεν ήταν κακοί, σε κάποιες στιγμές υπερίσχυσαν ίσως οι σκοτεινές πλευρές τους, όμως σε γενικές γραμμές οι Άρχοντες που το κυβέρνησαν απ' τα βάθη του χρόνου ήταν συνετοί κι αγαπητοί.

Τώρα όμως έβλεπε τα πράγματα με άλλο μάτι. Τώρα μπορούσε να δει πόσο αλαζονικό είχε συχνά φανεί, πόσο αμείλικτο σε όσους δεν συμπάθησε, πόσο υπεροπτικό σε όσους περιφρόνησε.

Θυμήθηκε τη συμμαχία του με το άλλο μεγάλο Κάστρο, που κατάντησε δέσμιός του. Οι χωρικοί έφταιγαν, αυτοί το ζήτησαν, έτσι "έπρεπε" να γίνει, είπαν. Οι Άρχοντες ήθελαν πάντα ευτυχισμένους τους χωρικούς, αφού λοιπόν αυτοί θα αισθάνονταν πιο σίγουροι με τη συμμαχία, έπρεπε να την κάνουν. Όμως τα πράγματα δεν έρχονται όπως τα στοχαζόμαστε, χάσκοντας με ανοιχτό το στόμα και το μυαλό μαστουρωμένο...

Οι Άρχοντες είχαν ακόμα θάρρος και σθένος. Πήραν τη μεγάλη απόφαση να σπάσουν τη συμμαχία. Οι χωρικοί αναρωτήθηκαν

- Καλά, το γνωρίζετε ότι από εδώ και στο εξής δεν έχουμε πολλές πιθανότητες γι' άλλες συμμαχίες, παρά πρέπει να πορευτούμε μόνοι μας;

Οι Άρχοντες τους καθησύχασαν

- Ναι, μην ανησυχείτε! Είμαστε ακόμα αρκετά ισχυροί, θα δουλέψουμε όλοι μαζί, έχουμε σοδειά, έχουμε χώρο, θα επιβιώσουμε με αξιοπρέπεια και θα ψάξουμε γι' άλλη συμμαχία. Αυτό δεν θέλετε κι εσείς;

Οι χωρικοί κούνησαν το κεφάλι τους.

- Ναι, αυτό θέλουμε!

Αλλά μέσα τους ήξεραν ότι οι Άρχοντες θα ήταν πια μόνοι τους, θα 'πρεπε να κουμαντάρουν τη μοίρα όλων μας με τις δικές τους δυνάμεις, ανάμεσα στα αντικρουόμενα συμφέροντα των άλλων και τις εισβολές των ξένων συμφερόντων.

Τα 'ξεραν κι οι Άρχοντες αυτά, δεν ήταν δα παιδαρέλια! Αυτό όμως που δεν ήξεραν ήταν η ένταση της μοναξιάς, η έκταση της απελπισίας, η ανάγκη της επαφής με τους γείτονες, αλλά και το τσούξιμο στις πληγές που αυτοί προκαλούσαν.

Αλλά έλπιζαν! Έλπιζαν ότι κάποτε θα έβρισκαν το "αδελφό κάστρο", ένα κάστρο που να άξιζε τον κόπο να βασιστεί κανείς πάνω του. Δε μπορεί, ο κόσμος είναι τεράστιος, κάπου θα υπήρχε αυτό το Άγιο Καστροπότηρο!

Όμως ο καιρός περνούσε και η μονότονη απογοήτευση διαδεχόταν αέναα την εφήμερη ηδονή.

Οι Άρχοντες έγιναν ανήσυχοι. Έπρεπε να βρουν γρήγορα μια λύση. Χρόνια και ζαμάνια σκέφτονταν και συσκέφτονταν, μέχρις που ένας απ' αυτούς θυμήθηκε το βουνό της Φαντασίας. Είχε ακούσει, είπε στους άλλους, ότι εκεί ζούσε σε μια σπηλιά ένας γερο-σοφός, τόσο γέρος που στη μύτη του είχαν φυτρώσει μανιτάρια και τόσο σοφός που αντί για μαλλιά είχε φίδια, όχι απ' αυτά του κάμπου, αλλά απ' αυτά που χορεύοντας αναγαλλούν την ψυχή των ανθρώπων και τα μάτια τους λάμπουν σαν τα πετράδια της σοφίας.

Δίχως να χάσουν χρόνο το αποφάσισαν κι ένας απ' αυτούς ξεκίνησε για εκεί. Έβαλε την τύχη όλων τους στο δισάκι του και περιπλανήθηκε μέχρις που αυτή του έδειξε τον δρόμο για το βουνό. Έπρεπε τώρα να βρει και τον Γέρο. Όμως ο Άρχοντας δεν τον βρήκε τον Γέρο. Ο Γέρος βρήκε τον Άρχοντα. Καθόταν στην πέτρα, σε ποια πέτρα δύσκολο να πει κανείς, αφού το μάτι αναπετάριζε στην απλωσιά και την ανηφόρα του βουνού, μπερδεύοντας τη γνώση. Ο Αρχοντας τον είδε ξαφνικά - τρόμαξε, όμως ο Γέρος γελούσε.

- Οι σοδειές πάνε καλά; ρώτησε με την υπόκωφη, στριγγλή και λαμπερή φωνή του.

- Καλά πάνε, αλλά δεν ήρθα γι' αυτό... αποκρίθηκε ο Άρχοντας.

- Τι κάνουν οι χωρικοί σας; Ο Γέρος τον αγνόησε.

- Καλά είναι, αλλά...

- Άκουσα ότι αυξάνονται και πληθύνονται! Και τα ζωντανά τους πληθύνονται κι αυτά!

- Μμμ, ναι, έτσι είναι...

Ο Αρχοντας δεν ήξερε πώς να συνεχίσει, ο Γέρος τον αιφνιδίασε. Ησυχία απλώθηκε, ο Άρχοντας κοιτούσε αποπροσανατολισμένος τον Γέρο κι ο Γέροντας τρυπούσε με τα μάτια του την ψυχή του Άρχοντα πασχίζοντας να διαβάσει τα ενδόμυχά της. Τελικά έσπασε τη σιωπή.

- Και τι έχεις εσύ να προσφέρεις στο άλλο Κάστρο; Κούνησε τη μαγκούρα του, όχι απειλητικά, αλλά δείχνοντας κυκλικά τον ουρανό, αγκαλιάζοντας την πλάση λες και ήθελε να την αιχμαλωτίσει. Τέλος την κατέβασε, την κούνησε πέρα δώθε ρυθμικά και τελικά την κάρφωσε στο χώμα μπροστά του στηρίζοντας το σαγόνι του πάνω της.

- "*Η αγορά! Η προσφορά και η ζήτηση! Τι θα δώσω, τι θα πάρω, όλα είναι εμπόριο, αυτό θέλει να πει ο Γέρος*" σκέφτηκε ο Άρχοντας.

Σάστισε για λίγο. Αλήθεια, μπορεί να ζητούσαν απ' το άλλο κάστρο τη συμμαχία, αλλά αυτοί τι θα πρόσφεραν; Οι στρατιώτες ήταν πια γέροι και κουρασμένοι, οι χωρικοί καλλιεργούσαν αρκετά για όλους, αλλά όχι και για άλλα κάστρα, τα αποθέματα αρκούσαν, αλλά όχι και για νέες εκστρατείες...

- Έχουμε μια ισορροπημένη ζωή, είμαστε αγαπητοί, έχουμε καλοσύνη που την διαθέτουμε απλόχερα, έχουμε ηθική που σπάνια ανταμώνει κανείς πια σήμερα... Όλα τα κάστρα ζητάνε μια παρηγοριά, ζητάνε...

Το γέλιο του έσκισε τον ουρανό σαν κεραυνός εν αιθρία που έφυγε όσο ξαφνικά ήρθε. Καθόταν εκεί, ενεργά ανέκφραστος, λες και το γέλιο βγήκε απ' τη μαγκούρα του και γίνηκε βροντή στα σύννεφα. Τα φίδια του ανορθώθηκαν σε τρελό πυρρίχιο χορό και τα μανιτάρια λες και γελάσανε κι αυτά...

- Όλοι αυτό λένε ότι έχουν! Όλοι είναι καλοί και άγιοι, αλλά στο βάθος, όλοι είναι εγωιστές!

Ο Γέρος πετάχτηκε όρθιος, αυτήν τη φορά όμως ήταν θυμωμένος και το ουράνιο γέλιο του έγινε μουγκρητό που μετουσιώθηκε σε γκρίζη συννεφιά μαυρίζοντας την ψυχή του Άρχοντα.

- Όλοι μόνο τον εαυτό σας σκέφτεστε! Αυτό είναι όλο κι όλο; Μια καλή εικόνα; Ή καθόλου εικόνα; Σε ευχαριστεί αυτό; Το εξωτερικό περίβλημα είναι που μετράει για 'σάς;

- Μα όχι, ζητάμε τη συμμαχία, ζητάμε τη σιγουριά, την εσωτερική αδελφοσύνη!

Ξαφνικά, όπως άναψε, έτσι και ησύχασε. Ξανακάθησε ήσυχα στην πέτρα, τα φίδια ξανατυλίχτηκαν στη θέση τους, λάμποντας και παιχνιδίζοντας πάλι. Ήταν φανερό ότι δεν τον πίστεψε.

- Κατανοώ την ανάγκη σου κι ας εξανίσταμαι που η ανάγκη αυτή σε απομακρύνει απ' τον άνθρωπο. Δες μπροστά σου, η λύση είναι στα πόδια σου. Οι χωρικοί δουλεύουν, οργανώνουν πανηγύρια, έτσι δεν είναι; Και αραιά-πυκνά όλο και κάποιοι από άλλα κάστρα έρχονται σε σας. Γιατί άραγε;

- Τους λείπουν αυτά που προσφέρουμε, αν και συχνά ζητάνε ένα και το ίδιο πράγμα όλοι τους...

- Τους το δίνετε, έτσι δεν είναι;

- Ναι αλλά στο τέλος μας μένει η πίκρα... Όπως έρχονται φεύγουν και η ανάγκη είναι πάντα εκεί, έντονη, σημαντική...

- Χμ! Και τι ακριβώς είναι αυτό που ζητάνε οι άλλοι απεσταλμένοι κι εσείς τους το δίνετε "απλόχερα";

- Χαρά, ευχαρίστηση, εφήμερη ηδονή. Να περνάνε καλά στα πανηγύρια μας ζητάνε όλοι!

- Α, χα, χα, χα, ΧΑΧΑΧΑ!!!!

Το γέλιο του γέρου έγινε βροντή, έγινε αστραπή, διαλύθηκε ολόκληρος σε ένα σύννεφο που τύλιξε τον Άρχοντα μουσκεύοντάς τον μέχρι το μεδούλι καθώς άρχισε να βρέχει με μανία περισσή. Με μια τελευταία βροντή που κούφανε τον Άρχοντα διαλύθηκε παραχωρώντας τη θέση της σε έναν ήλιο λαμπρό και ζεστό που τύλιξε τον Άρχοντα, τον στέγνωσε και τον τύφλωσε. Όμως κι αυτός ο ήλιος δεν κράτησε πολύ, χλόμιασε, ξεθώριασε κι ο Γέρος ξαναεμφανίστηκε στη γης για να ξανακάτσει στον βράχο του. Κροτάλισε τα δάχτυλά του και η όραση κι η ακοή του Άρχοντα επανήλθαν, κάνοντάς τον να αναπηδήσει ξαφνιασμένος.

- Κουφός και τυφλός είσαι! Έτσι είσαστε όλοι! Γιατί αν τους ρωτήσεις, κι αυτοί θα πούνε ότι έχουν να δώσουν αγάπη, καλοσύνη και ηθική και εσείς τους δίνετε καλοπέραση κι εφήμερη ηδονή! Όλοι βλέπετε μέσα απ' τα μάτια του εγωισμού σας κι ακούτε μέσα απ' τα αυτιά της αλαζονείας σας...

Ο Αρχοντας ντράπηκε, είναι η αλήθεια. Είπαμε ότι δεν ήταν κακός άρχοντας, ίσως λίγο παραπλανημένος, αλλά ήταν πάντα έτοιμος να αντικρύσει την αλήθεια.

Ο Γέρος εστίασε στα μάτια του, τα μανιτάρια τρεμούλιασαν προκαλώντας ρίγος στον Άρχοντα και τα φίδια ταλαντεύτηκαν προκαλώντας του υπνηλία. Ο Γέρος τον ακούμπησε με τη μαγκούρα κι ο Άρχοντας συνήλθε.

- Ας υποθέσουμε όμως ότι το βρίσκετε τελικά το κάστρο της Ουτοπίας! Τα συζητάτε με τους απεσταλμένους και τα βρίσκετε. Τότε τι είσαστε διατεθειμένοι να αλλάξετε στη ζωή σας;

- Να αλλάξουμε; Ο Αρχοντας σάστισε. Να αλλάξουμε;

- Φυσικά! Και το άλλο Κάστρο κάτι θα θέλει και κάτι θα 'χει να προσφέρει κι αυτό. Και οι δύο θα πρέπει να κάνετε παραχωρήσεις και συμβιβασμούς. Θα το δεχτούν αυτό οι χωρικοί;

- Δεν ξέρω. Είναι βολεμένοι τώρα, περνάνε καλά, δεν ξέρω αν θα θελήσουν αλλαγές...

- Θα σου πω ένα παραμύθι. Στη φωλιά του χελιδονιού γέννησε ο κούκος το αυγό του. Το κουκάκι όταν γεννήθηκε ήταν τόσο μπελαλίδικο, που από τότε οι άνθρωποι αποκαλούν τη φωλιά “η φωλιά του κούκου” αντί του χελιδονιού. Όμως το χελιδόνι έχει το σθένος να δεχτεί τη διαφορετικότητα, να περιθάλψει τον μικρό μπελά και να τον αποδώσει στην κοινωνία πίσω, ίσως με καλύτερους τρόπους, ίσως όχι.

Ο Γέρος σηκώθηκε.

- Με κούρασες. Ό,τι έχω να σου πω, δες το καλό που ‘χεις, δες καθαρά τους χωρικούς και την ευτυχία τους, εκεί βασίσου. Μη ζητάς από άλλα Κάστρα να σου δώσουν, δεν έχουν, όπως δεν έχεις και εσύ τίποτα να δώσεις που να μην το έχουν κι αυτοί!

Ο Γέρος άρχισε να εξαχνώνεται.

- Πάρε τη στιγμή, κατανόησέ την. Θα τη βιώσεις περισσότερο όταν θα μπορείς να βλέπεις τον άνθρωπο πίσω απ' το Κάστρο του, θα πετύχεις όταν δεις τους απεσταλμένους με αγάπη και δεν τους ζητήσεις τίποτα! Δώσε την καλύτερη φιλοξενία, δώσε ό,τι θέλουν, σε ευχαριστεί και σένα αυτό, κατά βάθος ξέρεις ότι κάποτε θα φύγουν και αυτοί... Μην κάνεις προτεραιότητα στη ζωή σου αυτούς για τους οποίους είσαι απλά μια διέξοδος. Μην κλαις γι' αυτούς που δεν θα κλάψουν ποτέ για σένα.

Ο Γέρος δε φαινόταν πια. Μόνο η φωνή του άχνιζε απομακρυνόμενη...

- Ξέρεις πότε θα τους κρατήσεις ακόμα και αν φύγουν; Όταν αυτοί θα αναφέρουν στον δικό τους Άρχοντα:

- *“Άρχοντά μου, στο κάστρο αυτό είχαμε την καλύτερη φιλοξενία, ζεστή χωρίς να μας πνίγει, μας κράταγαν με τις πόρτες ανοιχτές, κάναμε μαζί τις συζητήσεις, αλλά στη δική του γλώσσα ο καθένας. Άρχοντά μου, στο κάστρο αυτό μπορούμε να πηγαίνουμε όποτε θέλουμε, γιατί κανείς δεν μας εμποδίζει να φύγουμε, μπορούμε να διασκεδάσουμε γιατί μας καταλαβαίνουν και μπορούμε να μισέψουμε όποτε θελήσουμε, γιατί ξέρουμε ότι μπορούμε να ξαναγυρίσουμε όποτε νιώσουμε την ανάγκη. Πάντα ευπρόσδεκτοι θα ‘μαστε και πάντα ελεύθεροι να φύγουμε...”*

Φύλλα έπεφταν στο έδαφος, καθώς ο Άρχοντας γύρισε να πάρει το δρόμο του γυρισμού. Ήξερε ότι όλα αυτά κάπου έπρεπε να συγκλίνουν. Περπατούσε σκεφτικός γι' αρκετό διάστημα, μέχρις που ξαφνικά στα χείλια του ήρθε άθελά του μια λέξη:

- Σεβασμός!, μουρμούρισε σηκώνοντας τα χέρια του στον ουρανό, σαν να ευχαριστούσε τον Γέροντα.

- Σεβασμό και Αποδοχή ήθελε να πει και τα περιέγραψε με τις εικόνες του. Το Κάστρο του Χρόνου επιβιώνει αγέρωχο μόνο αν μπορεί να προσφέρει σεβασμό αντί για υπεροψία, αλλά και να αποδεχτεί και να εκτιμήσει την αξία των άλλων κάστρων! Μόνο έτσι του ανήκει η αιώνια στιγμή του Κόσμου....

Άρχισε να τρέχει ροβολώντας στην κατηφόρα, πεταρίζοντας στον δρόμο του γυρισμού, αιωρούμενος λες πάνω απ' τις κοτρόνες που κατηφόριζανν κι αυτές χαρούμενες μαζί του.

- Όταν σέβεσαι κι εκτιμάς τον άλλον, τότε μόνο μπορείς να κάνεις συμμαχία στα ίσα. Ο σεβασμός και η εκτίμηση γεννάνε την αμοιβαία ειλικρίνεια και τότε οι χωρικοί δεν θα χρειαστεί να χάσουνε τα προνόμιά τους, αφού και οι άλλοι χωρικοί θα συνδράμουν το ίδιο. Αυτή είναι η βάση της κοινωνικής συναναστροφής, ο Αλληλοσεβασμός και η Αλληλοεκτίμηση! Αυτός είναι τελικά ο στύλος για κάθε συμμαχία!

Σταμάτησε το πιλάλημα, άλλωστε έφτασε πια στα ριζά του βουνού. Κοιτώντας τις πέτρες που ακόμα κατρακυλούσαν γύρω του συνέχισε να μουρμουρίζει μέσα στα δόντια του.

- Όμως, τι ακριβώς σημαίνει "σεβασμός" και "εκτίμηση"; Πώς να τα περιγράψει κανείς, τι ακριβώς πρέπει να κάνουμε για να δείξουμε ότι σεβόμαστε και εκτιμάμε τους άλλους; Αλλοίμονο, τι δύσκολο που είναι αυτό να το πετύχει κανείς! Και πώς να τα εξηγήσω τώρα εγώ όλα αυτά στους άλλους Άρχοντες και τους χωρικούς;

Το θέατρο, απ'τα παλιά τα χρόνια, μάγευε τους ανθρώπους, παρουσιάζοντάς τους μια μυθωδία να ξετυλίγεται μπροστά τους, διαποτισμένη με την κατάρα της ακινησίας. Οι αρχαίοι λαοί έβρισκαν λύσεις, είτε με περιστρεφόμενα σκηνικά, είτε με τον από μηχανής θεό που κατέβαινε στη σκηνή με ένα βαρούλκο, είτε με κρυφές ορχήστρες, είτε με άλλα πολλά... Πάντα όμως το σενάριο είχε την κύρια ευθύνη στον αγώνα για τη διατήρηση του ενδιαφέροντος του θεατή. Τα όπλα του απαράλλαχτα απ'τη γέννησή του θεάτρου: οι διαφορετικές οπτικές του παρουσιαζόμενου θέματος και οι ανατροπές στην πλοκή.

Μια ληστεία très banal

Η ατμόσφαιρα στο μικρό καφενείο είναι μάλλον βαρετή. Καπνός απ' τα τσιγάρα, απροσδιόριστος αχός απ' τις ομιλίες κι άνθρωποι κινούμενοι νωχελικά, σαν μισοζαλισμένοι θαμώνες λασπόλουτρου. Άλλος βυθισμένος στην ολάνοιχτη εφημερίδα του, άλλος βυθισμένος στις σκέψεις του κι άλλος βυθισμένος σε βαθύτατο ύπνο.

Ξαφνικά ο κύριος Αλφάτης σηκώνεται και λέει:

- Ωραία λοιπόν, αφού κανείς σας δεν έχει να μας πει κάτι ενδιαφέρον, ας διηγηθώ τότε εγώ μιαν ιστορία για να ζωντανέψω λιγάκι αυτήν την ψόφια ατμόσφαιρα και να διασκεδάσουμε το εξαιρετικά θλιβερό βράδυ που περνάμε με την παρέα σας. Θα σας περιγράψω την ιστορία μου ρεαλιστικά, σταράτα και σκέτα, για να είμαι σαφής.

Η ατμόσφαιρα ζωντανεύει κάπως. Η προσμονή μιας ενδεχομένως ενδιαφέρουσας διήγησης φαντάζει λιγότερο βαρετή απ' τις βαλτωμένες στην ανία ασχολίες των θαμώνων.

- Ήμουνα λοιπόν που λέτε στην τράπεζα, σχεδόν μπροστά στο γκισέ. Προχθές. Ξαφνικά μπαίνουν μέσα δυο ληστές και φωνάζουν «ψηλά τα χέρια!». Φυσικά όλοι τρομάξαμε και δεν αντισταθήκαμε. Αυτοί έκαναν τη δουλειά τους κι έφυγαν τρέχοντας. Από περιέργεια έτρεξα κι εγώ πίσω τους. Ήμουν μόνος μου στο άδειο πεζοδρόμιο. Και τι είδα λέτε; Η ιστορία μας δεν τελειώνει εδώ!

- Τι είδατε κύριε Αφράτη; ρωτάει όλο περιέργεια η κυρία Βαρυκοΐδου.

- Ακριβώς μπροστά στην τράπεζα είχαν παρκάρει το αυτοκίνητό τους! Τρέχοντας μπήκαν μέσα κι έβαλαν μπροστά. Όμως δεν πρόλαβαν να ξεκινήσουν. Δυο περιπολικά της αστυνομίας ήρθαν και πάρκαραν το ένα ακριβώς μπροστά και το άλλο ακριβώς πίσω απ’ το αυτοκίνητο των ληστών!

Επιφωνήματα ικανοποίησης ακούγονται διάσπαρτα, μαζί με το χαριτωμένο χειροκροτηματάκι της κυρίας Βαρυκοΐδου.

- Φαντάζομαι συνεπώς ότι οι ληστές συνελήφθησαν άμεσα, χαμογέλασε ο κύριος Γαμβέτας.

- Όχι, όχι! Ακριβώς εδώ είναι το αστείο της ιστορίας! Οι αστυνομικοί πετάχτηκαν έξω απ’ τα περιπολικά τους κι εφόρμησαν στην τράπεζα, παραβλέποντας το παρκαρισμένο αυτοκίνητο! Οι ληστές δεν είχαν παρά να βάλουν μπρος και να φύγουν ανενόχλητοι! Το φαντάζεστε;

Χάχανα αντηχούν στην αίθουσα, μαζί με επιφωνήματα απογοήτευσης.

- Μμμμ, ναι, λέει σκεφτικός ο κύριος Δεληβοριάς. Ενδιαφέρουσα ιστορία, η οποία έχει όμως αρκετά κενά που την κάνουν δυσνόητη. Μας την περιγράψατε λίγο πολύ σαν αστυνομικό ρεπορτάζ εφημερίδας. Θα μου επιτρέψετε να τη συμπληρώσω εγώ με κάποιες υποθέσεις, για να την κάνουμε λίγο πιο ζωντανή;

- Μα φυσικά αγαπητέ μου, με μεγάλη μας ευχαρίστηση να ακούσουμε και μια διαφορετική εκδοχή, ίσως πιο πλήρη απ’ τη δική μου.

Ο κύριος Δεληβοριάς ακουμπάει μεγαλόπρεπα στην πλάτη του καθίσματός του.

- Ωραία! Κατ’ αρχάς μπορεί κανείς να υποθέσει ότι οι ληστές φορούσαν κουκούλες και κρατούσαν όπλα στα χέρια τους, ίσως μάλιστα και κάποια στιγμή να τα έστρεψαν κατά κάποιου υπαλλήλου, ίσως ακόμα και να πυροβόλησαν στον αέρα για εκφοβισμό. Μετά είναι λογικό να συμπεράνουμε πως δεν μπόρεσαν όλοι οι πελάτες της τράπεζας να παραμείνουν τόσο ψύχραιμοι όσο εσείς. Ίσως κάποια γυναίκα να τσίριξε ή ακόμα κάποιο παιδάκι να τρόμαξε τόσο πολύ, ώστε να βάλει τα κλάματα. Και τέλος, παραλείψατε να επισημάνετε ότι τα περιπολικά ήρθαν μάλλον με τις σειρήνες τους στη διαπασών! Εύκολα το συμπεραίνει κανείς αυτό, όπως και το ότι πιθανότατα τα μπλε φώτα τους αναβόσβηναν, δίνοντας την εικόνα της αστυνομίας που επεμβαίνει, χμ, ίσως έγκαιρα, ίσως και όχι, δεν είναι σαφές αυτό απ' τη διήγηση σας...

Ο κύριος Αλφάτης χτυπάει τα χέρια του επιδοκιμαστικά, ενώνοντάς τα μπροστά στο στήθος.

- Μα ναι! Βέβαια! Όλες αυτές οι μικρολεπτομέρειες είναι πιθανές, όμως εγώ δεν τις πρόσεξα! Αλήθεια, πόσο παρατηρητικός είσαστε κύριε Δεληβοριά! Σαν να ήσασταν παρών κι εσείς εκεί! Σας ευχαριστώ για τη συνδρομή σας!

Χειροκροτήματα ακούγονται απ' τα τραπέζια και κάποια ξαλαφρωτικά γελάκια, τα οποία όμως σύντομα διακόπτονται από μια μπάσα, βαριά φωνή απ' το τραπέζι της χαρτοπαιξίας στο βάθος της αίθουσας.

- Να σας σφυρίξω και 'γω δυο παρόλες; πετιέται όρθιος ο κύριος Εριστέας. Ύφος βλοσυρό, μουστάκα αρειμάνια και μαλλί λαδωμένο. Όλοι τον κοιτάνε με περιέργεια.

- Αλάνια μου φαίνονται τα παλικάρια, είχαν κότσια να 'ούμε! Σίγουρα αστράψαν και κάνα χαστούκι στη σκρόφα που σκλήριζε, έτσι για να σκάσει. Και μετά αρπάξανε και τον φλώρο τον ταμία απ' το γιακά. Κανένας μπουκαδόρος που σέβεται τον εαυτό του δεν αφήνει τον φλώρο χωρίς μια μπούφλα. Και φεύγοντας χώσανε φυσικά και μια μπαταριά στον αγέρα, έτσι να σφίξουν οι κώλοι. Όμως σίγουρα υπήρχε κι άλλο αλάνι που τους περίμενε στ' αμάξι, η τσίλια είναι πάντα απαραίτητη! Αυτός ήταν ο πιο μάγκας απ' όλους, γιατί δεν έβαλε μπρος το μοτόρι πριν φύγουν οι τζιτζιφιόγκοι οι μπάτσοι και κατακαθίσει ο κουρνιαχτός. Τότες ο αρχιμάγκας έβαλε μπρος κι έφυγαν κυριλέ και κύριοι, να 'ούμε...

- Κύριε Ευριστέα, παίρνει ξανά τον λόγο η κυρία Βαρυκοΐδου, δεν μπορείτε να κατηγορείτε τους πελάτες! Φανταστείτε τι θα κάνατε εσείς στη θέση τους! Αχ, πόσο θα φοβόμουνα εγώ αν ήμουν εκεί! Φανταστείτε αυτή την άμοιρη γυναίκα που τσίριξε, πόσο φοβισμένη πρέπει να ήτανε! Και το παιδάκι; Σίγουρα τρομοκρατημένο, το καημένο! Άσε πια τον ταμία. Τα πόδια του τρέμανε, κανείς άνθρωπος δε θα μπορούσε να αντέξει την κάννη ενός όπλου να τον σημαδεύει τόσο άμεσα! Αλλά μπείτε σας παρακαλώ για λίγο και στη θέση των αστυνομικών! Κάθε φορά που τους καλεί το καθήκον σε τέτοιες δύσκολες περιστάσεις, αναλογίζονται μήπως είναι και η τελευταία τους. Πόσες και πόσες φορές δεν έχουν πέσει θύματα του καθήκοντος! Εγώ δεν θα άντεχα ούτε στιγμή τόση ένταση, νομίζω πως μάλλον θα λιποθυμούσα!

- Συγγνώμη, επεμβαίνει ο κύριος Γαμβέτας διακόπτοντας και τους δύο ακριβώς τη στιγμή που ο κύριος Εριστέας ετοιμάζεται να απαντήσει.

- Δεν κατάλαβα την υπόθεση καλά, έχω χιλιάδες ερωτήσεις! Δεν συνελήφθησαν τελικά οι ληστές; Δεν είδε η αστυνομία όταν έφτασε τον τσιλιαδόρο στο αυτοκίνητο; Δεν κατάλαβε ότι θα είχε σχέση με τη ληστεία; Και μπαίνοντας στην τράπεζα, δεν αντιλήφθηκαν τον κόσμο που κοίταγε απ' τα τζάμια τους ληστές που έφευγαν; Και δε μας λέτε, κυρία Βαρυκοΐδου, πώς είσαστε σίγουρη ότι η κυρία που τσίριξε δεν λιποθύμησε κιόλας; Ή ο υπάλληλος, ότι δεν κατουρήθηκε απ' τον φόβο του; Αμ το παιδάκι; Μήπως κρύφτηκε κάτω απ' το κάθισμά του; Ή μήπως βγήκε θαρρετά να δει από κοντά τους ληστές, εντυπωσιασμένο απ' τα όπλα τους; Αλλά φυσικά, το βασικότερο απ' όλα τα ερωτήματά μας είναι αν ο τσιλιαδόρος τελικά είχε βάλει μπροστά τη μηχανή ή όχι. Μήπως αυτός ήταν ο πιο φοβισμένος απ' όλους; Σκεφθήκατε μήπως ότι μόλις άκουσε τις σειρήνες μαρμάρωσε και γι' αυτό άργησε να βάλει μπροστά;

Σιγή απλώνεται στην αίθουσα, ακόμα κι η κάπνα παύει να κινείται κι αιωρείται πλέον ασάλευτη στον χώρο, κρατώντας την ανάσα της. Μόνο τα ερωτήματα πλανώνται τώρα πέρα-δώθε νωχελικά στον αέρα, αναζητώντας να ταιριάξουν με τις απαντήσεις τους.

- Νομίζω πως στο σημείο αυτό μπορούμε να βγάλουμε κάποια ρεαλιστικά συμπεράσματα, ακούγεται ξαφνικά ο κύριος Ζήτης, που μέχρι τώρα είχε παραμείνει σιωπηλός, αφουγκραζόμενος προσεκτικά τη ροή της ιστορίας.

Ανάβει αργά την πίπα του κοιτώντας λοξά τα καρφωμένα πάνω του μάτια της ομήγυρης και τραβάει μια ρουφηξιά απολαμβάνοντας την ησυχία που επέβαλαν τα λόγια του. Αμέσως μετά αρχίζει να συνοψίζει τα γεγονότα με την επιβλητική φωνή του, χωρίς βιασύνη, σταματώντας που και που για να βάλει σε τάξη στις σκέψεις του.

- Προχθές λοιπόν, ημέρα Παρασκευή και κατά τις επτάμισι το πρωί, μόλις άνοιξε η τράπεζα, τρεις οπλοφόροι ληστές επέδραμαν κρατώντας τα όπλα τους προτεταμένα.

- Πώς το ξέρετε ότι ήταν πρωί; Πράγματι ήταν, αλλά πώς το καταλάβατε; τον διακόπτει ο κύριος Αλφάτης.

- Εσείς μας το είπατε! Το πεζοδρόμιο ήταν άδειο, άρα τα καταστήματα δεν είχαν ανοίξει ακόμα. Οι λιγοστοί πελάτες της τράπεζας –κι αυτό εσείς μας το είπατε, ήσασταν μόλις δεύτερος στην ουρά!– δεν είχαν καμιά διάθεση να κάνουν τους ήρωες. Εκτός από μια γυναίκα που τσίριξε απ' την έκπληξη κι ένα παιδάκι που φυσιολογικά έκλαψε, οι υπόλοιποι άφησαν τα πράγματα να κυλήσουν. Ο ταμίας όμως δεν φοβήθηκε καθόλου, το αντίθετο μάλιστα, έκανε το καθήκον του!

- Πώς είναι δυνατόν; αναφωνεί η κυρία Βαρυκοΐδου. Ο φόβος είναι φυσιολογικός! Πώς καταλήξατε σε αυτό το συμπέρασμα κύριε..., κύριε..., κύριε Γύρτη;

- Δεν είμαι ψυχολόγος, λέει κοιτώντας την επιτιμητικά ο κύριος Ζήτης, για να σας πω γιατί δεν φοβήθηκε ο γενναίος αυτός ταμίας. Αλλά εσείς ποιος νομίζετε ότι κάλεσε την αστυνομία πατώντας με θάρρος το μυστικό κουμπάκι κάτω από το γκισέ;

Σιγή στην παρέα. Ο κύριος Ζήτης τραβάει μιαν ακόμα ρουφηξιά πριν συνεχίσει.

- Οι ληστές πήραν τα λεφτά, αλλά δεν ήταν τόσο γρήγοροι όσο μας διηγήθηκε ο κύριος Αλφάτης. Αλλιώς δεν θα προλάβαινε η αστυνομία να έρθει. Ακόμα και με άμεση κινητοποίηση, χρειάζονται κάποια λεπτά, ας πούμε πέντε. Και όποιος έχει την κοινή λογική, καταλαβαίνει ότι πέντε λεπτά για μια τέτοια απλή ληστεία είναι πάρα πολλά!

Βαθιά περισυλλογή στην παρέα, που σύντομα διαταράσσεται απ' την βαθιά, μπάσα, μάγκικη γνωστή φωνή.

- Δηλαδή μας τσαμπουνάς εκεί ότι οι μάγκες ήταν κότες; ρωτάει με το ένα φρύδι σηκωμένο ο κύριος Εριστέας.

- Ας το πούμε κι έτσι. Το θέμα είναι όμως ότι ο κύριος Αλφάτης είχε το θάρρος να τους ακολουθήσει έξω από την τράπεζα και να παρακολουθήσει το δεύτερο μέρος της περίεργης και ύποπτης αυτής ιστορίας.

Η ατμόσφαιρα αρχίζει να βαραίνει με έναν τρόπο αδιευκρίνιστο ακόμα. Ποια μπορεί να είναι η κατάληξη;

- Να σας πω λοιπόν και τη δική μου υποκειμενική άποψη! σπάει τη σιωπή απ' την άλλη άκρη του τραπεζιού η φωνή της κυρίας Ηλιγάκη. Δεν έχει μιλήσει έως τώρα, απλά παρακολουθεί με προσοχή τη συζήτηση και η φωνή της αιφνιδιάζει τους συνδαιτυμόνες που σιωπηλά της παραχωρούν τον λόγο.

- Εγώ νομίζω ότι κανονικά οι ληστές θα 'πρεπε να πυροβολήσουν φεύγοντας τον κύριο Αλφάτη, αφού ήταν αυτόπτης μάρτυρας που τους ακολούθησε μάλιστα μέχρι το αυτοκίνητο. Όμως δεν το έκαναν! Δεν μας τα λέει λοιπόν καλά. Απ' την αρχή δεν μας τα λέει καλά. Αφ' ενός ο ίδιος δεν τρόμαξε και παρέμεινε υπερβολικά ψύχραιμος, σαν να την περίμενε την έφοδο, και αφ' ετέρου είχε τα μάτια του τόσο στους πελάτες, όσο και κατόπιν στον δρόμο τη στιγμή που οι ληστές αποχωρούσαν, μήπως κάτι πάει στραβά. Άσε που δεν "θυμόταν" καμιά λεπτομέρεια, ούτε καν αν οι ληστές φορούσαν κουκούλες ή αν ήταν οπλισμένοι. Έτσι δεν είναι κύριε Αλφάτη; Εσείς δεν είσαστε ο κρυφός συνεργός τους; Πείτε μας, είσαστε και τώρα, εδώ μπροστά μας, ακόμα οπλισμένος;

Παγερή σιγή ακολουθεί τα λόγια αυτά. Η καινούρια αυτή πιθανότητα ανατρέπει όλες τις υποθέσεις μέχρι τώρα. Ο κύριος Αλφάτης κοιτάει με εμφανή αγωνία γύρω του.

Ξαφνικά παίρνει τον λόγο ο κύριος Θρασέας, που είναι ο τελευταίος της παρέας που δεν έχει τοποθετηθεί ακόμα. Όλα τα μάτια στρέφονται πάνω του.

- Επιτρέψτε μου να προσθέσω κι εγώ τη δική μου άποψη. Ο κύριος Αλφάτης δεν ήταν συνεργός, ήταν απλά πολύ περίεργος. Ο κρυφός συνεργός τους ήταν η κυρία που τσίριξε. Η τσιρίδα της δεν ήταν τσιρίδα τρομάρας, αλλά τσιρίδα προειδοποίησης: καθόταν μπροστά στα τζάμια επίτηδες για να δει αν έρχεται η αστυνομία. Ορίστε και η απόδειξη, έχω εδώ τη χθεσινή εφημερίδα που το επιβεβαιώνει αυτό. Γράφει επίσης ότι κάποια γυναίκα τηλεφώνησε –προφανώς η κυρία αυτή– και είπε ότι ξέσπασε πυρκαγιά, όχι ληστεία, αλλά πυρκαγιά στην τράπεζα.

Έτσι εξηγείται γιατί οι αστυνομικοί αγνόησαν το παρκαρισμένο αυτοκίνητο κι έτρεξαν μέσα στην τράπεζα, προφανώς για να βοηθήσουν τον κόσμο και όχι για να αντιμετωπίσουν ληστές!

- Για μισό λεπτό! πετάγεται πάλι η κυρία Βαρυκοΐδου. Δεν κατάλαβα καλά, κύριε Θησέα! Αν η κυρία αυτή ήταν συνεργός, γιατί να τηλεφωνήσει στην αστυνομία;

- Για άλλοθι φυσικά! Για να μην την υποψιαστούν ότι ειδοποίησε με την τσιρίδα της τους ληστές ώστε να το βάλουν στα πόδια, απαντάει με ειρωνικό χαμόγελο ο κύριος Θρασέας. Άλλωστε ήξερε ότι η αστυνομία θα χρειαζόταν τουλάχιστον πέντε λεπτά για να καταφθάσει, χρόνος υπέρ αρκετός για ληστές...

Στο σημείο αυτό ο κύριος Αλφάτης σηκώνεται αργά απ' τη θέση του. Σταγόνες ιδρώτα έχουν εμφανιστεί στους κροτάφους του. Φαίνεται χλωμός.

- Σας ευχαριστώ κύριε Θρασέα, λέει, για την ανέλπιστη βοήθειά σας. Προς στιγμήν νόμιζα ότι θα κατηγορηθώ για ληστής, τώρα στα γεράματα. Όμως επιτρέψτε μου να αναφερθώ σε μιαν ακόμα λεπτομέρεια. Θα το είχα κάνει απ' την αρχή, αν με είχατε αφήσει να ολοκληρώσω. Βέβαια ομολογώ ότι απήλαυσα αυτές τις νοητικές ασκήσεις που κάναμε εδώ, πάνω στον κορμό μιας ιστορίας και τις προεκτάσεις που της δώσαμε, ενδιαφέρουσες το δίχως άλλο...

Σταματάει και κοιτάει γύρω του. Τώρα χαμογελάει βλέποντας τα χαλαρωμένα πρόσωπα των παρισταμένων.

- Μας μένει λοιπόν η μικρή λεπτομέρεια που σας προανήγγειλα. Έχω κι εγώ εδώ τη σημερινή εφημερίδα που αναφέρει ότι η κυρία αυτή ήταν πολύ απρόσεκτη όταν καλούσε απ' το κινητό της την αστυνομία. Φυσικά η αστυνομία τη βρήκε χθες και τη συνέλαβε. Όμως δεν λέει γιατί τη συνέλαβε! Με ποια κατηγορία; Αφού αυτή κάλεσε την αστυνομία! Πώς την συνδέουν με τους ληστές, τι απόδειξη έχουν;

- Φαίνεστε πολύ ταραγμένος κύριε Αλφάδη! πετιέται πάλι η κυρία Βαρυκοΐδου. Γιατί σας ενδιαφέρει τόσο η τύχη αυτής της συγκεκριμένης κυρίας;

- Είναι απλό! Πρόκειται για τη λεπτομέρεια που σας είπα. Η κυρία αυτή ονομάζεται Κριστίνα Αγκάθη. Αυτό είναι το πατρικό της όνομα, δε θέλησε να το αλλάξει όταν παντρευτήκαμε.

Στρέφεται προς την κυρία Ηλιγάκη.

- Έχετε δίκιο, σας θαυμάζω για την οξυδέρκειά σας, είμαι πράγματι οπλισμένος. Ορίστε το όπλο μου.

Βγάζει προσεκτικά απ' την τσέπη του ένα περίστροφο και το στρέφει χαμογελώντας προς το μέρος τους.

- Ο λόγος που σας προκάλεσα σήμερα με αυτήν την ιστορία είναι ότι χρειάζομαι ομήρους μέχρι να ελευθερώσω την κυρία Αγκάθη-Αλφάτη. Οι πληροφορίες μου λένε ότι η αστυνομία έχει στοιχεία και θα την κρατήσει. Σε μένα μένει συνεπώς μόνο αυτή η απελπισμένη λύση. Δεν ξέρω αν χρειαστεί να πυροβολήσω κανέναν, αλλά, εντωμεταξύ σας παρακαλώ, μπορείτε να μαζευτείτε εκεί στη γωνία;

Παγωμάρα πέφτει στην αίθουσα, τα μάτια ανοιχτά, τα μέλη κοκαλωμένα. Μια ήρεμη φωνή όμως ακούγεται. Είναι ο κύριος Δεληβοριάς.

- Όχι! Δεν θα πάμε πουθενά! Είμαι αστυνομικός, ορίστε η κάρτα μου. Η κυρία Ηλιγάκη είναι η συνεργάτης μου στο Τμήμα Δίωξης και σας σημαδεύει από πίσω σας με το υπηρεσιακό της περίστροφο. Μην με αναγκάσετε να βγάλω και το δικό μου. Παρακαλώ αφήστε ήρεμα το όπλο σας στο πάτωμα, η αστυνομία δεν θα αργήσει...

Μια γρήγορη, φευγαλέα ματιά πάνω απ' την πλάτη του προς την αγριεμένη κυρία Ηλιγάκη που με τεντωμένα χέρια τον σημαδεύει σταθερά, πείθει τον κύριο Αλφάτη ότι ο κύριος Δεληβοριάς λέει την αλήθεια. Απαλά αφήνει το όπλο του στο πάτωμα και σηκώνει τα χέρια ψηλά.

- Ας βάλουμε λοιπόν και την τελευταία πινελιά στην αλλοπρόσαλλη αυτήν ιστορία! συνεχίζει ο κύριος Δεληβοριάς καθώς η αχνή σειρήνα του περιπολικού ακούγεται κιόλας να πλησιάζει. Καμιά φορά ο παράγοντας Τύχη μπορεί να παίξει τον σημαντικότερο ρόλο! Δυστυχώς για σας, κύριε Αλφάτη, η καλοσχεδιασμένη ληστεία σας απέτυχε, καθώς, τελείως τυχαία και εκτός υπηρεσίας, βρέθηκα να κάθομαι εκείνο το πρωινό πλάϊ στην ανήσυχη και τρεμάμενη κυρία Αγκάθη-Αλφάτη. Από ένα καπρίτσιο της Τύχης ήμουνα δηλαδή κι εγώ παρών χωρίς να με προσέξετε! Η συμπεριφορά αυτής της κυρίας μου κίνησε το ενδιαφέρον, καθώς ήταν φανερά πρωτάρα, οπότε αποφάσισα να την παρακολουθήσω χωρίς να το αντιληφθεί. Είδα τα αδέξια σήματα που σας έκανε, την τσιρίδα της και το στιγμιαίο, σβέλτο βλέμμα που της έριξαν οι ληστές πριν τραπούν σε φυγή. Όμως την μεγαλύτερη απόδειξη την είχα ήδη από πριν, όταν, με το που μπήκαν οι ληστές, βιάστηκε να τηλεφωνήσει στην αστυνομία και να δηλώσει πυρκαγιά, χωρίς αυτοί να την εμποδίσουν! Μαντέψτε τώρα τι έγινε τη στιγμή που έφευγαν! Ναι, καλά το καταλάβατε: άρπαξαν μια εφημερίδα που βρήκαν σε κάποιο τραπεζάκι και της έβαλαν φωτιά πετώντας την στο πάτωμα ώστε να ενεργοποιηθούν οι καταβρεχτήρες οροφής. Ορίστε και η "πυρκαγιά". Κάτι που κανένας σας δεν μπορούσε να προβλέψει στις λεπτομέρειες που προσθέσατε, αλλά ούτε και ο κύριος Αλφάτης θέλησε να το θίξει. Η εφημερίδα όμως μιλάει για μιαν επιπόλαιη φωτιά στην τράπεζα και όχι για ληστεία...

Στρέφεται στον κύριο Αλφάτη που τον κοιτάει με μίσος.

- Εγώ είμαι λοιπόν η απόδειξη που ψάχνετε για τη σύλληψη της γυναίκας σας και τώρα τη δική σας. Αυτόπτης μάρτυρας το λένε! Θα τα ξαναπούμε στο δικαστήριο.

Ένα πλατύ, ειρωνικό χαμόγελο απλώνεται στο πρόσωπό του..

- Όμως εσείς είσαστε ο τέλειος γκαντέμης! Μην τολμήσετε να παίξετε ποτέ σας Λόττο! Άσε πια τον ερασιτεχνικό σχεδιασμό της πιο très banal ληστείας που έγινε ποτέ...

Όποιος έχει κυνηγήσει στόχους και δεν τους πέτυχε (πράγμα που είναι το σύνηθες) δεν απέτυχε, παρά διδάχθηκε. Απέτυχε μόνον όποιος δεν κυνήγησε κανέναν και απέτυχε οικτρά όποιος ακόμα αναρρωτιέται τί στόχο να βάλει...

Φοβάται ο Γιάννης το θεριό;

Άκου να σου πω ένα ωραίο αλληλεπιδραστικό παραμυθάκι ανάμεσα σε έναν παρακατιανό φτωχοδιάβολο κι ένα αλλοπαρμένο φρικιό χωρίς ιδιαίτερο ηθικό δίδαγμα, παρά μόνο ανήθικες παραστάσεις...

Αυτοί οι δυο που λες, φοβάται ο Γιάννης το θεριό και το θεριό τον Γιάννη. Αλλά τον Γιάννη τον τρώει η περιέργεια κι ας λέει άλλα η ψυχούλα του. Όμως και το θεριό μόνο κατ' όνομα είναι θεριό, κάποιοι μάλιστα λένε ότι είχε κάποτε σοφία, πολλή σοφία μέσα του, τώρα όμως μόνο άπλετη βλακεία του 'μεινε... Τρίχες, ποιος πιστεύει πια τα παραμύθια;

Το θεριό λοιπόν βγήκε παγανιά να βρει κάτι για το στόμα του, αλλά όχι για να το φάει! Ξέχασα να σας πω ότι το θεριό μας είναι φαφούτικο. Αν και είναι μόνον εκατόν ογδόντα χρονών, ηλικία ολόδροση αφού τα θεριά είναι γνωστό ότι ζούνε χίλια χρόνια, το δικό μας έχει χάσει όλα του τα δόντια απ' την αχρηστία. Μάλιστα, απ' την αχρηστία! Δεν του αρέσει να τρώει! Βάζει στο στόμα του μόνο το δροσερό νερό των πηγών για να πλύνει τα δόντια που δεν έχει και ρουφάει απ' τα φύλλα τις δροσοσταλίδες τους με τη μεθυστική γεύση. Όμως πάνω απ' όλα του αρέσει να ρουφάει αχόρταγα τις μυρωδιές της άνοιξης που βγαίνουν από παντού, απ' τα φυτά, απ' τα ζώα, απ' το χώμα, απ' τον ουρανό, από παντού! Χορταίνει έτσι μέχρι την επόμενη άνοιξη που θα ξαναβγεί στις εξοχές να ξαναρουφήξει τη δροσιά και να ξαναρουθουνίσει τις μυρωδιές βγάζοντας από μέσα του τις τεράστιες φλόγες του χειμώνα που διάλεξαν, οι πονηρές, μέσα στην τεράστια κοιλιά του να κρυφτούν, για να μη μείνουν, λέει, έξω και σβήσουν στη χιονισμένη κατάλευκη μαγεία του κυρ Χειμώνα. Όμως τώρα με τον ερχομό της άνοιξης οι φλόγες ξεχύνονται απ' το στόμα και τα ρουθούνια του θεριού μας, ζεσταίνοντας έτσι ξανά την πλάση, και μην ακούτε τι σας λένε κάτι ψεκασμένοι για τον κύκλο των εποχών και κολοκύθια. Το θεριό τα κάνει όλα, το θεριό...

Πέφτει λοιπόν το θεριό μας πάνω στον Γιάννη που 'χει βγει και 'κείνος για κυνήγι. Ο Γιάννης, άλλη ιστορία κι αυτός, ανάθεμά τον κι αν ξέρει να κυνηγάει, αλλά και τί θα έπρεπε να κυνηγάει. Θεριά, λέει στον κόσμο, αλλά όταν τον ρωτάνε αν έπιασε κανένα, κουνάει δεξιά αριστερά τη γκλάβα του και μουρμουράει

- 'γώ φταίω που γίνονται ξωτικά και χάνονται μόλις τ' αγγίξω; Να, προχτές στρίμωξα κει κάτω στα ριζά του βουνού ένα τεράστιο, αλλά μόλις τ' άγγιξα έγινε σύννεφο, 'κείνο το μαύρο σύννεφο που ξέσπασε μετά σαν μπόρα πάνω μας κι έπνιξε τα γίδια του κυρ-Παναή...

Ο Γιάννης είναι άτρομος. Κάτι σαν τη γάτα που σκαρφαλώνει άφοβα στους στύλους της ΔΕΗ, 'κει ψηλά που χέζεται κι ο ίδιος ο ΔΕΗτζής, και τρέχει μετά η Πυροσβεστική να την κατεβάσει. Ο Γιάννης λοιπόν, άτρομος κι αλαφροΐσκιωτος, κυνηγάει εδώ και δεκαετίες τα θεριά και δεν έχει πιάσει κανένα! Οι χωρικοί τον σέβονται, γιατί με τον Γιάννη μεσ' τα πόδια τους τα θεριά έχουν πάρει δρόμο και τους έχουν αφήσει ήσυχους, έχουν χρόνια να δούνε θεριά στο χωριό. Εκτός απ' τον κουζουλό του χωριού βέβαια που κυκλοφοράει ντυμένος με μια προβιά και τους κοροϊδεύει, βρυχώμενος παράφωνα με άναρθρες κραυγές, κάνοντας ο ίδιος το θεριό...

Πάντως είναι αλήθεια ότι τα θεριά έχουν φύγει. Είναι τόσο άσχημος ο καημένος ο Γιάννης, που τα θεριά όπου φύγει φύγει μόλις τονε δούνε! Όμως ο Γιάννης τα λατρεύει τα θεριά και του φαίνονται όλα όμορφα. Θαυμάζει τις αλογίσιες μούρες τους και τις θαμπές φολίδες τους με τα φυτρωμένα βρύα πάνω τους που στη βροχή ρουφάνε δέκα τόνους νερό, κάνοντας το θεριό να πέφτει αποκαμωμένο κάτω μέχρι να στεγνώσει. Κάποτες ο Γιάννης συνάντησε ένα τέτοιο εξουθενωμένο θεριό και μπόρεσε μάλιστα να το πλησιάσει και να απλώσει θρασύτατα το ξερό του να το χαϊδέψει. Όμως μόλις το θεριό γύρισε και τον κοίταξε, τρόμαξε τόσο πολύ που ξαναβρήκε τις δυνάμεις του, πετάχτηκε πάνω, τινάχτηκε ξαλαφρωνόμενο απ' το βάρος του νερού κάνοντας μούσκεμα τον Γιάννη κι εξαφανίστηκε ολολύζοντας σαν σκύλος που του πατήσαν την ουρά…

Όμως τώρα ο Γιάννης βρέθηκε αίφνης απέναντι στο θεριό μας, το μοναδικό θεριό που δεν έφυγε! Έτσι απροσδόκητα, στρίβοντας στο βουνό σε αντίθετες κατευθύνσεις, ανταμώθηκαν πρόσωπο με πρόσωπο!

Κοιτάζονται. Αρχίζουν να κάνουνε γύρες. Αργές με συρτά τα ποδάρια και βαριές τις πατούσες, σαν για να χαλάσουνε τις σόλες τους μιαν ώρα 'ρχήτερα...

- Τι όμορφο θεριό είναι τούτο 'δω; σκέφτεται ο Γιάννης. Τεράστιο είναι όμως, πώς θα το κάνω ζάφτι;

- Που να με πάρει! Τί άσχημος είναι πάλι τούτος 'δω; λέει μέσα του και το θεριό. Μήπως να το βάλω στα πόδια; Αλλά και πάλι, έχω αιώνες να δω κυνηγό…

Κι κάνουν γύρους και κάνουν γύρους κοιτώντας και ζυγίζοντας ο ένας τον άλλον, αλλά κανείς δεν κοτάει να κάνει κίνηση.

- Ε! Τι σόι κυνηγός είσαι εσύ; τολμάει τελικά να πει το θεριό. Δεν θα προσπαθήσεις να με πιάσεις;

- Και τι να σε κάνω άμα σε πιάσω; Πού να σε βάνω, έτσι θεόρατο που είσαι;

- Πού να ξέρω 'γώ; Εγώ είμαι το θήραμα! Αλλά κι εσύ μου φαίνεται, τρίχες κυνηγός είσαι! Άλλος στη θέση σου θα μου την είχε μπουμπουνίσει...

- Δεν θέλω να σε σκοτώσω. Είσαι πολύ όμορφο θεριό!

Το θεριό τον κοιτάει και κάθεται στα πίσω πόδια του.

- Οι άλλοι κυνηγοί δεν έχουν κανένα πρόβλημα να σκοτώνουν τα όμορφα ζώα. Το αντίθετο μάλιστα! Σκέψου τις αντιλόπες, τις αλεπούδες, τους λαγούς, τα ελάφια, τα πουλιά...

Ο Γιάννης τρίβει το σαγόνι του και κάθεται κι αυτός απέναντι στο θεριό.

- Δεν είμαι 'γω σαν τους άλλους! Εγώ είμαι άσχημος κυνηγός...

- Λες δηλαδή ότι εγώ είμαι όμορφο θεριό κι εσύ άσχημος κυνηγός και γι' αυτό καθόμαστε εδώ και τα λέμε σαν φιλαράκια;

- Πες το κι έτσι...

- Η εξωτερική εμφάνιση μας κάνει δηλαδή φίλους ή εχθρούς; Αυτό είναι το κριτήριο για να διαλέξουμε;

Ο Γιάννης το κοιτάει περίεργα.

- Όλοι έτσι δεν κάνουνε; Άλλωστε πώς μπορεί ένας κυνηγός να διαβάσει την ψυχή του θηρίου και να την καταλάβει;

- Όλα γίνονται άμα θέλει κανείς! Όμως θα πρέπει τα μάτια του να 'ναι λεύτερα για να μην σκλαβώνονται απ' τη λάμψη της ματαιοδοξίας! Και τα αυτιά του αχαλίνωτα, για να μην σαγηνεύονται απ' τις σειρήνες της γοητείας...

Ο Γιάννης χαμηλώνει το βλέμμα.

- Κι η καρδιά ανοιχτή στο απροσδόκητο... Οι άλλοι κυνηγοί, τώρα που το λες, είναι όλοι τους κλειστοί και σφιχτοί σαν στρείδια. Με όσους και να κουβέντιασα, ήταν όλοι μόνιμα συνοφρυωμένοι, δύσπιστοι, μουλωχτοί, καχύποπτοι, πάντα σε συναγερμό, με μάτια που βλέπουν μόνο επιφανειακά κι αυτιά που ακούν μόνο τα κούφια λόγια! Κανείς τους δεν μπόρεσε ποτέ να δει την αγωνία της ψυχής και να ακούσει την κραυγή της καρδιάς του θηράματός τους...

Τα 'λεγαν για ώρες πολλές, καθισμένοι εκεί στα ριζά του βουνού σαν κουρασμένοι οδοιπόροι μέχρις που πλάκωσε κάποτες η νύχτα η ψυχοπλανέφτρα. Και για δες εκεί! Ο Γιάννης κούρνιασε κλείνοντας τα μάτια του στη γούνα του θεριού να ξαποστάσει. Εκεί στη μαλακή κοιλιά που έχουν όλα τα θεριά απαλή γούνα για να κρύβονται τα νιόγεννα θεριουδάκια. Και το θεριό βολεύτηκε αγκαλιάζοντας τον άσχημο τον Γιάννη, γιατί βρήκε χοχλάζουσα θαλπερή φωτιά στην καρδιά του για να ζεσταθεί...

Και το πρωί... Και το πρωί... Το πρωί λέω!... Μα, το πρωί δεν ήρθε! Αρνήθηκε να βγει να φωτέψει την τρέλα την πραγματική, προτίμησε να λογικέψει το παραμύθι το άπιαστο μέσα στο νύχτιο του το πέπλο και να το κρατήσει έτσι για πάντα δικό του...

Και τον Γιάννη και το θεριό, που δεν φοβόνταν πια ο ένας τον άλλο παρά πήρανε τη στράτα αντάμα κουβεντιάζοντας σαν φιλαράκια αειχρόνια, τους έκανε μάγια και τους έστειλε στη χώρα πέρα απ' τη λογική, στη χώρα της φαντασίας και του μυστηρίου, διαθλώντας τους στο σύννεφο της λήθης, μέχρι που κανείς πια να μην τους θυμάται, παρά μόνο ότι κάποτες, λέει, φοβόταν ο ένας τον άλλο, έτσι έλεγαν οι μύθοι!

Κι όποιος δεν πιστεύει στους μύθους, κακό σπυρί στη μύτη του να βγάλει, να γίνει άσχημος σαν τον Γιάννη και να 'χει γύρω του ανθρώπους όμορφους σαν τα θεριά!...

Ευτυχισμένοι όσοι μπορούν να συγκρατήσουν το φευγαλέο πέταγμα των εξαχνώμενων μεσ' την καταχνιά του αφυπνισμού τους όμορφων ονείρων τους! Αλλά συνετοί και συνάμα τυχεροί όσοι αποφασιστικά αποδιώχνουν τη μαχμούρλα απ' τα μάτια τους και πετιούνται αυθωρεί απ' το κρεβάτι για να αρπάξουν το μολύβι και να τα απεικονίσουν για πάντα στο χαρτί, έστω πρόχειρα, καθώς αυτά εξανεμίζονται άσπλαχνα στην καταχνιά της λήθης, βγάζοντάς μας παράλληλα κοροϊδευτικά τη γλώσσα...

(Για κάποιον απόκοσμο λόγο, το όνειρο αυτό εμφανίστηκε στα γερμανικά! Έτσι και καταγράφηκε, αφού το μυαλό αργεί να ανταποκριθεί στην πρωινή ζαλάδα, αναζητώντας τη μετάφραση σε μιαν άλλη γλώσσα, ανοίκεια ακόμα, όσο ο νυσταγμένος ονειροβάμων αιωρείται ακόμα στο ασυνείδητο της ονειροπραγματικής μετάπτωσης. Η μετάφρασή του έγινε αργότερα, στον ξύπνιο αυτήν τη φορά!)

Die Glanzfische

Ein Mann sitzt am Ufer eines Sees. Er guckt ins Wasser; es ist klar und sauber, Fische sind da beim Spielen zu erkennen...

"Beim Spielen"? Doch, doch, da ist ein Pärchen langer, silberfarbener Fische, die nah unter der Wasseroberfläche miteinander spielen und sich dicht umarmen, als ob sie sich lieben... Ihre silberne, lange Form glänzt in dem wasserdurchdringenden Sonnenschein und Blitzersterne brechen durch das Wasser, wie sich die Tiere ineinander wühlen.

Einander jagend kommen sie an ihn vorbei, sehr nahe am Ufer, doch lässig und prachtvoll. Er kann der Versuchung nicht widerstehen, streckt die Hand aus und berührt das Tier. Es regt sich nicht auf, er hat doch das Gefühl das Tier lässt sich der Berührung gönnen. Er fasst es am Schwanzfloss und, seinem primitiven Jägergefühl gehorchend, zieht er es aus dem Wasser zu sich.

Τα Αστραπόψαρα

Ένας άνθρωπος κάθεται στην όχθη μιας λίμνης. Κοιτάει στο νερό, είναι διάφανο και καθαρό, διακρίνει ακόμα και ψάρια που παίζουν...

“Παίζουν”; Μα ναι! Να εκεί ένα ζευγάρι μακρόστενα, ασημόχρωμα ψάρια που παίζουν ακριβώς κάτω απ' την επιφάνεια σφιχταγκαλιαζόμενα, σαν να αγαπιούνται... Το ασημένιο μακρύ σχήμα τους αστραποφέγγει στο φως του ήλιου που διεισδύει στο νερό και αστραφτερά αστράκια σκάνε απ' το νερό, καθώς τα ζωντανά τυλίγονται μεταξύ τους.

Κυνηγώντας το ένα το άλλο περνάνε μπροστά του, πολύ κοντά στην όχθη, όντα ανέμελα και μεγαλοπρεπή. Δεν μπορεί να αντισταθεί στον πειρασμό, τεντώνει το χέρι του και αγγίζει το ζώο. Αυτό δεν ταράζεται, δίνει μάλιστα την εντύπωση ότι απολαμβάνει την επαφή. Το πιάνει απ' την ουρά και υπακούοντας στο αρχέγονο κυνηγετικό του ένστικτο, το βγάζει απ' το νερό.

Der Fisch zappelt nicht, er glänzt nur ruhig vor seinen Füssen in der Sonne, wie ein gehorchsamer Hund. Er sieht nur neugierig zu, er überlegt sich ob er's zurück ins Wasser werfen soll, doch da kommt sein Pärchen wieder mal vorbei, genauso lässig und prachtvoll. Er fasst es auch am Schwanzfloss und zieht es neben ihren Gatten am Strand. Beide Fische liegen jetzt vor seinen Füssen, ruhig und gelassen. Ihre Augen scheinen ihm zuzusehen, auf seine nächste Aktion wartend, und ihre Kiemen zittern jetzt ab und zu, ein Zeichen, dass den Tieren doch etwas ungemütlich wird, schließlich muss doch ein Fisch im Wasser leben, oder?

Da wird er alarmiert. Er ist eigentlich an den See gekommen um zu fischen, jetzt merkt er allmählich, dass er einen unheimlichen Hunger im Bauch spürt. Er guckt unten auf die wartenden Fische zu und hört dabei das Gurgeln seines Magens. Das Überlebensinstikt überfüllt ihn, er hebt sie beschlossen vom Boden auf und will zu seiner Hütte kehren. Wie ein Film spielt sich wieder vor seinen Augen das Liebesspiel der beiden Tiere im Wasser, ihre glänzende Silberform, mal als Sonnenblitz,

Το ψάρι δεν σπαρταράει, γυαλίζει μόνο ήρεμα στον ήλιο, μπροστά στα πόδια του σαν ένας υπάκουος σκύλος. Το κοιτάει μόνο περίεργος, αναρρωτιέται αν πρέπει να το ξαναρίξει στο νερό, όμως να το ταίρι του που ξαναπερνάει μπροστά του, πάντα ανέμελο και μεγαλοπρεπές. Το πιάνει κι αυτό απ' την ουρά και το τραβάει πλάι στον σύντροφό του στην όχθη. Και τα δυο ψάρια κείνται τώρα στα πόδια του, ήρεμα και χαλαρά. Τα μάτια τους φαίνονται σαν να τον κοιτούν περιμένοντας την επόμενη κίνησή του και τα βράγχια τους τρέμουν τώρα πια πού και πού, ένα σημάδι ότι τα ζώα αισθάνονται πλέον κάπως άβολα, στο κάτω κάτω ένα ψάρι πρέπει να ζει στο νερό, έτσι δεν είναι;

Τότε χτυπάει μέσα του συναγερμός. Βασικά ήρθε στη λίμνη για να ψαρέψει, τώρα όμως συνειδητοποιεί πλέον ότι νιώθει μια τεράστια πείνα στην κοιλιά του. Κοιτάει προς τα κάτω τα ψάρια που περιμένουν, ακούγοντας συγχρόνως το γουργούρισμα της κοιλιάς του. Το ένστικτο επιβίωσής του τον κυριεύει, τα σηκώνει αποφασιστικά απ' το έδαφος και στρέφεται προς την καλύβα του. Σαν κινηματογραφική ταινία ξαναπαίζεται μπροστά στα μάτια του το έργο του ερωτικού παιχνιδιού των ζώων στο νερό, το αστραφτερό ασημένιο σχήμα τους, πότε σαν ηλιαστραπή, πότε mal als Silberpfeil, mal als knotartige Lichtbrechung...

Seine Beine werden schwach, sein Geist trüb. Entschlossen dreht er sich um und schmeißt doch die beiden Tiere mit Kraft ins Wasser zurück. Für eine Weile, nur für eine kurze Weile, zappeln beide durch die Luft fliegend bevor sie ins Wasser stürzen, aber dieses Zappeln kam ihm irgendwie als eine Dankbarkeitsgeste vor; doch er muss sich geirrt haben, schließlich können Tiere keine Dankbarkeitsgefühle fühlen, oder?

Jetzt sind beide Tiere wieder in ihrem Element und das silberne Liebesspiel setzt sich fort, nur diesmal mutiger, lebhafter.

"Ich muss heute verhungern!" überlegt er sich laut, zu den Glanzfischen schauend mit einer traurigen Grimasse im Gesicht.

Der Silbertanz hält sofort inne. Beide Fische gucken ihm zu, sie strecken ihre Köpfleine von der Oberfläche zu ihm mit dem Mundlein winkend, als ob sie ihn ansprechen; aber das nur für eine Weile, dann verschwinden beide rasch in die Tiefe des Sees.

Kurz darauf erscheinen sie wieder und strecken ihre Köpfleine von der Wasseroberfläche zu ihm, das Männchen einen

σαν ασημένιο βέλος και πότε σαν κομποδεμένη διάθλαση...

Τα πόδια του λυγίζουν, το μυαλό του θολώνει. Αποφασιστικά γυρίζει και πετάει τα δυο ζώα πίσω στο νερό με δύναμη. Για μια στιγμή, μόνο για μια σύντομη στιγμή, σπαρταρούν και τα δύο αιωρούμενα στον αέρα πριν ορμήξουν στο νερό, όμως αυτό το σπαρτάρισμα του φαίνεται κάπως σαν μια ευχαριστήρια χειρονομία. Αλλά μάλλον πρέπει να απατήθηκε, στο κάτω κάτω τα ζώα δεν αισθάνονται ευγνωμοσύνη, έτσι δεν είναι;

Τώρα βρίσκονται τα δυο τους πάλι στο στοιχείο τους και η ασημένια ερωτοτροπία ξαναρχίζει, μόνο που τώρα είναι πιο θαρραλέα, πιο ζωηρή.

"Σήμερα θα πρέπει να λιμοκτονήσω!" αναλογίζεται δυνατά, κοιτώντας τα ασημόψαρα με μια λυπημένη έκφραση στο πρόσωπο.

Ο ασημένιος χορός σταματάει αμέσως. Τα δυο ψάρια τον κοιτάνε, βγάζουν τα κεφαλάκια τους απ' την επιφάνεια νεύοντάς του με τα στοματάκια τους σαν να του μιλάνε, αλλά μόνο για μια στιγμή πριν εξαφανιστούν και τα δυο στο βάθος της λίμνης.

Σχεδόν αμέσως ξαναεμφανίζονται τεντώνοντας τα κεφαλάκια τους από την επιφάνεια προς το μέρος του, κρατώντας το αρσενικό ένα μαργαριταρένιο δακτυ-

Perlenring, das Weibchen eine Goldmünze im Mundlein haltend.

Zitternd streckt er seine Hand ihnen zu und beide lassen die Gegenstände in seine Handfläche fallen. Es sind tatsächlich wertvolle Fundnisse, die ihm so großzügig angeboten werden...

Er schließt die Hand zu, steht auf und dreht ihnen den Rücken zu, was eigentlich egal ist, weil die Tiere sich wieder dem silbernen Liebesspiel gewidmet haben.

"Die gute Tat lässt sich doch bezahlen!", lächelt er vor sich hin. Jetzt weiß er, er hat zwei neue Freunde gewonnen, nicht wegen der Geschenke, sondern vielmehr wegen ihrer Vergebung; die Geschenke sind lediglich die Belohnung für den Sieg des Guten über das Böse in sich selbst, und die beiden Tiere sind seine beiden Schutzengel - jetzt weiß er's Bescheid!

λίδι και το θηλυκό ένα χρυσό νόμισμα στο στοματάκι τους.

Τρέμοντας τεντώνει το χέρι του προς αυτά, για να αφήσουν τα δυο τους τα αντικείμενα να πέσουν στην παλάμη του. Πρόκειται πράγματι για πολύτιμα ευρήματα που του προσφέρονται έτσι γενναιόδωρα...

Κλείνει το χέρι του, σηκώνεται και τους γυρίζει την πλάτη, πράγμα ουσιαστικά αδιάφορο, αφού τα ζώα ξαναααφοσιώθηκαν στο ερωτικό παιχνίδι τους.

"Κι όμως, οι καλές πράξεις ανταμείβονται!", κρυφοχαμογελάει. Τώρα το ξέρει, έχει κερδίσει δυο νέους φίλους, όχι λόγω των δώρων, αλλά λόγω της συγχώρεσης, τα δώρα είναι μόνο η ανταμοιβή για τη νίκη του Καλού πάνω στο Κακό μέσα του κι αυτά τα ζώα είναι οι δυο φύλακες άγγελοί του, τώρα πια είναι σίγουρος!

Ο καλός κι ο κακός μας εαυτός κάθονται για όλη μας τη ζωή στις όχθες του τρικυμισμένου τέλματος του μυαλού μας και φιλονικούν κοιτώντας το νησάκι της ψυχής που ορθώνεται εκεί μπροστά, μισοκρυμένο απ' τις θολές σκέψεις και τα πάθη μας που πετάνε αδιάκοπα γύρω του. Θα πείσει ποτές ο ένας τον άλλον ή θα μάχονται για πάντα; Όχι, όχι! Οι άνθρωποι δεν είναι φιαγμένοι έτσι, πάντα ο ένας απ' τους δυο θα είναι ο δυνατότερος και θα επιβάλλεται στον άλλον, ακριβώς σαν τα μαλωμένα αδέλφια. Όμως κάποιες φορές κι ο αδύνατος θα καταφέρει να επιβάλλει κι αυτός τον λόγο του, ακριβώς σαν τα μονιασμένα αδέλφια...

Ο Καρφίτσας

Κανένας δεν θυμάται πια ποιο είναι το πραγματικό όνομα του μεσόκοπου Σαράντη. Όλοι τον φωνάζουν με το παρατσούκλι του: ο "Καρφίτσας". Θα μου πείτε, κάπως έτσι δεν δημιουργούνται τα επίθετα; Σωστό, αλλά το να περιπέσει το πραγματικό σου όνομα στη λήθη, σημαίνει ότι το καινούριο έχει σημαντικό λόγο που υιοθετήθηκε αμέσως επισκιάζοντας το άλλο. Όμως κι εδώ τα πράγματα είναι ασαφή, καθώς κανείς δεν ξέρει ποιος τον πρωτοφώναξε έτσι και γιατί. Ανάμεσα στις πολλές θεωρίες που επινοεί σε αυτές τις περιπτώσεις η κοινωνική κριτική, κοινώς κουτσομπολιό, η επικρατέστερη φαίνεται να έχει να κάνει με τα λεφτά.

Βλέπετε, ο Καρφίτσας είναι αυτό που λέμε, παθολογικά τσιγκούνης. Σπαγκοραμμένος, δραχμοφονιάς, εξηνταβελόνης, καρμίρης, στις τσέπες του φωλιάζουν 'μοβόρικα καβούρια. Έχει ένα γαλακτοζαχαροπλαστείο σε μια φτωχοσυνοικία, απ' αυτά που κάποτε τα λέγαμε "Η ΕΒΓΑ της γειτονιάς". Τρέχα γύρευε γιατί, το ξέχασε ο χρόνος κι επιβιώνει σχεδόν απαράλλαχτο δεκαετίες τώρα. Ίσως είναι το ότι ο Καρφίτσας το δουλεύει σωστά, είναι εξυπηρετικός και ξέρει να ικανοποιεί όλα τα γούστα της πελατείας του. Όχι όμως χωρίς κόστος και με μεγάλο μόχθο. Δουλεύει απ' τα χαράματα ως το βράδυ, επτά μέρες τη βδομάδα, σαν ρολόι. Κανείς δεν θυμάται να το έχει κλείσει κάποτες για να κάνει κι αυτός διακοπές. Οι λίγοι φίλοι πού 'χει ανησυχούν για την υγεία του και τον θερμοπαρακαλούν να πάρει κάποιον υπάλληλο να τον ξεκουράσει λίγο.

- Δεν θα ‘σαστε με τα καλά σας, τους απαντάει γελώντας. Ξέρετε πόσο κοστίζει σήμερα ένας υπάλληλος;

- Γιατί, δεν έχεις λεφτά;

- Δεν είναι εκεί το θέμα! Ακόμα κι εκατομμυριούχος να γίνει κανείς, δεν μπορεί να είναι απερίσκεπτος! Τα λεφτά είναι το στήριγμα του κάθε ανθρώπου, χωρίς λεφτά δεν μπορείς να σταθείς, ούτε γερός, ούτε άρρωστος. Και στο κάτω κάτω, τι να τον κάνω τον υπάλληλο; Εγώ να δουλεύω κι αυτός να πληρώνεται; Όλοι χαραμοφάηδες είναι, κοίτα τους δημόσιους υπάλληλους, τα κοπρόσκυλα, όλοι τεμπέληδες που πληρώνονται απ’ τους φόρους μου...

Μύτη γαμψή, γυαλάκια μικρά και στρογγυλά, μαγουλάκια κόκκινα, μουσάκι μυτερό, κοιλίτσα να φουσκοξεφουσκώνει όταν λαχανιάζει να εξυπηρετήσει τον κόσμο, μοιάζει περισσότερο με συνταξιούχο λιμοκοντόρο, παρά με ζαχαροπλάστη. Δεν έχει οικογένεια, δεν έχει παιδιά. Απ’ την τσιγκουνιά του, λένε οι κακές γλώσσες. Κάποτε μια ασχημούλα μεγαλοκοπέλα τον ερωτεύτηκε παράφορα, αλλ' αυτός την κορόιδεψε με τον χειρότερο τρόπο, έτσι λένε οι γλώσσες, αλλά πού να ξέρει κανείς την αλήθεια; Λένε ότι της πήρε όλην την προίκα διασύροντας την πριν τον γάμο ότι δήθεν δεν ήταν παρθένα. Αυτή έφυγε νύχτα κλαίγοντας, κανένας δεν την ξανάδε από τότε. Πάντως λίγο καιρό μετά ο Καρφίτσας άνοιξε το ζαχαροπλαστείο.

Τα παιδιά τον αποφεύγουν, τον θεωρούν κάτι σαν τον κακό μάγο. Μπαίνουν δειλά και προσεκτικά στο μαγαζί του να αγοράσουν το υπέροχο παγωτό που φτιάχνει μοναχός του, για να εξαφανιστούν αμέσως τρέχοντας, μπας και τους ζητήσει πίσω το χωνάκι. Κάποια Χριστούγεννα και Πρωτοχρονιές, μερικά καινούρια παιδιά στη γειτονιά μη γνωρίζοντάς τον, πηγαίνουν να του πουν τα κάλαντα. Αυτός τους δίνει από ένα γλειφιτζούρι και μετά πηγαίνει στους γονείς τους ζητώντας να πληρωθεί το γλειφιτζούρι που του έκλεψαν τα παλιόπαιδα. Εννοείται ότι δεν έδωσε ποτέ ούτε δεκάρα τσακιστή για μποναμά στα μικρά χαρωπά τραγουδιστάκια...

Μόνο από ένα παιδάκι δεν ζήτησε ποτέ να πληρωθεί το γλειφιτζούρι. Μια φτωχοντυμένη μικρούλα, ένα ξανθό, μπουκλωτό αγγελούδι ίσαμε εννιά-δέκα χρονών, μπήκε μια φορά στο μαγαζί του και στάθηκε θαρρετά μπροστά του, ξερογλειφόμενη και λαγνοκοιτώντας με τα λαμπερά γαλάζια μάτια της προς το βάζο με τα γλειφιτζούρια. Δεν μίλησε, δεν είπε τίποτα, μόνο στεκόταν εκεί ακίνητη κοιτώντας τα, μπροστά στον μαρμαρωμένο μαγαζάτορα που λες και αιχμαλωτίστηκε απ' την αθωότητα της αύρας της.

Κανείς δεν ξέρει ποια καμπάνα χτύπησε μέσα του και τον έκανε να ανοίξει το φελλένιο καπάκι και να βγάλει το πιο πολύχρωμο γλειφιτζούρι που της το πρόσφερε με διστακτικά χέρια, όχι χωρίς να παλέψει τιτάνια, αλλά στα μουλωχτά, με τον καρφίτσα εαυτό του...

Από τότε το κοριτσάκι πηγαίνει τρέχοντας κάθε απόγευμα χαρούμενο στο μαγαζί του για να πάρει απ' τα τρεμάμενα χέρια του το καθημερινό πεντανόστιμο γλειφιτζούρι της, χαρίζοντάς του παράλληλα το πιο γλυκό και ζεστό χαμόγελό της μαζί με ένα τραγουδιστό, αέρινο, παράξενα μελωδικό "ευχαριστώ" καθώς βγαίνει πάλι τρέχοντας απ' το μαγαζί, αφήνοντάς τον για πολλήν ώρα ακίνητο, ζαβλακωμένο, χαμένο στις σκέψεις του. Κανείς δεν μπορεί να φανταστεί, κι ο ίδιος ακόμα λιγότερο, ποια κερκόπορτα παραβίασε οπλισμένος με ένα και μόνο χαμόγελο ο μικρός αυτός, ξανθός, διαβολιάρης άγγελος και τι είναι αυτό που προκαλεί στην καρδιά του η κοριτσίστικη, αθώα και πηγαία χαρά της, το κελαρυστό της γέλιο και το μελωδικό "ευχαριστώ" που αφήνει να αιωρείται πίσω της, ζαλίζοντας και πυρώνοντας την αλαβάστρινη μέχρι τώρα καρδιά του θολωμένου μαγαζάτορα...

Κάποια μέρα όμως η μικρή δεν εμφανίζεται! Ο Καρφίτσας δεν ξέρει τι να υποθέσει. Η παρουσία της, αυτή η καθημερινή χαρούμενη εισβολή της και η μελωδική αποχώρηση της, του έχουν γίνει απαραίτητες, λες και τον επισκέπτεται ο άγγελός του για να τον ευλογήσει.

Όταν όμως η μικρούλα λείψει για δεύτερη και τρίτη μέρα, δεν μπορεί να κρατηθεί, κάνει σαν εγκαταλειμμένος κυνηγόσκυλος, σαν προδομένος εραστής. Ζητάει πληροφορίες απ' τα άλλα παιδιά, αλλά τα νέα δεν είναι καλά, μαθαίνει ότι εξαφανίστηκε απ' τη γειτονιά!

Σαν τρελός κλείνει μια ώρα νωρίτερα το μαγαζί με κάποια αστεία δικαιολογία και όλο βιάση αναζητά το σπίτι της σύμφωνα με τις πληροφορίες των άλλων παιδιών. Στέκεται και το κοιτάει αποσβολωμένος. Ένα φτωχικό χάλασμα που δεν είναι άξιο ανθρώπου, με τις πόρτες του να χάσκουν ανοιχτές και τη σκεπή με βία να εκπληρώνει το καθήκον της. Δεν θα περνούσε ποτέ απ' το μυαλό του ότι εδώ μπορεί να μένουν άνθρωποι...

Ζητάει πληροφορίες απ' τη γειτονιά. Η μικρούλα έχει μόνο μάνα που τη μεγαλώνει με περισσή αγάπη, αλλά φτωχή σαν το χώμα που πατούν και στεγνή σαν τον καλοκαιρινό λίβα. Μόλις προχθές πληροφορήθηκε ότι το παιδάκι έχει κάποια ασθένεια. Αλαφιασμένη το πήρε και τρέξαν στο Νοσοκομείο, παράτησε και την πόρτα της ανοιχτή η αθεόφοβη, αλλά τι να κλέψεις από δαύτην; Ο Καρφίτσας επιστρέφει στο κονάκι του με βήμα βαρύ και την πέτρινη καρδιά του να λιώνει απ' την κάψα. Μέσα του η ουράνια μελωδία του αιθέριου "ευχαριστώ" αντηχεί σαν το ρέκβιεμ μιας αθώας ψυχής τυμπανίζοντας αμείλικτα τα μηνίγγια του όλη τη νύχτα...

Έξι η ώρα τα ξημερώματα της άλλης μέρας ο Καρφίτσας είναι στο Νοσοκομείο, ινκόγκνιτο. Με μεθόδους που θα ζήλευε κι επαγγελματίας ντετέκτιβ, ανακαλύπτει τελικά, δωρεάν φυσικά, τη φαρμακερή αλήθεια. Ναι, έχει φέρει μια μάνα ένα κοριτσάκι προχθές, πάσχει από λεμφοκυτταρική λευχαιμία, είναι αυτή που εμφανίζεται συχνότερα στα παιδιά. Ευτυχώς υπάρχει θεραπεία, σε ποσοστό 85% θεραπεύεται, όμως η χημειοθεραπεία και η ραδιοθεραπεία είναι ακριβές θεραπείες! Η μάνα του παιδιού είναι μόνη της και δεν έχει καθόλου λεφτά, δεν ξέρουν οι γιατροί τι να κάνουν. Το παιδί πρέπει σήμερα κιόλας να ξεκινήσει, κάθε μέρα μπορεί να σημαίνει ζωή ή θάνατο γι' αυτό...

Ο γιατρός τον κοιτάει με οίκτο, τα δάκρυα στα μάτια του Καρφίτσα είναι από μόνα τους εύγλωττα.

- Κοιτάξτε! του λέει χτυπώντας τον φιλικά στην πλάτη. Μιας και είσαστε συγγενής, φροντίστε σας παρακαλώ να βρείτε τρόπο να βοηθηθεί αυτό το αγγελούδι! Στο κάτω κάτω δεν φταίει το καημένο σε τίποτα...

Ο Καρφίτσας βγαίνει ζαβλακωμένος στον μεγάλο κήπο του Νοσοκομείου. Περπατώντας στα σκιερά μονοπάτια ανάμεσα στους θάμνους και τα δέντρα, του ξεφεύγουν σκέψεις και λυγμοί ανάκατα, νιώθει να ξεκολλούν πυρωμένες πέτρες απ' τα σωθικά του και να κατρακυλούν ανάμεσα στα χαλίκια και τα μουχλιασμένα φύλλα. Κλαίει στα μουλωχτά δέρνοντας παράλληλα τον αέρα με τις γροθιές του.

- *"Εγώ φταίω δηλαδή που γεννήθηκε φτωχό; Πρέπει να βρεθεί κάποιο άλλο θύμα να πληρώσει τη νύφη; Η μάνα του δηλαδή τι έκανε όλ' αυτά τα χρόνια; Δουλειά δεν έχει; Δεν μπόρεσε να βρει; Μόνο οι τεμπέληδες μένουνε άνεργοι, για μια νέα γυναίκα υπάρχουν άπειρες δουλειές, άλλες γίνονται πόρνες για να μεγαλώσουν τα παιδιά τους! Και στο σχολείο, όταν ήθελαν να τα εμβολιάσουν; Δεν το στέλνει σχολείο; Ή αρνήθηκε να δεχτεί το εμβόλιο;"*

Σταματάει και κοιτάει τον ουρανό σηκώνοντας ξανά απειλητικά τη γροθιά του.

- *"Δεν υπάρχει ακόμα εμβόλιο Σαράντη, όχι για τη λευχαιμία! Έστω! Δεν μπορούσε τουλάχιστον να αερίζει καλύτερα το σπίτι της; Εγώ τι φταίω δηλαδή να χάσω την παρηγοριά στη μοναξιά μου, τη συντροφιά στα όνειρά μου;"*

Τα βήματά του τον κατευθύνουν ακούσια αλλά επιτακτικά πίσω προς την είσοδο του κτιρίου, οδηγώντας τον ανάμεσα απ' τους άλλους περιπατητές που κουνάν με κατανόηση το κεφάλι τους. Άλλος ένας που κουβαλάει τον σταυρό του, ούτε ο πρώτος ούτε ο τελευταίος άνθρωπος δα! Κατευθύνεται πάντα βουρκωμένος προς τη ρεσεψιόν χωρίς να σταματήσει ούτε στιγμή να μουρμουρίζει μέσα στα δόντια του.

- Ακούς εκεί δεν έχει λεφτά! Ποιος τολμάει σήμερα να ισχυριστεί ότι είναι φτωχός; Πλάκα μας κάνει η ανεπρόκοπη;

Ασυναίσθητα έχει δυναμώσει τη φωνή του.

- Τεμπέλα είσαι κυρά μου! Αυτό είσαι, μια τεμπέλα!

- Παρακαλώ, εμένα είπατε;

Αναπηδάει ξαφνιασμένος. Η κοπέλα στη ρεσεψιόν τον κοιτάει ερωτηματικά και λίγο επιτιμητικά με σηκωμένα τα φρύδια της. Ο Σαράντης ξεροκαταπίνει.

- Θέλω να αναλάβω το κόστος της θεραπείας της μικρής που ήρθε προχθές με λευχαιμία! Δεν με νοιάζει πόσο θα κοστίσει, έχω λεφτά!

λέει με έναν τραχύ κόμπο στη φωνή του που κοντεύει να τον πνίξει καθώς νιώθει το χαλύβδινο θαρρείς και μαύρο πέπλο να ανασηκώνεται απ' την ψυχή του ξαλαφρώνοντας το Είναι του, όσο τα δάκρυά του λύνονται κι αυτά για να τον ξαναβαφτίσουν μέσ' την αναγέννηση που του προσφέρει τόσο απλόχερα ο ανέλπιστα εμφανισθείς φύλακας άγγελός του...

Η ψυχή, η καρδιά, το μυαλό, τόση ποικιλομορφία! Ποικιλία σημαίνει ισχύς, πρόοδος, πολιτισμός! Όμως το κοπάδι δεν θέλει μπελάδες, θέλει ησυχία, άνεση, ευχαρίστηση. Πώς να συνδυάσει λοιπόν κανείς τις αποχρώσεις του γέλιου και του κλάματος;

Το πετάρισμα των χρωμάτων

Ο άνθρωπος πάντα ήθελε να πετάξει. Βασικά πετάει ήδη, αλλά δεν το έχει συνειδητοποιήσει. Άλλος με την παράνοια, άλλος με την άνοια και οι πιο πολλοί με την αδράνεια. Θα μου πείς, μένοντας αδρανής περιμένεις να πετάξεις; Από μια άποψη οι "κοινοί" άνθρωποι, ξέρετε, αυτοί χωρίς παρελθόν, παρόν και μέλλον, όλοι αυτοί που αποτελούν το έρμα του ανθρώπινου είδους, έχουν πια παραιτηθεί και περιμένουν απλά να πετάξουν στην άλλη ζωή, χωρίς να έχουν αφήσει κάποιο ίχνος πίσω τους, να πετάξουν έτσι σαν αιθέρας, αποτελώντας απλά ένα στιγμιότυπο στον χωροχρόνο της ιστορίας, μια στιγμιαία αναλαμπή.

Όμως όπως ξέρουμε, τα φαινόμενα πάντα απατούν. Αν θελήσει κανείς να το ψάξει το θέμα, να μην είναι επιπόλαιος σαν αυτούς τους κοινούς ανθρώπους, που ο καθένας τους βέβαια πιστεύει ότι είναι ξεχωριστός, πρέπει να σκύψει και να κοιτάξει προσεκτικά αυτήν την ανθρωπομάζα. Από κοντά αρχίζουν να διακρίνονται τα συστατικά της, να ακούγεται το γέλιο και το κλάμα της και να διασπάται το φαινομενικά γκρίζο χρώμα της σε μια πολυχρωματική πανδαισία, σε πείσμα όσων λένε ότι τα χρώματα βγαίνουν από άλλα χρώματα. Η αλήθεια είναι ότι όποιος δεν μπορεί να διακρίνει καλά τα χρώματα μέσα του, βλέπει μόνο θολά τα χρώματα και έξω του...

Κάθε μικρό χρώμα λοιπόν της ανθρωπομάζας γελάει, όπως είπαμε, με τον δικό του τρόπο. Αλλά γελάει και κλαίει μαζί, έτσι ώστε κανείς συχνά δυσκολεύεται να καταλάβει αν ο ήχος που ακούγεται απ' αυτό το τοσοδούλι χρωματάκι είναι γέλιο ή κλάμα. Βέβαια, για να είμαστε ακριβοδίκαιοι, υπάρχουν και κάποια χρωματάκια που μόνο γελάνε ή μόνο κλαίνε, όπως για παράδειγμα ο κλόουν που ως γνωστό, γελάει συνέχεια γιατί είναι πάντα χαρούμενος ή οι χήρες που κι αυτές είναι γνωστό σε όλους ότι μόνο κλαίνε. Θλιμένοι κλόουν υπάρχουν μόνο στο σινεμά και εύθυμες χήρες μόνο στα βιβλία. Όμως κατά βάση και το χρώμα του κλόουν και το χρώμα της χήρας πετάνε κι αυτά στον αιθέρα, προσθέτοντας έτσι ένα ακόμα τίποτα στη βροντή όλων αυτών των πεταρισμάτων. Ο πόθος του ανθρώπου το ονόμασαν κάποιοι.

Ας είμαστε σοβαροί! Εδώ έχουμε χρώματα, όχι ανθρώπους! Οι άνθρωποι έχουν λογική, φιάχνουν πολιτισμούς, προωθούν τις επιστήμες για το καλό τους και μόνο, τα χρώματα δεν μπορούν ούτε καν να μιλήσουν! Μπορούν μόνο να γελάσουν και να κλάψουν όπως είπαμε, και μέσα απ' αυτές τις πρωτόγονες εκφράσεις, να πετάξουν. Και δες, τι ειρωνία, σε κάποια στιγμή ζήτησαν και οι άνθρωποι να τα μιμηθούν και προσπάθησαν κι αυτοί να πετάξουν. Άρχισαν να γελάνε και να κλαίνε κι αυτοί, χάνοντας τη λογική τους και προσπαθώντας να αποκτήσουν συναίσθημα, αλλά χρώματα δεν μπορέσανε ποτέ να γίνουνε. Διότι αν παρατηρήσει κανείς ακόμα πιο προσεκτικά την ανθρωπομάζα, θα διακρίνει τελικά ότι όλα αυτά τα χρώματα είναι τα ρούχα των ανθρώπων και όχι η ψυχή τους. Αν τους γδύσεις, θα πάρεις τελικά το ένα και μόνο χρώμα, ξέρετε, εκείνο που πάει προς το σκούρο ανθρωπί, αφού οι φυλές των ανθρώπων αρχίζουν να ανακατεύονται...

Δεν υπάρχει δηλαδή χρώμα στην ψυχή του ανθρώπου; Μμμ, όχι ακριβώς, δεν είναι ακριβώς έτσι! Όσο προσεκτικά και να παρατηρήσεις την ανθρωπομάζα, όσο κοντά κι αν πας, δεν μπορείς ποτέ να δείς όλες τις λεπτομέρειες, καθώς αυτή μόνιμα κουνιέται σαν παχύρρευστο υγρό και μεταλλάσσεται σαν το σύννεφο. Εδώ χρειάζεται κάτι δυνατότερο, ίσως το βλέμμα της ψυχής, της άνοιας ή της παράνοιας. Δεν έχουν όμως όλοι μάτια στην ψυχή τους, ή τουλάχιστον οι περισσότεροι δεν ξέρουν αν έχουν, οπότε δεν μπορούν να δούν με το βλέμμα της ψυχής. Αν όμως μπορέσει κανείς να ενεργοποιήσει αυτά τα άυλα, βαθιά καταχωνιασμένα μάτια, τότε ξαφνικά θα δεί την ανθρωπομάζα μέσα από ένα διαμάντι! Ένα διαμάντι διάφανο σαν την αστραφτερή σφαίρα της μάγισσας που όλα τα αποκαλύπτει. Θα δεί τότε ότι το γκρίζο χρώμα της ανθρωπομάζας είναι στην ουσία ένα χρώμα που κινείται, ένα χρώμα που όμοιό του δεν έχει ανακαλυφθεί ακόμα, ένα χρώμα στον χρόνο, ένα χρώμα ζωντανό, αφού χιλιάδες μικρές αναλαμπές σαν πυγολαμπίδες κι αστραπούλες του δίνουν ζωή και κίνηση, ένα χρώμα με χιλιάδες σχήματα που άλλοτε γελάει κι άλλοτε κλαίει...

Φυσικά, όπως καταλαβαίνετε, αφού το χρώμα μας είναι ζωντανό, θα πρέπει να βγάζει και ήχο. Πράγματι, αν ζορίσουμε λίγο ακόμα τα μάτια της άνοιας και της παράνοιας θα δούμε ότι οι μικρές πυγολαμπίδες είναι στην πραγματικότητα μικροί ήχοι και όχι φώτα, μικροί ήχοι που αναλάμπουν για μιαν τοσοδούλα στιγμή στη ζωντάνια του ανθρωποχρώματος. Μμμ, ενδιαφέρον! Δεν είναι δηλαδή η πολύχρωμη επιφανειακή πανδαισία η ουσία του ανθρώπου, αλλά μάλλον η ζωντανή στιγμιαία αναλαμπή αυτή που μιλάει στην ψυχή μας; Και τι μας λέει τελικά, ποια μάτια μπορούν να διακρίνουν τις φωτοκραυγές και ποιά ψυχή να καταλάβει το νόημα της αναλαμπής; Και γιατί η γκρίζα μάζα καταφέρνει να καταπιεί σχεδόν όλες τις πολύχρωμες αναλαμπές που ζητάνε να τη φωτίσουν; Δεν θέλει το καλό της;

Ίσως κάποτε να φτάσουμε κι εκεί. Ίσως κάποτε να απαντήσουμε τέτοια δύσκολα ερωτήματα και τι ακριβώς είναι η αυτοκαταστροφή. Τώρα όμως δεν μπορούμε να τα κατανοήσουμε ακόμα όλα αυτά. Γιατί μπορεί να αντιλαμβανόμαστε στιγμιαία και να καταγράφουμε, ακόμα και να διδάσκουμε στα παιδιά μας τα λόγια και τα έργα αυτών των Μεγάλων Αναλαμπών, αλλά η βαθύτερη κατανόηση που θα μετουσιωθεί σε βίωμα και τρόπο ζωής φωτίζοντας το γκρίζο χρώμα στον χρόνο της ψυχής μας αργεί ακόμα, όπως αργεί και η κατανόηση των λόγων και των έργων του Μεγάλου Ανθρώπου, της ηρεμίας και της πνευματικότητας του Αγνού Ανθρώπου, αλλά και των άλλων χιλιάδων αναλαμπών που επιμένουν να ενοχλούν την ανθρωπομάζα, μέσα στην οποία κολυμπάμε κι εμείς, διαταράσσοντας συνεχώς την αέναη αδράνεια της στιγμιαίας γκρίζας ψυχής μας...

Είναι η κοινωνία καλή ή κακή; Αποτελεί λίκνο εκκόλαψης ή κατατρώει τα σπλάχνα της; Είναι φάτνη ή τάφος; Είναι τελικά ευλογία ή κατάρα, είναι αιγίδα ή μέγαιρα;

Το ποντικάκι

Μια φορά κι έναν καιρό, όχι πολύ μακριά από δω, πρέπει να ‘τανε στη χώρα του Πέρα κι όχι πολύ παλιότερα από τώρα, πρέπει να ‘τανε στον χρόνο του Τότε, ζούσε ένα μικρό ποντικάκι. Μικρό δηλαδή που λέει ο λόγος, αφού τα ‘χε στην καμπούρα του τα χρονάκια του, αλλά και τα παιδάκια του και τη γυναικούλα του.

Οι καιροί ήταν δύσκολοι όπως είναι πάντα οι καιροί, οι εχθροί πολλοί, και το να επιβιώσει μια ποντικοοικογένεια ήταν πραγματικά δύσκολο πράγμα. Πόσοι και πόσοι φίλοι του είχαν χαθεί, άλλοι φύγαν μακριά, άλλοι αλλοτριώθηκαν και έγιναν αρουραίοι του αγρού κι άλλοι φαγώθηκαν απ' τον γάτο - ούτε θυμόταν πια πόσοι, άλλωστε έπαψε εδώ και καιρό να τους μετράει. Άσε πια πόσοι σκοτώθηκαν αναμεταξύ τους, τσακωνόμενοι μέσα στη φωλιά, θες γιατί μαλώσανε στη μοιρασιά των σπόρων, θες γιατί ο ένας έκλεβε το βιός του άλλου, ή ακόμα και γιατί γλυκοκοίταξε την ποντικίνα του διπλανού του. Το ποντικάκι μας όμως ήταν νοικοκύρης και δεν του άρεσαν τέτοια πράγματα. Παρακαλούσε τον θεό να τα κρατήσει όλα αυτά μακριά απ’ αυτόν και την οικογένειά του. Α, όλα κι όλα, το ποντικάκι μας ήταν και θρήσκο! Δεν το μολογούσε βέβαια ανοιχτά, δεν ήταν ακριβώς η κοινωνία που ζούσε αυτό που θα λέγαμε “θεάρεστη”, μάλλον υποκριτική ήταν για τα γούστα του. Όμως, τι τα θες, πολλές στιγμές το ποντικάκι μας καθόταν θλιμμένο και προσπαθούσε να καταλάβει τον κόσμο που ζούσε...

Διότι, ξέχασα να σας πω, το ποντικάκι μας είχε μια ιδιαιτερότητα, μια βασανιστική ατέλεια που το τιμώρησε η φύση, ένα καρκίνωμα στο μυαλό του που το έκανε ικανό να σκέφτεται! Ναι, ναι, αλήθεια σας λέω, το ποντικάκι μας μπορούσε να σκέφτεται, να βλέπει τον κόσμο με άλλο μάτι και να ψάχνει την αιτία πίσω απ' τα φαινόμενα, να αποζητά το σωστό και να αγαπά την τιμιότητα! Ανήκουστα πράγματα δηλαδή!

Τα άλλα ποντικάκια όμως δεν ήταν το ίδιο. Αν κι είναι γνωστό ότι η φυλή των ποντικών έχει αδιαμφισβήτητα προσόντα - πώς άλλωστε θα μπορούσαν να κλέβουν τα αυγά μέσα από το κοτέτσι, κάτω από το άγρυπνο μάτι του άγριου κόκορα, δυο δυο, ο ένας πεσμένος στη ράχη του με το αυγό αγκαλιά και ο άλλος να τον τραβάει απ' την ουρά; Α, ναι, η φυλή των ποντικών είναι δοξασμένη, το μαθαίνουν άλλωστε και τα μικρά ποντικάκια στο ποντικοσχολείο, για την ακρίβεια μάλιστα πιστεύουν ότι πλησιάζουν οι καιροί που οι ποντικοί θα κατακτήσουν τελικά όλον τον κόσμο κι ούτε ο γάτος δε θα μπορέσει να τους σταματήσει.

Το δικό μας ποντικάκι λοιπόν είχε την ευλογημένη κατάρα να σκέφτεται διαφορετικά απ' τα άλλα. Δεν είχε αυτό που λένε "εξυπνάδα", είχε απλά αυτό που κάποιοι αποκαλούν "λογική", μια ιδιότητα που κανείς ποντικός δεν ήξερε τι ακριβώς σημαίνει. Κάποιοι μάλιστα υποστήριζαν ότι την ιδιότητα αυτή την έχει εκείνη η φυλή με τα μεγαλόσωμα ζώα, τα γλοιώδη, τα κολοβά, χωρίς τρίχωμα που περπατούν όρθια και βγάζουν συνεχώς μπερδεμένους και άναρθρους ήχους. Ζώα κακά, μοχθηρά κι επικίνδυνα που ακόμα κι ο γάτος τα φοβάται. Όμως οι ποντικοί καταφέρνουν με χιλιάδες τεχνάσματα να μένουν μακριά απ' αυτά τα φρικτά πλάσματα, τι άλλη τρανή απόδειξη της ποντικίσιας εξυπνάδας μπορεί κανείς να ζητήσει;

Το ποντικάκι μας δυσκολευόταν να καταλάβει τη σκέψη και τις πράξεις των άλλων ποντικών. Όταν οι άλλοι λιάζονταν ολημερίς στη λιακάδα και δεν κόταγαν να δουλέψουν λίγο, παρά περίμεναν το ποντικάκι μας να κουβαλήσει το στάρι στη φωλιά κι αυτό θύμωνε και ξεφώνιζε, του έλεγαν:

- Αφού τα κουβάλησες όλα μόνος σου! Τι φωνάζεις τώρα;

Κι όταν έβρισκαν λίγο τυρί ή ψωμί και το καταβρόχθιζαν αμέσως, το ποντικάκι μας διαμαρτύρονταν:

- Καλά, και αύριο τι θα φάμε; Όλα τα καταβροχθίσατε!

- Δεν βαριέσαι!, απαντούσαν τα άλλα, κάτι θα γίνει!

Κι όταν δεν γινόταν τίποτα, τα 'βαζαν με το ποντικάκι μας:

- Καλά, δεν μπορούσες να επιμείνεις λίγο χτες; Εσύ φταις! Να πας να φέρεις κι άλλα τώρα!

Και πήγαιναν κι έπαιρναν απ' το δικό του σπίτι τις προμήθειες που με κόπο είχε μαζέψει για την οικογένειά του...

Το ποντικάκι μας θύμωνε, όμως δεν μπορούσε να κάνει και πολλά πράγματα. Βλέπετε, η φυλή των ποντικών έχει ανεπτυγμένη την αίσθηση της κοινωνικότητας. Θα τον αποκαλούσαν "ακοινώνητο" και "μονόχνωτο" αν τολμούσε να υποστηρίξει ότι διέφερε! Έτσι λοιπόν σκέφτηκε να προσπαθήσει να ανεβεί λιγάκι στην κοινωνία των ποντικών, να ξεχωρίσει κάπως απ' τη μάζα, μπας κι αρχίσουν να τον σέβονται. Αποφάσισε να ψάξει γύρω του να δει ποιοι απ' τους ποντικούς ήταν σεβαστά μέλη της κοινωνίας και τι ήταν αυτό που τους έκανε να ξεχωρίζουν.

Πήρε τους δρόμους. Σε μια γωνιά ένας μεγαλοπόντικας ανεβασμένος πάνω σε ένα κασόνι φωνασκούσε χειρονομώντας ενώ καμμιά δεκαριά από κάτω τον χειροκροτούσαν. Στάθηκε στο τέλος της ουράς και ρώτησε.

- Τι είναι αυτός εκεί πάνω;

Ο πλαϊνός του τον κοίταξε περίεργα.

- Απ' το πατάρι έπεσες εσύ; Δεν τον ξέρεις; Πολιτικός είναι, ο κύριος Παρλαπίπας!

Ααα! Κάτι είχε ακούσει για τους πολιτικούς, ο κόσμος τους είχε σε μεγάλη εκτίμηση! Να η ευκαιρία του! Σπρώχτηκε προς τα μπροστά να ακούσει τι έλεγε ο εξαιρετικός αυτός κύριος.

- Κυρίες και κύριοι! Η παρούσα ελαττωματική δομή του υπάρχοντος αναχρονιστικού συστήματος μας υποχρεώνει να επαναπροσδιορίσουμε δυναμικά τη δημιουργική στάση μας απέναντι στον ρεβανσισμό της εξουσίας και στις προκλήσεις των θεσμικά παρεμβατικών αυτών αποπροσανατολιστικών καιρών. Δεν πρέπει όμως να μας διαφεύγει ότι η στοχευμένη οργανωτική αναδιάρθρωση που θα αναδείξει την πλατιά και αυθόρμητη συμμετοχή των λαϊκών μαζών θα συμβάλλει αναπόδραστα στο να τελειοποιήσουμε ένα δυναμικό σύστημα διαλεκτικής αντιμετώπισης των μεγάλων προκλήσεων που θέτουν οι κομφορμιστικού τύπου θεσμικές και ριζοσπαστικές αλλαγές απέναντι στην αγωνιστική μαχητικότητα της πολιτικής διαπραγμάτευσης με στόχο πάντα την προοδευτική μετεξέλιξή μας!

- Πω, πωωω! Τι ωραία που τα λέει! μουρμούρισε το ποντικάκι μας.

Έστρεψε το κεφάλι του αποφασιστικά προς τον πλαϊνό του και τον ρώτησε με έμφαση:

- Πες μου! Πώς μπορώ να γίνω κι εγώ πολιτικός; Να λέω κι εγώ τέτοια λόγια και να με πληρώνουνε;

- Εύκολο είναι! Παιχνιδάκι! Να πάρε αυτό το χαρτί, το έχουν όλοι οι πολιτικοί όταν ετοιμάζουν τους λόγους τους. Δεν έχεις παρά να το μάθεις απ' έξω και μετά αρκεί να συνδυάζεις κάποια φράση απ' την πρώτη στήλη, με κάποια απ' την δεύτερη και μετά απ' την τρίτη και την τέταρτη. Πανεύκολο!

Το ποντικάκι μας ξεδίπλωσε το χαρτί και το κοίταξε.

- Θυμήσου! επέμενε ο πλαϊνός. Κάτι απ' την πρώτη, μετά κάτι απ' τη δεύτερη και ούτω καθ' εξής...

Το χαρτί έγραφε τα εξής:

Γίνε κι εσύ πολιτικός!

Απλά συνδύασε μια φράση από κάθε στήλη!

(έχεις 6561 συνδυασμούς, αρκετούς για να σε κάνουν ακόμα και πρωθυπουργό...)

Κυρίες και κύριοι	*η πραγμάτωση των στόχων που έχουμε προσεκτικά θέσει*	*μας επιβάλλει να εξετάσουμε αναλυτικά*	*τις υπάρχουσες οικονομικές συνθήκες και τα θεσμικά πλαίσια.*
Από την άλλη πλευρά	*η μέθοδος στην ανάπτυξη της δράσης των στελεχών*	*παίζει σημαντικό ρόλο στο να καθορίσουμε*	*τους άξονες μιας μελλοντικής ανοδικής πορείας.*
Ταυτόχρονα	*η σταθερή άνοδος στην ποιότητα και την ποσότητα των προσπαθειών μας*	*μας υποχρεώνει να προσδιορίσουμε άμεσα*	*ένα γενικότερο σύστημα πλατιάς συμμετοχής*
Δεν πρέπει όμως να μας διαφεύγει ότι	*η παρούσα δομή του υπάρχοντος συστήματος*	*βοηθά στην προετοιμασία μας για*	*τη δημιουργική στάση μας απέναντι στις προκλήσεις των καιρών!*
Με αυτόν τον τρόπο	*ένα νέο μοντέλο πολύπλευρης δράσης και παρέμβασης*	*εγγυάται την ευρύτερη δυνατή απήχηση ώστε να επεξεργαστούμε*	*τις νέες συνισταμένες και συνιστώσες της πραγματικότητας.*
Περιττεύει να υπογραμίσω ότι	*η αδιάκοπη προσήλωσή μας στην πρακτική τεκμηρίωσης και ενημέρωσης*	*μας βοηθάει αποφασιστικά στην προσπάθεια να στερεώσουμε*	*ένα δυναμικό σύστημα αντιμετώπισης των απαιτήσεων του καιρού μας.*
Είναι προφανές ότι	*η οργανωτική αναδιάρθρωση με την πλατιά συμμετοχή των λαϊκών μαζών*	*εμφανώς θα οδηγήσει νομοτελειακά προς*	*ένα καινούριο μοντέλο τεχνολογικής ανάπτυξης*
Επίσης είναι γνωστό ότι	*το ξεκίνημα μιας αποφασιστικής διαδικασίας ριζοσπαστικών αλλαγών*	*συμβάλλει αναπόδραστα στο να τελειοποιήσουμε*	*τις διάφορες μορφές του κύρους της χώρας.*
Η καθημερινή πρακτική έχει αποδείξει ότι	*η ιδεολογική καθαρότητα σε συνδυασμό με μια ποικιλόμορφη δραστηριότητα*	*οριοθετεί και θεμελιώνει αποφασιστικά*	*τις βάσεις μιας συνεχούς προοδευτικής μετεξέλιξης.*

Το ποντικάκι άνοιξε διάπλατα τα μάτια του. Αδύνατον να το μάθει αυτό απ' έξω! Θα πρέπει να είναι κανείς τελείως καμμένος για να μπορεί να ξεστομίζει τέτοιες μπουρδολογίες.

Στεναχωρημένο τσαλάκωσε το χαρτί και το πέταξε. Συνέχισε τον δρόμο του. Τα βήματά του το οδήγησαν σε ένα παλιό μεγάλο χαρτόκουτο στην άκρη της ποντικοχώρας, το οποίο εδώ και καιρό είχε τραβήξει την περιέργειά του.

- Τι βρίσκεται εκεί μέσα; ρώτησε έναν περαστικό.

- Ο ναός μας φυσικά! Εκεί μέσα βρίσκονται οι παπάδες μας! Δεν το ξέρεις; Δεν είσαι πιστός εσύ;

- Πώς! Πώς, βέβαια! Είμαι πιστός! Αλλοίμονο! Να! Πάω τώρα κι εγώ να προσκυνήσω...

Κατευθύνθηκε προς την αψιδωτή είσοδο. Κάποιος του είχε πει ότι οι παπάδες ήταν αξιοσέβαστα πρόσωπα στην κοινωνία και τους υπάκουαν ακόμα κι οι βασιλιάδες. Για να δούμε λοιπόν, πώς μπορεί κανείς να γίνει παπάς; Αποφασιστικά μπήκε μέσα στο κουτί.

Ο χώρος ήταν μισοσκότεινος, μυστηριακός και μύριζε λιβάνι. Το ποντικάκι μας ζαλίστηκε, αλλά αποφάσισε να προχωρήσει.

- Έλα τέκνο μου, μη φοβάσαι! Έλα προς εμέ! ακούστηκε μια μειλίχια φωνή απ' το βάθος.

Τα μάτια του συνήθισαν το μισοσκόταδο και τότες είδε εκεί στο βάθος, πάνω σε έναν σωρό από χρυσά νομίσματα, έναν γιγάντιο ποντικό. Ήταν τεράστιος και πάνχοντρος, πιο χοντρός κι απ' τον γάτο, πλαδαρός με κρεμαστά προγούλια που κρατούσε ένα τεράστιο κόκαλο και το ροκάνιζε. Πιο πολύ με θαλάσσιο ελέφαντα έμοιαζε παρά με ποντικό.

- Μην φοβάσαι τέκνο μου! Έλα να σε ευλογήσω! Άφησε όμως πρώτα τον οβολό σου εκεί, πάνω στο παγκάρι...

- Ποιόν οβολό; Έπρεπε να φέρω κόκκους σιτάρι μαζί μου;

Ο χοντροπόντικας γέλασε.

- Όχι, όχι! Πάει πολύς καιρός πια που δεν δεχόμαστε σιτάρι! Μόνο νομίσματα παίρνουμε! Αλλά μη φοβάσαι, δεν είναι απαραίτητο να φέρεις χρυσό νόμισμα σαν αυτά που κάθομαι πάνω τους. Οποιοδήποτε νόμισμα μας κάνει, εμείς θα τα ανταλλάξουμε μετά με χρυσά στους τοκογλύφους, μην ανησυχείς...

- Δεν ανησύχησα ποτέ μου. Αλλά πού να βρω νομίσματα; Δεν υπάρχουν στην ποντικοχώρα!

- Καλά, εσύ δεν ξέρεις να κλέβεις; Όλοι οι ποντικοί κλέβουν απ' τα σεντούκια και τις κρυψώνες των ανθρώπων νομίσματα και χαρτονομίσματα και τα αλλάζουν μετά στους τοκογλύφους, πέρα στην άλλη άκρη της πόλης. Ένα νόμισμα για εκατό κόκκους σιτάρι. Αλλά εσύ δεν μου φαίνεσαι ικανός να κλέψεις ούτε μισό νόμισμα. Τέλος πάντων...

Ο χοντροπόντικας αναστέναξε κοιτώντας ερευνητικά το ποντικάκι μας.

- Οι ευγενικοί και τίμιοι αυτοί έμποροι μπορούν επίσης να πουλήσουν νομίσματα σε κάτι άχρηστους σαν κι εσένα που δεν μπορούν να τα κλέψουν μόνοι τους. Τα ανταλλάσσουν σε πολύ συμφέρουσα τιμή, ένα νόμισμα για χίλιους κόκκους σιτάρι. Πήγαινε λοιπόν να αγοράσεις ένα νόμισμα και φέρτο μετά σε μένα. Πες τους ότι σε έστειλα εγώ...

- Κι αν κανείς δεν μπορεί να κλέψει; Αν είναι πολύ γέρος ή άρρωστος;

- Αυτοί καλά θα κάνουν να πεθάνουν, δεν μας ενδιαφέρουν! Τι να τον κάνεις έναν ποντικό που δεν ξέρει να κλέβει; Τζάμπα να τον ταΐζεις;

- Πολύ με μπερδεύεις παναγιότατε. Οι παπάδες δεν είναι για να ευλογούν τον κόσμο;

- Ακριβώς τέκνο μου! Ακριβώς έτσι είναι! Οι πιστοί μας φέρνουν νομίσματα κι εμείς απλώνουμε το χέρι στο κεφάλι τους ψιθυρίζοντας κάτι ακατάληπτα μαγικά μέσα στα δόντια μας. Έτσι είναι το τελετουργικό. Και όχι μόνο! Βαφτίσια, γάμοι, κηδείες, τρισάγια, μνημόσυνα, αγιασμοί, έχουμε τόσες πολλές τελετές! Οι πιστοί πληρώνουν κι εμείς ευλογούμε μουρμουρίζοντας τα κατάλληλα ξόρκια για την κάθε περίπτωση, αιώνες τώρα...

Το ποντικάκι μας βγήκε φουρκισμένο απ' αυτό το κουτί της κερδοσκοπίας. Πάει κι αυτό, δεν θα μπορέσει ποτέ να γίνει παπάς... Απ' την τσατίλα του άρχισε να τρέχει μέσα στους δρόμους της ποντικόπολης, να τρέχει σαν τρελό, χωρίς να κοιτάει δεξιά κι αριστερά, μέχρι που τράκαρε με έναν άλλον ποντικό ντυμένο παράξενα. Έκανε λίγο πίσω και τον κοίταξε. Μπλε στολή και μπλε πηλήκιο. Το ποντικάκι μας άστραψε! Αστυνομικός! Κι οι αστυνομικοί είναι αξιοσέβαστα πρόσωπα, ίσως λοιπόν μπορούσε να γίνει ένας απ' αυτούς! Ετοιμάστηκε να ανοίξει το στόμα του για να τον ρωτήσει τι πρέπει να κάνει για να γίνει κι αυτός αστυνομικός, όμως δεν πρόλαβε.

- Βρε καλώς το πουλάκι μας! είπε ο αστυνομικός και πετάχτηκε ορθός. Άρπαξε το ποντικάκι μας απ' τα μουστάκια του και το έσυρε καμμιά πενηνταριά μέτρα μέχρι το τμήμα. Το κουβάλησε μέσα.

- Ε, παιδιά! φώναξε με όλη του τη δύναμη. Αυτός εδώ ο τσιλιβήθρας έτρεχε με υπερβολική ταχύτητα μέσα στα στενά της πόλης. Χωρίς φώτα και χωρίς να βγάλει φλας. Εκτός απ' αυτό, με τράκαρε, με τραυμάτισε και με έβρισε από πάνω. Ελάτε να του δώσουμε ένα μάθημα!

Χωρίς δεύτερη κουβέντα, τέσσερις ακόμα αστυνομικοί έπεσαν πάνω του κι άρχισαν να το δέρνουνε, τραγουδώντας και διασκεδάζοντας. Το ποντικάκι μας πονούσε, αλλά τι μπορούσε να κάνει; Υπομονετικά περίμενε να κουραστούνε, αλλά το θέμα είναι ότι συνειδητοποίησε ότι δεν θα μπορούσε να γίνει ούτε αστυνομικός, τόση αναισθησία δεν διέθετε...

Η ποντικίνα του ήρθε αργότερα να τον μαζέψει. Άκουσε υπομονετικά σε υπονοούμενα και χυδαιολογίες όλη την υποκοσμική κι ερωτική λογοτεχνία της ποντικούπολης μέχρι να καταφέρει να τον πάρει απ' το τμήμα. Πάλι καλά που δεν την δείρανε κι αυτήν. Τον πήγε σπίτι και τον τύλιξε γερά με γάζες, τον τάιζε και τον φρόντιζε μέχρι να γιατρευτεί.

Το ποντικάκι μας είχε έτσι όλον τον χρόνο να σκεφτεί την κατάστασή του. Απέτυχε να γίνει "κάποιος". Άρα θα πρέπει τώρα να βρει τρόπο να ζήσει μέσα σε αυτήν την κοινωνία, αυτήν την ποντικομάζα χωρίς παρελθόν, παρόν και μέλλον, αλλά με περισσή διαφθορά, ηδονισμό, καιροσκοπισμό και φιλοχρηματία.

Δεν μπορεί όμως, έλεγε μέσα του, κάποιος τρόπος θα πρέπει να υπάρχει που να μπορεί να σε διατηρήσει ακέραιο μέσα σε αυτόν τον κοινωνικό βόρβορο. Την απάντηση του την έδωσε η ποντικίνα του. Μια μέρα σκουπίζοντας το μέτωπό του, του είπε:

- Ξέρεις γιατί σ' αγαπώ; Γιατί έχεις αξιοπρέπεια! Μέσα σε όλα αυτά που περνάς, εσύ καταφέρνεις να διατηρείς τις αρχές σου και την προσωπικότητά σου...

Το ποντικάκι μας αναταράχτηκε. Μάλλον αυτή ήταν η απάντηση, κάπου την είχε ξανακούσει αυτήν τη λέξη, μάλλον θα την είχε ακούσει σε κάποια συζήτηση, όμως δεν ήξερε τι ακριβώς σημαίνει, πώς ακριβώς θα μπορούσε κανείς να ορίσει τη λέξη αξιοπρέπεια. Όμως όσο κι αν ρώτησε δεξιά κι αριστερά, οι άλλοι ποντικοί δεν είχαν ιδέα τι σήμαινε, οι περισσότεροι ούτε καν την είχαν ξανακούσει, πράγμα καθόλου περίεργο βέβαια, αν το καλοσκεφτεί κανείς...

Τελικά, μετά από πολλά μερόνυχτα αναζήτησης, αποφάσισε να κινήσει για το Βουνό-Που-Τα-Ξέρει-Όλα να ρωτήσει τον σοφό Γεροπόντικα, που όλοι έλεγαν ότι έχασε τα λογικά του και ζούσε μόνος του, κάπου ψηλά στα σύννεφα...

Σκαρφάλωσε λοιπόν, τι Οδύσσεια κι' αυτή!, με κόπους και βάσανα τις κακοτράχαλες πλαγιές και ρωτώντας τα σαλιγκάρια κατάφερε τέλος να τον βρει. Δεν ήταν όμως όπως τον περιέγραφαν. Δεν ήταν τρελός, ίσως λίγο παράξενος, ίσως λίγο ανάποδος, πάντως όχι τρελός. Αλλά, τι απογοήτευση, ούτε και αυτός δεν ήξερε να του πει τι ακριβώς σημαίνει η λέξη "αξιοπρέπεια".

- Όμως, είπε ο σοφός Γεροπόντικας ξύνοντας την ποντικογενειάδα του, νομίζω ότι ξέρει ο αετός...

- Ο αετός!, αναπήδησε το ποντικάκι μας. Ποιος τολμάει να πάει να ρωτήσει τον αετό! Θα με κάνει μια χαψιά! είπε κι έφυγε απογοητευμένο.

Στον δρόμο έκατσε να ξαποστάσει. Ήταν τόσο το ταμάχι του να βρει γρήγορα τον σοφό-Γεροπόντικα που ούτε πήρε είδηση πόσο είχε κουραστεί και πόσο είχε διψάσει. Εκεί που ξαπόσταινε, είδε το σαλιγκάρι που είχε ρωτήσει στο ανέβασμα να τον κοιτάει.

- Τι κοιτάς, του λέει. Δεν είμαι στις καλές μου! Πρέπει να πάω να ρωτήσω τον αετό και δεν ξέρω ούτε που μένει...

- Εγώ ξέρω!, είπε το σαλιγκάρι. Μένει στην κορυφή του βουνού, στο ψηλότερο σημείο.

- Έχεις πάει; ρώτησε με λαχτάρα το ποντικάκι.

- Βέβαια! Πρόσφατα μάλιστα, πριν δυο-τρία χρόνια, ήμουνα πάλι εκεί. Μου αρέσει να τον τσατίζω!...

- Αλήθεια; Πώς το κάνεις αυτό;

- Να, για παράδειγμα μπήκα τότες στη φωλιά του και στριμώχτηκα ανάμεσα σε δυο πέτρες να μη μπορεί να με φάει κι έψαχνα μπας και του κλέψω τίποτα αποφάγια. Δεν έχω παράπονο, όλο και κάτι μου αφήνει. Όμως σε κάποια φάση γυρίζει και μου λέει: "καλά, ρε σαλίγκαρε, εγώ αετός είμαι, πετάω και φτάνω εύκολα εδώ πάνω. Εσύ πώς στο δαίμονα κατάφερες και σκαρφάλωσες;"

- Σωστή παρατήρηση! Τι του απάντησες;

- Τη γνωστή αλήθεια φυσικά! Του είπα, κοιτώντας τον στα μάτια: "έρποντας, γλύφοντας και με τα κέρατά μου!". Φυσικά θύμωσε, αλλά δεν μπορούσε να κάνει τίποτα. Το μόνο που έκανε ήταν να με αγνοήσει από 'κει και πέρα. Τίναξε τα πούπουλά του κι έκατσε πάνω στις πέτρες που είχα χωθεί κι εγώ, κάνα δυο φορές με κουτσούλησε κιόλας. Δεν ξαναμιλήσαμε όμως από τότε, μέχρι που βαρέθηκα κι έφυγα...

- Μμμμ, είπε το ποντικάκι, με βοήθησες πολύ! Νομίζω ότι κατάλαβα τώρα τι είναι η αξιοπρέπεια! σχολίασε σκεφτικό το ποντικάκι μας και κίνησε ευτυχισμένο να γυρίσει στους δικούς του, όσο το σαλιγκάρι τον κοίταζε έκπληκτο.

Δεν κρατιόταν να εξηγήσει σε όλην τη φυλή αυτό που τους έλλειπε τόσα χρόνια. Να τους εξηγήσει ότι "αξιοπρέπεια" σημαίνει να εκτιμάς τον εαυτό σου, να γνωρίζεις πραγματικά τις δυνάμεις και τις αδυναμίες σου και να καθορίζεις εσύ ο ίδιος τη θέση σου μέσα στον κόσμο, με όπλο τις αξίες σου και την ακεραιότητα του χαρακτήρα σου, ενώ παράλληλα να παραδέχεσαι και να εκτιμάς την αξία των άλλων που προσπάθησαν το ίδιο με σένα να γίνουν χρηστές μονάδες μέσα στην κοινωνία.

Έτρεχε σε όλον τον δρόμο γεμάτο χαρά για την ανακάλυψή του, επιτέλους, θα μπορούσαν όλοι οι ποντικοί να αποκτήσουν αξίες και να τελειοποιηθούν σαν φυλή, να οργανωθούν σε μια σωστή κοινωνία. Θα μπορούσαν να αντιμετωπίσουν τον γάτο κατάματα, ναι, ακόμα και σε εκείνα τα γλοιώδη, κολοβά όρθια όντα θα μπορούσαν να αντιπαρατεθούν, αρκεί να αφομοίωναν και να εφάρμοζαν σωστά τις νέες αξίες, να αποκτούσαν λίγη αξιοπρέπεια!

Αλλά, αλίμονο γελάστηκε φρικτά! Η φυλή του άρχισε να γελάει μαζί του όταν προσπάθησε να τους εξηγήσει και να τους πείσει.

- Σιγά!, είπαν όλοι, σιγά μην αρχίσουμε να κοπιάζουμε για να φτιάξουμε χαρακτήρα! Αφού μια χαρά τη βγάζουμε τώρα! Κλέβουμε ό,τι κουνιέται, βρωμίζουμε τα σπίτια μας, μαλώνουμε μεταξύ μας, δεν χρειάζεται να μάθουμε τίποτα, διασκεδάζουμε ενοχλώντας τους πάντες, μαγαρίζουμε το ξένο βιός, τρώμε ότι δεν μαγειρέψαμε οι ίδιοι, χέζουμε όπου βρούμε, την αράζουμε όπου θέλουμε, μια χαρά είμαστε! Αυτά που μας λες εσύ θέλουν προσπάθεια, κόπο, μόχθο, κανένας ποντικός σε όλη την ποντικοϊστορία δεν το έκανε, εμείς γιατί να το κάνουμε; Άμε σύρε από δω πέρα...

Πληγωμένο βαθιά το ποντικάκι μας κι απογοητευμένο όσο δεν πάει άλλο, αποσύρθηκε στο σπιτάκι του. Ένοιωθε τον χρόνο του να τελειώνει, δεν το χώραγε ο τόπος πια.

- Κάποιοι είπαν, "τι αξίζει ζωή χωρίς λευτεριά", εγώ λέω τι αξίζει ζωή και λευτεριά χωρίς αξιοπρέπεια. Δεν μπορώ να ζήσω με τη μάζα, δε μπορώ να κάνω ό,τι κάνουν, απλά να υπάρχω και να ηδονίζομαι μέχρι το δεν πάει άλλο. Θα φύγω, θα ορίζω τη ζωή μου μόνος μου από δώ και πέρα...

Είπε κι αποφασισμένο πήρε των ομματιών του, παρά τα παρακάλια της ποντικίνας. Έφυγε μακριά απ' τη φυλή του θυμωμένο, τσατισμένο κι όλο μουρμούρα:

- Δεν είναι κακό να μην ξέρεις πράγματα. Κακό είναι να μη θέλεις να μάθεις τίποτα! Δεν είναι κακό να είσαι στραβός. Κακό είναι να θεωρείς τους άλλους στραβούς και τον εαυτό σου σωστόν! Δεν είναι κακό να είσαι σακάτης. Κακό είναι να το κάνεις αυτό ιδανικό και μέτρο σύγκρισης για τους άλλους! Δεν είναι κακό να μην έχεις ιδανικά. Κακό είναι να το θεωρείς αυτό ιδανικό! Δεν είναι κακό να έχεις πάθη. Κακό είναι να παραδοθείς αμαχητί σε αυτά! Διότι το ύψιστο κακό, η πλήρης αποτυχία σου θα είναι να φύγεις κάποτες απ' τη ζωή χωρίς να αφήσεις το παραμικρό ίχνος, έτσι, σαν μια αναλαμπή και μετά σκοτάδι, χωρίς τίποτα να σε θυμίζει στους επόμενους που δεν θα μπορούν να πουν για σένα: "Κοίτα! Αυτός άφησε κάτι πίσω του για μας, κάτι προσπάθησε να κάνει για χάρη μας, για να πάμε προς το καλύτερο, προσπάθησε να βάνει ένα λιθαράκι στον πολιτισμό μας..."

Θύμωνε, θύμωνε, θύμωνε πολύ το ποντικάκι μας. Κι όσο περπατούσε τόσο φούσκωνε απ' τον θυμό του και κοκκίνιζε και τόσο συνέχιζε να φουσκώνει. Κι όλο περπατούσε κι όλο φούσκωνε κι όλο κοκκίνιζε και πρασίνιζε κι άλλαζε χρώματα...

Έφτασε τέλος στη Χώρα-Που-Δεν-Την-Ξέρει-Κανείς. Όμως δεν ήταν πια ποντικάκι! Είχε γίνει ένας τεράστιος, πολύχρωμος δράκος με τεράστια νύχια που έβγαζε φωτιές με κάθε του ανάσα! Δεν χρειαζόταν πια τροφή, στέγη ή θαλπωρή. Έμαθε να ζει μόνος του, μουγκρίζοντας, γδέρνοντας τη γη και ξερνώντας φωτιές δεξιά κι' αριστερά. Όχι όμως τελείως μόνος του, η αγαπημένη του ποντικίνα τον ακολούθησε τελικά φροντίζοντάς τον λιγουλάκι, ταΐζοντάς τον κάτι λίγο και κοιμώμενη το βράδυ ζεστά ανάμεσα στις δίπλες της κοιλιάς του, πράγμα που τον ευχαριστούσε και τον ηρεμούσε.

Οι άλλοι ποντικοί ούτε καν διανοούνταν να πλησιάσουν τη Χώρα-Που-Δεν-Την-Ξέρει-Κανείς. Έλεγαν μάλιστα τρομερά πράγματα για τον Δράκο αυτόν, χειρότερα απ' όσα έλεγαν για τον σοφο-Γεροπόντικα. Πολλά απ' αυτά τα ψιθυρίσματα έφτασαν μάλιστα μέχρι τα γλοιώδη, κολοβά όντα, τα οποία επίσης απέφευγαν τη Χώρα-Που-Δεν-Την-Ξέρει-Κανείς, αν και κάποιοι αλαφροΐσκιωτοι ξεκίνησαν να πολεμήσουν τον Δράκο με σπαθιά, όμως αυτό είναι μια άλλη ιστορία...

Το θέμα τελικά είναι ότι ανάμεσά μας υπάρχει πραγματικά ένας Δράκος! Ναι, αλήθεια σας λέω, αν κάποτε αισθανθείτε άσχημα με τις πράξεις σας, να ξέρετε ότι σας άγγιξε η ανάσα του Δράκου. Κι αν με πιστέψετε και βάλετε καλά στο μυαλό σας τον Δράκο, να δείτε ότι μπορεί και να νιώσετε τη θέρμη της φωτιάς του. Κι αν τραβηχτείτε στην άκρη, έξω απ' την ψυχή σας, μπορεί και να δείτε τα χρώματά του να σας καλούν. Μάλιστα υπάρχει μια φήμη, ότι κάποιοι προσπάθησαν να πάνε προς το μέρος του, τραβηγμένοι απ' τη χρωματική πανδαισία που έκανε τον ορίζοντα να λάμπει μετά τη βροχή, αναζητώντας έτσι μάταια τη Χώρα-Που-Δεν-Την-Ξέρει-Κανείς.

Και σαν να άκουσα και κάποιον να μουρμουρίζει ότι δεν είναι απαραίτητα κακός ο Δράκος-Που-Σε-Τρώει-Και-Δεν-Σε-Τρώει. Η αγάπη της ποντικίνας λένε ότι ενώθηκε με την δρακίσια αξιοπρέπεια κι αυτό δημιούργησε τα χρώματα και τη λαμπερή φλόγα του. Λένε μάλιστα ότι δεν καίει η φωτιά του, αντίθετα, όσοι έχουν αυτιά, ακούνε το θρόισμα των χρωμάτων του, και όσοι έχουν μάτια βλέπουν τους ήχους των νυχιών του να ερωτεύονται τη γη κι όσοι έχουν ακόμα ψυχή, μπορούν να νιώσουν και να νοήσουν τη δική του ψυχή, ήρεμη, γαλήνια, μεγαλειώδη να καλεί όποιον έχει μάτια να δει και όποιον έχει αυτιά να ακούσει...

Αλλά, όπως προείπαμε, τα γλοιώδη, κολοβά και άτριχα όντα που περπατάνε στα δύο πόδια και βγάζουν άναρθρους, κακόφωνους ήχους είναι γνωστό δα σε όλους μας ότι δεν έχουν ούτε μάτια ούτε αυτιά, μάλιστα κάποιοι λένε ότι δεν έχουν ούτε ψυχή, αλλά μόνο ηδονή - με τα χέρια τους μυρίζουν το κορμί τους και με το κορμί τους ηδονίζουν το μυαλό τους! Κι όταν προσπαθήσουν να δουν τι κρύβεται πίσω απ' όλα αυτά - πολύ σπάνια το προσπαθούν είν' η αλήθεια - βλέπουν μόνο τη φοβερή όψη του Δράκου, σε όλο της το μεγαλείο, φωτιές, αγκάθια, βρυχηθμοί, ενώ πολύ λίγοι μπορούν να διακρίνουν την κουρνιασμένη ποντικίνα στην αγκαλιά του και να οσφρανθούν την αγάπη, την αρμονία και την ηρεμία που διαχέει στο κορμί του αγαλλιάζοντας το μυαλό του και ευφραίνοντας την καρδιά του μέσα από την ένωσή τους. Διότι η αγάπη έχει μορφή αόρατη που τα γλοιώδη, κολοβά όντα δεν μπορούν να την αντιληφθούν, αφού τους λείπουν τα μάτια της ψυχής και βλέπουν μόνο με τα τυφλά μάτια του σώματος. Κι αυτό που βλέπουν είναι η εξωτερική όψη του Δράκου και η όψη αυτή τους τρομάζει και τους βάζει σε σκέψεις...

Αλλά, τι τα θέλεις, στο κάτω κάτω είναι πολύ πιο εύκολο να κατεβάσει κανείς πάλι το παραβάν της ψυχής του και να σκεπάσει τον Δράκο-Που-Σε-Τρώει-Και-Δεν-Σε-Τρώει. Ώχ καημένε, για τέτοια είμαστε τώρα; Για φιλοσοφίες και ηθικολογίες είμαστε τώρα; Άλλες σκοτούρες δεν έχουμε;

Άλλωστε αύριο ξημερώνει μια άλλη μέρα, άνετη κι ευχάριστη, σχεδόν ηδονική μου είπανε, μια νέα μέρα με καινούριες ευκαιρίες για ποτάκι, εκδρομούλες, ταινίες, βόλτες, καλοπέραση, ηδονή και διασκέδαση!

Α, ναι! Κι εκείνη την προσφορά που είδα χθες στο διαφημιστικό με εκείνους τους γελαστούς κι ευτυχισμένους ανθρώπους, με την κοπέλα που έτρωγε το γιαούρτι της σχεδόν οργαζόμενη, ένα υπέροχο προϊόν που θα κάνει και τη δικιά μου τη ζωή γελαστή κι ευτυχισμένη, δηλαδή ακόμα πιο άνοστη κι εκφυλισμένη! Και να μην ξεχάσω να περάσω κι απ' την τράπεζα για λεφτά!...

Ο νεαρός Σπαρτιάτης, τη γυναίκα που ποθεί την κλέβει. Την πηγαίνει σε έναν αχυρώνα και την ποτίζει σπέρμα και ηδονή. Όμως φεύγει πριν ακόμα χαράξει και χωρίς να την έχει χορτάσει. Για να την αποζητήσει ξανά...

Πλάτων (προσαρμογή)

Ελεονώρα

Θέρος

Κάπου πέρα στον απέραντο κάμπο, ίσα την ώρα που ο Φωτοδότης χαράζει την πρώτη δροσερή αντιφεγγιά του μέχρι να 'ρθει η ώρα του να καψαλίσει το σύμπαν, μια απαλή ψαλμουδιά σηκώνεται σαν κουρνιαχτός απ' το νυχτονοτισμένο σταροχώραφο. Δειλή και σιγανή αρχικά η μελωδική γυναικεία φωνή ξυπνάει και τα τελευταία τεμπελοπούλια, για να τη σιγοντάρουν στο κατόπιν οι μπάσικες αντρικές φωνές, πλάθοντας μια ψαλμωδία όπου όλοι μαζί θαρρείς κι υμνούνε τον Δημιουργό της Φύσης.

Νωρίς ξεκινάνε οι θεριστάδες με τα δρεπάνια τους καλά ακονισμένα να προλάβουνε την κάψα του μεσημεριού, οπόταν θα κρυφτούνε κάτω απ' τις σκιές των δέντρων για να γελάσουνε το στόμα τους με μερικές μπουκιές, να ποτίσουνε το είναι τους με δροσερό νερό φυλαγμένο προσεκτικά στις κουφάλες των δέντρων και να αναπαύσουνε το πνεύμα τους μέσα στο χάδι ενός σκιερού υπνάκου. Με το πρώτο χασμουρητό του Φωτοδότη που θα τον κάμει ίσαμε να θολώσει λίγο την κάψα του, θα ξεχυθούνε ξανά στον κάμπο, άντρες, γυναίκες και παιδιά, ολάκερες οικογένειες, για να συνεχίσουν τον θέρο, όσο ο Μεγάλος, χλομιασμένος απ' την ίδια του την κάψα, θα γέρνει προς τη δύση του...

Όλοι εκτός από έναν. Ο εικοσιδυάχρονος Χαραλάμπης, στιλβωμένος απ' τον ήλιο και ψημένος απ' τον κάματο, γεροδεμένος, ορθοστεκάμενος και συνετός, θα κοροϊδέψει την πείνα του με δυο μπουκιές και θα γελάσει τη δίψα του με μισό παγούρι δροσερό νερό. Αμέσως μετά αποσύρεται διακριτικά κι όταν νομίζει ότι δεν τον βλέπουνε πια, ξεχύνεται ροβολώντας προς το παλιό αμπρί που δεσπόζει στον κάμπο πάνω στο τεχνητό ανάχωμα, τρέχοντας σαν ξωτικό, πηδώντας τα χαντάκια σαν έλαφος και χωρίζοντας τα στάχυα σαν βέλος στο πέρασμά του, για να σιγάσει τη δικιά του νεανική κάψα των δροσερών του χρόνων που τον κορώνει εδώ και μέρες.

Ασθμαίνοντας μπαίνει απ' τη μικρή ξεχαρβαλωμένη πορτούλα στον ευρύχωρο στρογγυλό κι αφιλόξενα φωτισμένο χώρο. Οι τοίχοι από μπετόν, ανατριχιαστικά δροσεροί, σχεδόν μουχλιασμένοι, τα έπιπλα λιγοστά και σπασμένα, ένα ανάπηρο τρίποδο τραπέζι, μια τριζάτη καρέκλα κι ένα γερό ακόμα κρεβάτι με αχυρένιο στρώμα που το κουβάλησε εδώ κανείς δεν ξέρει ποιος. Στο πάτωμα στιλπνοί κάλυκες, θανατερά απολειφάδια απ' τα οπλοπολυβόλα που πρόσφατα ακόμα γέμιζαν τον χώρο για να θυμίζουν ότι δεν πέρασε πολύς χρόνος αφ' ότου ο Πόλεμος αποφάσισε να πάρει απ' αυτά τα μέρη τη θανατερή ανάσα του, τραβώντας γι' αλλού, να καταστρέψει κι άλλων ανθρώπων το Βιός και το Είναι τους.

Δεν χρειάζεται να περιμένει πολύ ο Χαραλάμπης. Μια αδιόρατη ανάσα, μια ανεπαίσθητη σκιά, μια διάφανη οπτασία εμφανίζεται στο άνοιγμα. Το χέρι της στην παραστάδα, τα στήθια της βαριανασαίνουν, έτρεχε βλέπεις κι αυτή να προλάβει τη νιότη της, ο ήλιος πίσω της, το διάφανο φόρεμά της φωτεινή άλως στις νεανικές λαγνοτρεμάμενες καμπύλες της. Μια στιγμή μόνο κοντοστέκεται να συνηθίσουν τα μάτια της κι αμέσως ορμάει στον Χαραλάμπη που σηκώνεται κι αυτός αυθωρεί με την αίσθηση της παρουσίας της. Τα δυο κορμιά συγκρούονται με πάθος, αγκαλιάζονται με πόθο, τα χείλια τους σμίγουν ερμητικά και καταρρέουν γυμνωμένα πριν καν ακόμα φτάσουν στο κρεβάτι, καιόμενα απ' τη λαγνεία του πάθους τους, σφιχταγκαλιασμένα σε ένα σμίξιμο βίαιο, ολοκληρωτικό και σθεναρό, εξαχνωνόμενα θαρρείς απ' τον κόσμον αυτόν μέσ' την αχλύ του έρωτά τους...

***

Ένας ολάκερος χρόνος πέρασε κι ο θέρος είναι πάλι εδώ. Όμως η νέα δεν είναι πάλι εδώ! Μπορεί ο ήλιος να τέλεψε ολόκληρο τον κύκλο του παγώνοντας και ξανακαψαλίζοντας τους ανθρώπους που παρ' όλα αυτά τον υπεραγαπάνε, να γύμνωσε και να ξαναβλάσταξε τα δέντρα και τα φυτά της γης δίνοντας και παίρνοντας τους τη ζωή, μπορεί ο Χαραλάμπης με την οικογένειά του να καματεύει ξανά μέσα στον κάμπο με το στιλπνό αρσενικό κορμί του ημίγυμνο, κάνοντας τα άλλα θηλυκά γύρω του να λοξοκοιτάνε προς το μέρος του, μπορεί η οικογένεια της νέας με τον μέθυσο κολλήγο πατέρα της και την αδιευκρίνιστης προέλευσης μάνα της που κάποιοι μουρμουρίζουν ότι ίσως και να 'τανε και "παστρικιά" στα νιάτα της – θου Κύριε, φυλακή τω στόματί μου – να ιδροκοπάνε παλεύοντας κι αυτοί για το μεροκάματο, όμως η νέα δεν είναι πια εδώ!

Τα μουρμουρητά βέβαια δεν σταματάνε ποτέ. Ο κόσμος είναι μικρός και διψασμένος για νέα, τόσο που τα ταλαίπωρα αυτά "νέα" μπαγιατεύουν μόλις σε λίγες ώρες, όταν όλοι θα έχουν πια σχηματίσει άποψη, διαφορετική ο καθένας και δέκα σταροχώραφα μακριά απ' την αλήθεια. Όλοι όμως ακούσανε τους χριστουγεννιάτικους καυγάδες στο καλύβι των κολλήγων και τους ολολυγμούς της κοπέλας που τη χτύπαγαν αλύπητα κι οι δυο γονείς μαζί, λες και δεν ήταν σπλάχνο τους. Δεν ήθελε και πολύ για να καταλάβουν την εγκυμόνυσή της, άλλωστε η περσινή της σκανταλιά με τον Χαραλάμπη δεν πέρασε ακατόπτευτη απ' όλους...

Πριν το Πάσχα η ησυχία επανήλθε στο ταραγμένο φτωχοσπιτικό και το θέμα ξεχάστηκε. Όμως τώρα που είναι πάλι θέρος, η κοπέλα δεν είναι πια εδώ. Μάλλον πήρε των ομματιών της και γι' αυτό ησύχασαν οι γονείς-τέρατα, όμως τι να απέγινε τάχατις το βυζαρούδι της; Έζησε, πέθανε, είναι μαζί της; Κανείς δεν ξέρει και κανείς δεν ρωτάει να μάθει, η οικογένεια αυτή είναι θαρρείς αγρίμια, δεν έχουν σχέσεις με κανέναν στο χωριό, 'ξόν τον παπά που του ξομολογούνται. Λες και μπορεί να σχωρέσει ο Μεγαλοδύναμος τα ποτάμια της αμαρτίας τους, κακό χρόνο να 'χουνε, σχώρεσέ με Κύριε! Μόνον εμένα, όχι αυτούς...

Ο Χαραλάμπης είναι αυτόν τον θέρο ιδιαίτερα σοβαρός. Ξέρει ότι έχει το μερτικό του παρότι κανείς δεν τον κακολόησε, οι όμορφοι έχουν άλλωστε ασυλία στον κόσμον αυτόν, όμως ο ίδιος είναι φέτος χαμένος στον ομιχλώδη κόσμο της νόησης. Δεν δίνει ιδιαίτερη σημασία όταν τον πλησιάζουν χαρουμενοτσιριχτά τα άλλα κορτσούδια να τον πειράξουν για να ανασάνουν την ιδρωμένη βαρβατίλα του, να τον κουρντίσουν για να τον κάνουν να σφιχτεί και να αγγίξουν τους δυνατούς του μυς κλέβοντάς του λίγη απ' εκείνην την ηλεκτρική εκκένωση που θα διατρέξει το δικό τους το κορμί. Αυτός χαμογελάει συγκαταβατικά συνεχίζοντας τη δουλειά του.

Με την τέλεση του περσινού θέρους, τέλεψε και το πάθος της νιότης του. Αυτή δεν του ξαναμίλησε, δεν του 'μολόγησε ποτέ τον λόγο. Μάλλον αντιλήφθηκε τις συνέπειες της νέας ζωής που παρά τη θέλησή της γεννήθηκε μέσα της. Όμως κι ο Χαραλάμπης αντιλήφθηκε τι πάει να πει νεανική αποκοτιά και τις συνέπειές της. Μαζεύτηκε, μιλούσε με το ζόρι στην οικογένειά του και συγκεντρώθηκε στις δουλειές του.

***

Όπως όμως όλα τα πράγματα, έτσι κι ο φετινός θέρος φτάνει κάποτες στο τέλος του. Οι οικογένειες αποκαμωμένες απ' τον κάματο, την ολιγοφαγία και τη διαμονή στην ύπαιθρο, αδημονούν να επιστρέψουν στο σπιτικό τους και τη θαλπωρή του. Όμως τον Χαραλάμπη και την οικογένειά του, μια έκπληξη τους περιμένει. Παραχωμένο σε μια κόχη, μακριά απ' τα αδιάκριτα βλέμματα, ένα απαλό ρουθούνισμα σαν από νιόγεννο γατί τους αναμένει. Στη δροσερή σκιά του δαφνόδεντρου σιμά στη ρίζα του, ένα μωρουδιακό καλαθάκι τους καλωσορίζει με τα ματάκια του μωρού ολάνοιχτα και τα χεράκια σηκωμένα, σαν στρατιωτάκι που τους χαιρετάει όλους. Χαμογελάει, η ροδαλή φατσούλα του λάμπει, κουνάει χαρωπά χεράκια και ποδαράκια αντιθωρώντας τους, είναι ροζ και μυρίζει φρέσκο γαλατάκι.

Ο Χαραλάμπης ξέρει αμέσως! Το μικρό πρέπει να 'ναι κοντά τριών, άντε τεσσάρων μηνών. Σηκώνει ασυναίσθητα τα μάτια ψάχνοντας γύρω, λες κι η μάνα να τον περιμένει κρυμμένη κάπου, αλλά έτσι είναι η φύση του ανθρώπου, να αναζητά το άπιαστο και να πιστεύει το ανύπαρκτο. Τουλάχιστον το μωρό είναι για την ώρα χορτάτο, αλλά δεν προλαβαίνει να σκεφτεί τίποτ' άλλο. Η μάνα του κι η αδελφή του το έχουν ήδη αρπάξει και το κουβαλάνε μέσα σκληρίζοντας χαρωπά. Ευτύχημα ή παιχνίδι της μοίρας; Η αδελφή του μόλις πριν από έξι μήνες έχει γεννήσει τον ανιψιό του. Δυο μωρά λοιπόν από τώρα στην οικογένεια! Θηλασμός και για τα δυο και τα ρουχαλάκια και τα παιχνιδάκια του μεγαλύτερου να καρτερούν το άλλο! Τουλάχιστον απ' αυτήν τη μεριά, δεν έχει να φοβάται τίποτα.

Όμως, απ' την άλλη μεριά... Ναι, αυτή η "άλλη" μεριά! Τι να πρωτοσκεφτεί κανείς; Τη μάνα που παράτησε το σπλάχνο της; Ποιες αντιξοότητες τη σπρώξαν σε κάτι τέτοιο; Το ότι δεν του ξαναμίλησε μετά απ' εκείνο το θυελλώδες καλοκαίρι; Ποιο δαιμόνιο να φώλιασε στο μυαλό της και το σάλεψε; Το ότι του το παραδίδει; Είναι τάχατες από εκδίκηση ή η ίδια προβλέπει ζοφερό το μέλλον για τον εαυτό της και θέλει να σώσει το μικρό; Κανείς δεν ξέρει, κανείς δεν μπορεί να απαντήσει τα αναπάντητα...

Ο Χαραλάμπης δεν είναι δειλός, ούτε αναίσθητος. Μια αναλαμπή φωτίζει τη σκέψη του, μια επιφοίτηση συνταράσσει την ψυχή του, σαν ξαφνικά να μπήκαν με θαυμαστό τρόπο οι πλίνθοι της ξηρολιθιάς από μόνοι τους στη θέση τους, σαν το μεγάλο βάρος που φεύγει απ' την ψυχή μας, σαν την πόρτα του ουρανού που ανοίγει διάπλατα μπροστά μας, σαν την βαθιάν ανάσα που μας ζαλίζει ηδονικά...

- *«Ναι, είναι δώρο Θεού! Είναι ένα σημάδι στη ζωή μου! Αυτό το μωρό είναι το μέλλον μου!»* αναστοχάζεται σιγανά, την ίδια στιγμή που η χαρούμενη τσιρίδα της αδελφής του αντιλαλεί στον χώρο.

- Κοριτσάκι είναι! Ελεονώρα θα τη βγάλουμε, σαν τη γιαγιά!

Χαμογελάει, ίσως για πρώτη φορά μετά από πολύ καιρό, θα 'λεγε κανείς πώς ξόρκισε τις ζοφερές δαγκωματιές του μυαλού του. Άλλωστε το μωρό είναι μια απάντηση, ένα τέλος στην ψυχική του στροφοδίνη. Ίσως και να αποδειχτεί γουρλίδικο, η παρουσία του και μόνη ίσως ταράξει τις νωχελικές καθημερινές ισορροπίες που ταλανίζουν αυτό το θαλπερό αγροτόσπιτο. Αποφασισμένος σηκώνεται και βγαίνει απ' το φτωχικό του, αδιαφορώντας για την κούραση. Το μωρό θα βρει τη θαλπωρή στα χέρια των γυναικών, η αδελφή του ήδη καταπιάστηκε με την πάστρα του. Περπατάει στον δρόμο αργά, αργόσυρτα σχεδόν, προσπαθεί να βάλει σε τάξη τη βυθισμένη σε περιδίνηση σκέψη του, προσπαθεί να ξεθωρίσει το τοπίο καθαρά, να αντικρύσει το μέλλον που τον περιμένει. Δεν μπορεί πια να βοηθήσει τη μάνα του μωρού, έτσι επέλεξε η ίδια, είναι ξώφθαλμο! Μπορεί όμως να αγκαλιάσει το παιδί που του εμπιστεύτηκε και να το μεγαλώσει με αγάπη που νιώθει ήδη να τον ξεχειλίζει. Όμως μια ιδέα που απ' τα παλιά είχε φωλιάσει και κρυφτεί εκεί στη γωνία του μυαλού του, τώρα βρίσκει την ευκαιρία να ξεμυτίσει πάλι και να του χαμογελάσει σαρδόνια θαρρείς με θρασύτητα, σφυροκοπώντας επιτακτικά το Είναι του σίγουρη για τον διαφαινόμενο θρίαμβό της.

Ξέρει που πάει. Πίσω απ' την εκκλησιά είναι το ταπεινό σπιτάκι του εφημέριου. Ο γέροντας τον γνωρίζει, τον βλέπει από μακριά και σηκώνεται χαμογελώντας εγκάρδια, θα 'λεγε κανείς ότι τον περιμένει. Κάθονται σκιερά κάτω απ' τη θεριεμένη φλαμουριά και τον φιλεύει συκαλάκι γλυκό με ένα ποτήρι κρύο νερό.

Ο Χαραλάμπης χαμογελάει.

- Σας ευχαριστώ πολύ Γέροντα, αλλά δεν θέλω να καταχραστώ τη φιλοξενία σας! Θέλω όμως τη σοφία και τη συμβουλή σας. Έχω πάρει απόφαση για τη ζωή μου αλλά δεν ξέρω πώς να ξεκινήσω. Αποφάσισα να ακολουθήσω κι εγώ τον δρόμο του Θεού! Μπορείτε να με καθοδηγήσετε;

Ο παπα-Χρυσάφης

Μόλις τέλειωσε η λειτουργία. Κοπιαστική, μεγάλη γιορτή σήμερα βλέπεις, της Θεοτόκου. Ο παπα-Χαράλαμπος, που οι ενορίτες του τον μεταβαφτίσανε από μια παρεξήγηση σε "παπα-Χρυσάφη" είναι ακουμπισμένος με τα δυο του χέρια στην Αγία Τράπεζα, με την πλάτη του στο ποίμνιο. Κλείνει για μια στιγμή τα μάτια, για μια μόνο ατέλειωτη στιγμή, μιαν απ' αυτές τις στιγμές που ξαναβλέπει κανείς τη ζωή του σε ταινία.

Είναι πια σαραντατριών χρονών, δυνατός ακόμα και ακμαίος. Όμως παράλληλα πράος κι ευπροσήγορος. Τελειώνοντας την ιερατική σχολή ζήτησε μόνος του την τοποθέτηση στο ξεχασμένο αυτό νησιώτικο Κεφαλοχώρι. Απ' εδώ είναι η καταγωγή του, ο πατέρας του έχτισε το σπίτι τους εδώ, ήταν οικοδόμος βλέπεις, άνθρωπος δουλευταράς κι ευλαβικός. Στην εκκλησιά γνώρισε τη μάνα του, κόρη υπαλλήλου της κοινότητας και ξελογιάστηκαν ζώντας τον δικό τους έρωτα. Όμως το χτικιό δεν καταλαβαίνει απ' αυτά. Τον χτύπησε πισώπλατα και τον σώριασε σαν κυπαρίσσι που το νικάει ο άνεμος, αφήνοντας και το νεόδμητο μισοτελειωμένο. Η χαροκαμένη μάνα πήρε των ομματιών της κι επέστρεψε στο δικό της χωριό, στον κάμπο, κουβαλώντας μαζί της τα δυο μωρά της, την αδελφή του τεσσάρων και τον ίδιο τριών χρονών. Τώρα όμως φαίνεται πως ήρθε το πλήρωμα του χρόνου να ξαναγυρίσει να αποτελειώσει ό,τι άφησε στη μέση ο μακαρίτης. Ανάμεσα στην εκκλησιά, στην οικοδομή και στην Ελεονώρα εμοίρασε ο Χαράλαμπος τη ζωή του, πετυχαίνοντας και στα τρία. Στην εκκλησία πάντα συνεπής, στο σπίτι του πάντα δραστήριος και στα πατρικά του καθήκοντα πάντα παρών. Δεκαοχτώ χρόνια τώρα μοχθεί ο παπα-Χρυσάφης χωρίς να βαρυγκωμήσει ποτές.

Παίρνει βαθιά ανάσα σηκώνοντας τα μάτια του και στρέφεται στο ποίμνιο. Δεν έχουν φύγει ακόμα όλοι και δεν σκοπεύουν να φύγουν σύντομα. Τον αποζητάνε, θέλουν την ευλογία του, μια χάρη, μια ελεημοσύνη, μια κουβέντα του. Το ξέρει, η ώρα μετά τη λειτουργία είναι πάντα η ώρα των ενοριτών, η ώρα να ακούσει το παράπονο και τον πόνο του καθενός. Ο παπα-Χρυσάφης είναι άνθρωπος που αγαπάει το λειτούργημά του κι έχει αφοσιωθεί σε αυτό. Σεμνός, ταπεινός και λιτός, αποτελεί ο ίδιος το φωτεινό παράδειγμα της ενορίας του που τον υπεραγαπάει. Πάντα χαμογελαστός και πρόσχαρος, πάντα ευπροσήγορος και δεκτικός, είναι έτοιμος να ακούσει τον πόνο και τον καημό του κάθε ενορίτη και ενορίτισσάς του και, εκτός απ' την ψυχική ξαλάφρωση της εξομολόγησης, προσπαθεί να βοηθήσει και πιο απτά, σε όσες περιπτώσεις μπορεί.

Ξανακλείνει για μιαν ακόμα στιγμή τα μάτια του παρακαλώντας τον Θεό να του δώσει λίγη δύναμη ακόμα. Έπειτα περνάει την Ωραία Πύλη χαμογελαστός κι αρχίζει να συνομιλεί με τους παρισταμένους. Ένας ένας του εξομολογούνται τα προβλήματά τους και του ζητάνε συμβουλή και βοήθεια. Τις λεπτές περιπτώσεις τις παραπέμπει για λίγο μετά στο μικρό γραφείο του στο πλάι της εκκλησίας. Εκεί προσπαθεί να λύσει τα άλυτα, γίνεται κάτι τέτοιο; Κι ο ίδιος το ξέρει ότι δεν γίνεται, όμως και η μικρότερη βοήθεια πάντα απαλύνει τον πόνο. Κι όταν δεν έχει άλλον τρόπο να βοηθήσει, μοιράζει μαζί με την ευλογία του ζαρζαβάτια απ' τον κήπο του που τα έχει κουβαλήσει απ' το πρωί εδώ.

Συνήθως όμως μπορεί να βοηθήσει, έστω και λίγο. Το παγκάρι της εκκλησίας είναι πλούσιο. Οι ενορίτες γνωρίζουν πού πάνε τα χρήματά τους, αλλά και την τιμιότητα του παπα-Χαράλαμπου και δεν φείδονται του οβολού τους, τουλάχιστον οι έχοντες και κατέχοντες. Ξέρουν ότι ο ιερέας τους τα δίνει με σύνεση σε όσους έχουν πραγματική ανάγκη και σε όσους αναξιοπαθούν, ανάπηρους, μακροχρόνια αρρώστους, εγκαταλειμμένες μανάδες... Οι ενορίτες χαμογελούν όταν βλέπουν κάποιον απ' αυτούς τους δύστυχους στον δρόμο αισθανόμενοι σαν να έκαναν οι ίδιοι την ελεημοσύνη.

Όμως ο παπα-Χρυσάφης δεν δίνει σε όλους. Πολλές φορές διάφοροι τεμπέληδες κι ακαμάτηδες δοκίμασαν να τον πλανέψουν, όμως αυτός, πάντα με χαμόγελο, έχει τη σωστή λύση έτοιμη. Πότε τους καθοδηγεί κατάλληλα, πότε τους έχει έτοιμη δουλειά σε κάποιον γνωστό του που ξέρει ότι χρειάζεται προσωπικό, πότε στέλνει τον ικέτη να δουλέψει στο υποτακτικό κάποιου μεγαλοκτήμονα και πότε φροντίζει να αλληλογραφήσει με τους κατάλληλους γιατρούς για να μπορέσει να δώσει μια λύση, ή έστω και μόνο μιαν ελπίδα σε κάποιον άρρωστο. Δεν είναι λίγες οι φορές μάλιστα που έρχονται απ' τη Χώρα άμαξες με φάρμακα για τους χρήζοντες, πληρωμένα απ' το παγκάρι της εκκλησίας κι απ' τον μισθό τον δικό του που δεν τον κρατάει ποτές ολόκληρο, παρά μόνο για τα απαραίτητα. Είναι λιτοδίαιτος κι εγκρατής, τα λεφτά δεν τον γοήτευσαν ποτέ, προτιμάει να ψάχνει για τον πλούτο μέσα στις ψυχές των ανθρώπων, ακόμα κι αν είναι κρυμμένος βαθιά. Όμως ο παπα-Χρυσάφης ξέρει πού πρέπει κανείς να ψάξει...

***

Σήμερα όμως έχει μια ξεχωριστή επίσκεψη στο λιτό γραφειάκι του. Ο κύριος Βρασίδας, ο μεγαλολαδάς που τα χτήματά του με τα λιόδεντρα φτάνουν μέχρι τους πρόποδες του βουνού, τον επισκέπτεται μετά τη λειτουργία και θέλει να του μιλήσει. Ο κύριος Βρασίδας ο προύχοντας έχει ένα ωραίο, μεγάλο σπίτι στην άκρη του χωριού και είναι απ' τους πρώτους που αγόρασαν μάλιστα αυτοκίνητο!

- Καλώς τον! τον υποδέχεται ο παπα-Χρυσάφης. Κάθισε!

Του βγάζει κρύο νερό κι ένα λουκούμι απ' το κουτί που το φυλάει πάντα για τέτοιες περιπτώσεις.

- Σε τι οφείλω την τιμή;

- Πάτερ, θέλω τη βοήθειά σου για ένα σημαντικό ζήτημα.

- Ευχαρίστως να βοηθήσω, αν μπορώ!

- Πρόκειται για τον γιο μου, τον Αρίστο, τον ξέρεις βέβαια...

Άλλη μια στιγμή αμηχανίας. Ναι, τον ξέρει! Αν και δεν έχει ποτές του πατήσει στην εκκλησία, τον έχει συναντήσει πολλές φορές. Στο καφενείο. Εκεί όπου ο Χαράλαμπος πηγαίνει μόνο για να συναντήσει κάποιον για κάποια εκκρεμότητα, αφού δεν του αρέσει να χάνει τον καιρό του πίνοντας καφέ και φλυαρώντας, δεν συμβαδίζει το "σκότωμα του χρόνου" με τον δρόμο που πορεύεται στη ζωή του. Χαιρετάει πάντα μπαίνοντας όλους τους παρόντες, ανάμεσα στους οποίους είναι συνήθως κι ο Αρίστος παίζοντας χαρτιά, σπαταλώντας το βιός που βγάζει με μόχθο ο εργατικός πατέρας του. Ο Αρίστος είναι απ' τη φύση του ευγενικός κι αντιχαιρετάει τον παπα-Χρυσάφη πάντα με φιλικότητα. Είναι ένας ψηλός, αν και κάπως "γεμάτος" και πλαδαρός νεαρός, εξαιρετικά όμορφος με σπάνιο στα μέρη αυτά ξανθό μαλλί, με χαρούμενο πρόσωπο και καλοσυνάτος, χωρίς άλλα ενδιαφέροντα πέρα απ' τα χαρτιά. Οι κακές γλώσσες λένε ότι είναι αθεράπευτα τεμπέλης, απ' την πλήξη και την ανία του καμιά στιγμή θα βαρεθεί να αναπνεύσει και θα πεθάνει...

- Φυσικά τον ξέρω! Καλά είναι;

- Μια χαρά είναι στην υγειά του, αλλού είναι το πρόβλημα. Δεν λέει να δουλέψει. Όλη μέρα τεμπελιάζει στο καφενείο. Η μόνη του δραστηριότητα είναι να βουτήξει καμιά φορά το αυτοκίνητο και να πάει στη Χώρα να συναντήσει τους φίλους του. Και τι δεν έχω κάνει! Προσπάθησα να τον σπουδάσω. Τίποτα! Προσπάθησα να τον πάρω στα χτήματα να δυναμώσει λίγο. Τίποτα! Προσπάθησα να τον βάλω να κουμαντάρει το λαδαριό, τίποτα! Ο Κωνσταντής της κυρα-Λαμπρινής που τον έχω χρόνια στη δούλεψή μου τα κάνει όλα εκεί, όπως πάντα. Προσπάθησα να του κινήσω το ενδιαφέρον με διάφορα χόμπι, πάλι τίποτα! Κάποτε θα κληρονομήσει το βιός μου, πώς θα τα βγάλει πέρα;

- Έχει ο Θεός για όλους! Νέος είναι ακόμα, θα πήξει το μυαλό του και θα δραστηριοποιηθεί.

- Έτσι λέω και 'γω. Αλλά απ' την άλλη φοβάμαι μήπως εγώ ο ίδιος τον καταστρέφω με την αδυναμία που του 'χω σαν μοναχοπαίδι. Υπηρέτριες έχουμε, τίποτα δεν μας λείπει, γιατί να δουλέψει; Δεν μου φαίνεται πως κάνω το σωστό...

- Ο Θεός θα σε φωτίσει και σένα! Αφού το αναγνωρίζεις το πρόβλημα και το παιδεύεις στο μυαλό σου, ο Θεός δεν θα σε αφήσει έτσι. Θα σου στείλει την επιφοίτηση τη στιγμή που δεν το περιμένεις...

- Νομίζω ότι μου την έστειλε και γι' αυτό σε επισκέπτομαι. Προχθές μου εξομολογήθηκε ότι είναι ερωτευμένος και θέλει να παντρευτεί!

- Α, μα αυτό είναι καλό νέο! Αυτή είναι η μοίρα της ανθρωπότητας, να ερωτεύονται οι νέοι και να κάνουν απογόνους!

- Ναι, αλλά μάντεψε! Ποια είναι η εκλεκτή της καρδιάς του;

Ο παπα-Χρυσάφης σηκώνει τα φρύδια του και μένει να κοιτάει τον Βρασίδα. Δεν χάρηκε, δεν θύμωσε. Στις περιπτώσεις αυτές το μυαλό πρέπει να δουλέψει πριν απ' την καρδιά, τη νεανική του αυθορμησία την έχει πια τιθασεύσει προ πολλού. Όμως δεν προλαβαίνει καν να το σκεφτεί. Ο Βρασίδας ανασκουμπώνεται στην καρέκλα του. Είναι προβληματισμένος, είναι στενοχωρημένος, αλλά είναι αποφασισμένος.

- Μην το παίρνεις στραβά παπα-Χρυσάφη! Στην αρχή μπορεί να σκεφτείς ότι απλά θέλω να βολευτώ, να ξεφορτωθώ τον άχρηστο τον γιο μου, αδιαφορώντας για σένα και την Ελεονώρα...

- Μα όχι! Δεν θεωρώ άχρηστο τον Αρίστο! Νέος είναι, θα 'ρθει η ώρα του να ξυπνήσει...

- Ακριβώς αυτό! Με βρίσκεις σύμφωνο! Αφού το σκέφτηκα, είπα μέσα μου λοιπόν ότι σίγουρα ο έγγαμος βίος με τις ευθύνες που συνεπάγεται θα τον ενεργοποιήσει. Δεν είναι κακό παιδί ο Αριστείδης μου, ξέρεις, μόνο παραχαϊδεμένος είναι...

- Αυτό φαίνεται! λέει ο Χαράλαμπος γελώντας. Μπορεί να είναι παραχαϊδεμένος, είναι όμως ο πιο ευγενικός νεαρός στο χωριό, μια χρυσή, αλλά απαίδευτη ακόμα καρδιά!

- Συμφωνώ! Τον έπιασα λοιπόν και του εξήγησα ότι ο γάμος δεν είναι παιχνίδι. Έχει ευθύνες, έχει προβλήματα, έχει εμπόδια! Μου υποσχέθηκε ότι θα είναι συνεπής, το ξέρει και θα προσπαθήσει να τα αντιμετωπίσει όλα. Δεν είναι χαζός...

- Όχι, δεν είναι! Αλλά, δεν νομίζεις ότι σε αυτά τα πράγματα χρειάζεται η συμφωνία και των δύο;

- Φυσικά! Γι' αυτό ήρθα να σου μιλήσω! Αν συμφωνήσει κι η Ελεονώρα, τότε σκέφτηκα το εξής: Πλάι στο δικό μου χτίζω ένα δεύτερο, ξεχωριστό σπίτι, θα το έχεις δει βέβαια, με δικό του κήπο και χτήματα, σε δυο μήνες θα είναι έτοιμο. Θα τους δώσω επίσης και το λαδαριό και μαζί με αυτό και πενήντα στρέμματα ελιές γύρω απ' το σπίτι. Θα αναγκαστεί να τα δουλέψει όλα αυτά κι εγώ θα τους βοηθήσω με όλες μου τις δυνάμεις...

- Βρασίδα, άκουσέ με λίγο!, λέει ο Χαράλαμπος ανακαθήμενος κι αυτός στην καρέκλα του. Είναι πολύ ευγενική η χειρονομία σου, αλλά γνωρίζεις καλά ότι τα λεφτά δεν μας ενδιαφέρουν. Η ευτυχία των παιδιών είναι σε πρώτο πλάνο...

- Μα και βέβαια! Τα λεφτά όμως θα τους βοηθήσουν γιατί θα τους γλιτώσουν απ' τις γκρίνιες της φτώχειας και τις ανέχειας που σακάτεψαν τους δικούς μας γονείς. Θα τους λύσουν τα καθημερινά προβλήματα. Από κει και πέρα, ας τα βρουν τα υπόλοιπα μόνοι τους...

- Σωστά το θέτεις! Ας δούμε λοιπόν πρώτα αν οι δυο πρωταγωνιστές ενδιαφέρονται για κάτι τέτοιο. Εσύ ξέρεις για τον γιό σου. Ας ρωτήσω λοιπόν κι εγώ την κόρη μου και μετά τα ξαναλέμε...

***

Ο Χαράλαμπος περπατάει σκεφτικός προς το σπίτι του. Σιμώνει στην εξώπορτα και κοντοστέκεται. Κοιτάει το φρεσκοβαμμένο, φροντισμένο σπιτάκι σαν να το βλέπει για πρώτη φορά. Δούλεψε όλ' αυτά τα χρόνια ακάματα τον ελεύθερο χρόνο του για να καταφέρει τελικά να συνεφέρει το βιός αυτό, να το καλλωπίσει και να το κάνει παραγωγικό. Από κοντά και η μικρή Ελεονώρα, στην αρχή παίζοντας αφού ο Χαράλαμπος κατάφερνε να κάνει το χτίσιμο και την κηπουρική παιχνίδι, γαλουχούμενη έτσι στα μυστικά της γης, στο φύτεμα, το βοτάνισμα και τη μάζωξη των ζαρζαβατικών, τη φροντίδα της ελιάς και τη συγκομιδή της, το όργωμα του κήπου και τον κύκλο των λαχανικών που χειμώνα καλοκαίρι τους δίνει τη βασική τροφή μαζί με το κοτέτσι στην άκρη, που αποτελεί και το πρωινό τους ξυπνητήρι. Και βέβαια το φρέσκο ψάρι του Σάββα του ψαρά, που χρόνια τώρα έρχεται κάθε Τρίτη και Πέμπτη για να συμπληρώσει τη νοστιμιά του χωριάτικου τραπεζιού τους. Παράλληλα η κόρη του, σκληραγωγημένη απ' τον χειρωνακτικό κάματο, εγείρονταν πολλές φορές πριν το χάραμα για να μην τους πιάσουν οι ζέστες, ιδιαίτερα όταν οι σοδειές ήταν καλές κι έπρεπε να μαζευτούν γρήγορα. Ο παπα-Χρυσάφης πουλάει κάποια απ' τα περισσευούμενα που δεν είναι και λίγα, βάζοντας τα έσοδα στο παγκάρι της εκκλησίας, αλλά τα περισσότερα τα χαρίζει στους άπορους, οι οποίοι με τη σειρά τους ανταποδίδουν, αν και όποτε μπορούν, σπάνια είναι η αλήθεια. Όταν τον πειράζουν γι' αυτό, γελάει. «Ο Θεός μας τα 'δωσε και στα τέκνα του Θεού τα δίνουμε. Έτσι πρέπει!». Όμως τώρα φαίνεται ότι ήρθε το πλήρωμα του χρόνου. Ήρθε η ώρα της αλλαγής, θα 'ρχονταν κάποτε κι αυτή, έτσι είναι οι νόμοι της Φύσης. Το σπίτι αυτό θα μείνει μισό, αφού η Ελεονώρα του θα πρέπει πια να τραβήξει το δρόμο της με τον εκλεκτό της καρδιάς της. Είναι όμως ο Αριστείδης αυτός; Για να δούμε, για να δούμε...

Ανοίγει την αυλόπορτα και μπαίνει. Το βήμα του βαραίνει.

- *«Θα 'πρεπε να χαίρομαι που η κόρη μου θα ανοίξει τα φτερά της, όμως γιατί αυτή η στενοχώρια; Επειδή θα μείνω μόνος; Δεν το 'ξερα τάχατις; Δεν είναι πολύ εγωιστικό το να θέλω να την κρατήσω για πάντα κοντά μου; Ντροπή μου!»*

Μπροστά στην εξώπορτα κοντοστέκεται, η Ελεονώρα την έχει αφήσει ανοιχτή περιμένοντάς τον. Απ' τον μακρύ διάδρομο τη βλέπει να πηγαινοέρχεται στην κουζίνα ετοιμάζοντας το γεύμα, η λυγερή φιγούρα της αχνοπερνάει φευγαλέα απ' το οπτικό του πεδίο, χωρίς να τον έχει αντιληφθεί.

***

Ναι, η Ελεονώρα είναι πια ένα ρόδο εικοσιενός χρονών, με κυματιστά κατακόκκινα μαλλιά και γαλαζοπράσινα μάτια, λυγερή κι ευωδιαστή. Είναι αναθρεμμένη όχι με διδαχές, αλλά με αρχές, με την παραδειγματική παρουσία του άγιου ανθρώπου πλάι της να αποτελεί το φωτεινό δρομοδείκτη στη ζωή της. Σεμνή, απλή και πάντα ευαίσθητη, έτοιμη να συμπονέσει και να στηρίξει τους έχοντες ανάγκη, βάζει συχνά στην άκρη τις δικές της ανάγκες.

Όσο η μικρή Ελεονώρα μεγάλωνε, τόσο το πρόσωπο του παπα-Χρυσάφη φωτίζονταν βλέποντας την εκθαμβωτική ομορφιά της να μεστώνει μέρα με τη μέρα. Μια ομορφιά όμως συνοδευόμενη από σύνεση, πολλές φορές ασύμβατη με την ηλικία της. Η όλο ζωντάνια και χάρη νεανική, δροσερή αύρα της σκορπάει γύρω της ευδαιμονία ποτισμένη με το άρωμα της νιότης της, λες και θέλει να του δώσει θάρρος στον δικό του αγώνα, όταν μοχθεί ολημερίς να νουθετήσει τις συνομήλικές της, τα "διαβολοθήλυκα" που λέει κρυφά μέσα του - θου Κύριε φυλακή το στόματί μου! - που κυκλοφορούν πια στην εποχή μας ξετσίπωτες, σχεδόν εκπορνευόμενες, έχοντας μόνο στο μυαλό τους να ξελογιάσουν χαιρέκακα προς τέρψη της ιδίας ματαιοδοξίας τους τα ακόμα αφελή κι ευκολόπιστα, πλην όμως ξαναμμένα, πυρακτωμένα κι αυτά μέσα στη νιότη τους, αγόρια γύρω τους.

Η Ελεονώρα δεν έχει καμιά σχέση με τον κόσμον αυτόν. Έχει συνειδητοποιήσει την ενηλικίωσή της και τις αλλαγές που αυτή της προκαλεί, αλλά δεν έχει συνειδητοποιήσει ακόμα τη θεϊκή ομορφιά της και φυσικά δεν έχει ιδέα πόσο κοφτερό δίκοπο μαχαίρι μπορεί να αποτελέσει αυτή η ομορφιά στον σημερινό κόσμο του επιφανειακού ηδονισμού. Πράγματι, ο Πλάστης δεν έκανε κανένα συμβιβασμό πλάθοντας το τέλειο αυτό θηλυκό. Αλαβάστρινο κορμί, γυμνασμένο με τέλειες αναλογίες, άψογο πρόσωπο που με λίγη περιποίηση λαμποκοπάει και σε μαγνητίζει με τα τέλεια κι αρμονικά χαρακτηριστικά του και μια ευθυτενή κορμοστασιά που αναδύει τη δροσερή αύρα της όταν αυτή περνάει με ανεπιτήδευτη χάρη ανάμεσα στους ενορίτες. Οι οποίοι βέβαια δεν χάνουν την ευκαιρία για πονηρές και πρόστυχες σκέψεις, τόσο οι άντρες, όσο και οι γυναίκες που αν μπορούσαν να την κατασπαράξουν θα το 'καναν απ' τη ζήλεια τους – τι να κάνουμε, ο κόσμος αυτός είπαμε ότι δεν είναι τέλειος!

***

Ο Χαράλαμπος μπαίνει αποφασιστικά στο σπίτι και προχωράει προς την κουζίνα. Η κόρη του τον βλέπει και ρίχνεται στην αγκαλιά του για να εισπράξει το καθιερωμένο φιλί της, μια μικρή ανταμοιβή για την αγάπη που του δείχνει και την άνοιξη που φέρνει στο σπιτικό τους.

- Βλέπω τα ετοίμασες όλα, καλή μου! Δυο λεπτά να πλυθώ κι' έρχομαι...

- Με την ησυχία σου, εγώ θα ετοιμάσω τα φρούτα...

Όμως παρά την επιφανειακή αυτή χαλαρότητα, το γεύμα είναι απρόσμενα σιωπηλό, πράγμα που δεν ξεφεύγει απ' την Ελεονώρα.

- Κάτι σε βασανίζει, πατέρα...

- Ναι παιδί μου, πράγματι! λέει ο Χαράλαμπος αφήνοντας το πιρούνι του.

Δεν έφαγε άλλωστε πολύ, η ούτως ή άλλως λιτή μερίδα απ' το πεντανόστιμο φαγητό του είναι σχεδόν απείραχτη. Της διηγείται τη συζήτησή του με τον Βρασίδα. Η Ελεονώρα ακούει χωρίς να διακόψει, οι καλοί της τρόποι δεν της το επιτρέπουν, ακόμα κι αν τη ζώνουν οι ερωτήσεις. Κάποια στιγμή ο πατέρας της σταματάει. Βαριά σιγή στην κουζίνα, τα τζιτζίκια απ' έξω ηχούν εκκωφαντικά.

- Πατέρα, τον Αρίστο δεν τον έχω πετύχει στην εκκλησία ποτέ, όμως τον έχω συναντήσει στα πανηγύρια και στις άλλες εκδηλώσεις μας. Τον θυμάμαι κι απ' το σχολείο, αν και ήταν σε μεγαλύτερη τάξη. Μου φαίνεται καλό παιδί, πρόσχαρος, χαμογελαστός. Όμως εσένα ποια είναι η γνώμη σου;

- Ελεονώρα μου, να σου πω. Πιστεύω πως πρώτα απ' όλα θα πρέπει να εξετάσουμε αν ήρθε το πλήρωμα του χρόνου. Εσύ! Εσύ είσαι έτοιμη να παντρευτείς; Το έχεις σκεφτεί καθόλου;

- Ναι πατέρα! Το έχω σκεφτεί! Νομίζω ότι είμαι έτοιμη. Κάτι μέσα μου μου λέει ότι έχει έρθει η ώρα μου. Μπορεί να μην έχω εμπειρίες, αλλά πιστεύω ότι θα τα καταφέρω. Όμως ούτε κι ο Αρίστος μου φαίνεται να έχει εμπειρίες...

- Η αλήθεια είναι ότι είναι μαζεμένο παιδί. Ένα κακό έχει, μια αδυναμία στη χαρτοπαιξία, αλλά αυτό διορθώνεται με την ηλικία. Έτσι νομίζω τουλάχιστον. Επίσης κάποιοι υποστηρίζουν ότι είναι τεμπέλης...

- Χμ. Δεν ξέρω. Δεν ξέρω πώς ακριβώς είναι ένας τεμπέλης. Θα χρειαστεί να κάνουμε πολλά πράγματα μαζί, οπότε αυτό μάλλον δεν θα παίξει ρόλο. Υποτίθεται ότι θα αλλάξει η ζωή μας, έτσι δεν είναι;

- Μμμμ, ναι!

Ο Χαράλαμπος ακουμπάει τα χέρια του στο τραπέζι κοιτώντας την κόρη του στα μάτια.

- Για να πω την αλήθεια, δεν ξέρω! Δεν υπήρξα ποτέ παντρεμένος. Ό,τι ξέρω για τον έγγαμο βίο, είναι απ' τα προβλήματα του κοσμάκη που μου τα εξομολογούνται. Αν πιστέψω στα λόγια τους, τότε ο γάμος είναι περισσότερο πρόβλημα παρά χαρά. Αν πιστέψω όμως στην Πίστη μας, που πιστεύω, τότε ο γάμος είναι ευλογία και οι άνθρωποι απλά θα πρέπει να κοπιάσουν λίγο μέχρι να βρουν τον τρόπο να ζήσουν ευτυχισμένοι μαζί.

Η Ελεονώρα χαμογελάει.

- Εσύ δεν έρχεσαι ποτέ, όμως εγώ πηγαίνω με τις φίλες μου τακτικά στο θερινό το σινεμά και βλέπω τις ταινίες που φέρνουν απ' τη Χώρα. Από εκεί έχω σχηματίσει μια γνώμη για τους ανθρώπους, απ' τις ιστορίες που διαδραματίζονται πάνω στο πανί, μια γνώμη που δεν διαφέρει πολύ απ' τη δική σου. Αναρωτιέμαι γιατί δημιουργούν προβλήματα μεταξύ τους. Ίσως να φταίνε όλες αυτές οι καινοτομίες που βλέπουμε στις ταινίες, η μοντέρνα εποχή μας. Δεν ξέρω. Πάντως...

Κομπιάζει λιγάκι.

- Πάντως δεν μου αρέσει καθόλου η ιδέα να σε αφήσω! Αλλά παρηγοριέμαι που θα είμαι κοντά σου. Δεν θα άντεχα στην ιδέα να φύγω σε άλλον τόπο και να σε αφήσω μόνο σου! Απ' αυτήν την άποψη, ο Αρίστος δεν είναι άσχημη επιλογή. Μου αρέσει αρκετά, εμφανισιακά τουλάχιστον, αλλά κι απ' το λίγο που τον ξέρω, νομίζω ότι είναι εντάξει παιδί.

- Ναι αλλά εσύ δεν τον αγαπάς, ή μήπως όχι; Αυτό το σημείο είναι ακόμα σκοτεινό για μένα.

Σιωπή για λίγο.

- Όχι, δεν τον αγαπάω. Κι αναρωτιέμαι γιατί αυτός λέει ότι με ερωτεύτηκε. Μάλλον ήταν η τελευταία φορά στο πανηγύρι του Αϊ-Νικόλα που χορέψαμε έναν χορό μαζί. Είχε τότε πολύ μεγάλο τρακ θυμάμαι, με πάτησε μάλιστα δυο φορές, χα χα χα!

Το κελαρυστό γέλιο της ξεχύνεται στον χώρο, σπάζοντας τη φόρτιση. Τελικά ο Χαράλαμπος λέει σκεφτικός.

- Το χωριό είναι μέσα στη μιζέρια. Δεν νομίζω ότι θα βρεθεί κάτι καλύτερο για σένα, δεν νομίζω ότι υπάρχει καλύτερος γαμπρός. Αλλά απ' την άλλη μεριά, γάμος χωρίς αγάπη...

- Πατέρα, δεν νομίζω ότι θα αγαπήσω ποτέ κάποιον. Τουλάχιστον στα μέρη μας δεν υπήρξε μέχρι τώρα κανένας που να μου κίνησε το ενδιαφέρον.

Σταματάει. Μια σκέψη περνάει απ' το μυαλό της.

- *«Κι αν συμβεί στο μέλλον; Αν εμφανιστεί κάποιος διαφορετικός και ξελογιαστώ;»*

Δαγκώνεται.

- *«Όχι, δεν πρέπει! Δεν θα το αφήσω να συμβεί! Με τον καιρό θα τον αγαπήσω τον Αρίστο...»*

Αναπηδά στην καρέκλα της συνεχίζοντας φουριόζα, προσπαθώντας μάλλον να πείσει τον εαυτό της.

- Απ' ό,τι ακούω απ' τις φιλενάδες μου που συζητάνε μεταξύ τους τέτοια πράγματα, καμιά αγάπη δεν φαίνεται να διαρκεί. Απ' την άλλη μεριά πάλι, σε πολλά απ' τα έργα του σινεμά οι άνθρωποι παντρεύονται χωρίς οπωσδήποτε να αγαπιούνται. Η συνήθεια είναι που τους δένει στη συνέχεια. Έτσι μου φαίνεται...

- Εμένα μου φαίνεται ότι οι εμπειρίες των άλλων δεν είναι αρκετό στοιχείο για να βασιστούμε και να αποφασίσουμε! Κι αφού δεν έχουμε δικές μας, ε, ας το αφήσουμε λοιπόν στον Θεό! Εσύ όμως σε τελική ανάλυση, είσαι σίγουρη ότι το θέλεις;

- Πατέρα, όπως λες κι εσύ, δεν υπάρχει καλύτερη λύση. Κι αφού πρέπει κάποτε να γίνει, ε, ας γίνει τουλάχιστον με καλές προϋποθέσεις...

Τα γέλια και τα κλάματα

Ο Βρασίδας δεν φειδωλεύεται τα λεφτά του. Μονάκριβος ο Αριστείδης του, μονάκριβη κι η νύφη του. Ποντάρει πολύ στην ευτυχία τους, ελπίζοντας να αφυπνίσει τον γιό του και να τον δραστηριοποιήσει. Τουλάχιστον αυτό υπόσχεται η ζωντάνια της Ελεονώρας που λάμπει ολόκληρη ντυμένη νυφούλα, αχτινοβολώντας χαρά και διαχέοντας ζωντάνια γύρω της με τη δροσερή αύρα της νιότης της. Ο Αριστείδης πλάι της, πιο συγκρατημένος αλλά με ένα διάπλατο χαμόγελο κι έναν καλό λόγο για όλους που τον σιμώνουν να του ευχηθούν, κάνει και τους πιο δύσπιστους να μονολογήσουν μέσα τους τον καλό το λόγο και να τους ευχηθούν την παντοτινή ευτυχία.

Τόσο η τελετή στην εκκλησία, που την έχει στολίσει ο Βρασίδας πλουσιοπάροχα με άνθη και κορδέλες παρά το αρχικό στραβομουτσούνιασμα του παπα-Χρυσάφη που τελικά μετατράπηκε σε πλατύ χαμόγελο συμμεριζόμενος τον ενθουσιασμό και τη φρενίτιδα του συμπεθέρου, όσο και το κατοπινό πλουσιοπάροχο γαμήλιο γλέντι που είναι καλεσμένο ολάκερο το χωριό, καμιά τρακοσαριά ψυχές δηλαδή όλοι κι όλοι μαζί με τα παιδιά και τους γέροντες που δεν αφήνουν να χαθεί τέτοια ευκαιρία, θα μείνουν χαραγμένα στις μνήμες ολονών για πολύν καιρό.

***

Το σπίτι των νεονύμφων έχει τελειώσει εδώ και καιρό. Στη μεγάλη πίσω αυλή με το παχύ χορτάρι που γίνεται το γλέντι κυριαρχεί ο θεριεμένος πλάτανος ποτισμένος απ' το αεισάλευτο ποταμάκι που χειμώνα-καλοκαίρι διατρέχει το μεγάλο κτήμα ρέοντας λίγο πιο πέρα διαμέσου του ελαιώνα. Από ένα καπρίτσιο της Φύσης ξεπήδησε σιμά στην κορυφή του βουνού αστείρευτη και γάργαρη μια νερομάνα που ποτίζει πλουσιοπάροχα, αιώνες τώρα, το κατά τα άλλα άνυδρο αυτό ξερονήσι. Στις όχθες της καλοδεχούμενης ποταμιάς φυτρώνουν νιόφυτα πλατάνια που βιάζονται κι αυτά να μεγαλώσουν, ενώ περιμετρικά ελιές, αιωνόβιες οι περισσότερες, θεριεμένες κι αυτές απ' το νερό, ευλογημένα δέντρα που δίνουν ζωή στο ξεχασμένο αυτό κεφαλοχώρι, φτάνοντας μέχρι πέρα στους λόφους όπου τελεύει το τεράστιο αυτό χτήμα. Εκεί στους πρόποδες σχηματίζει μάλιστα το ποταμάκι μια λιμνούλα, μια βάθρα αρκετά μεγάλη για να φιλοξενήσει υδρόβια ζωή, μικρά ψαράκια, βατράχια κι όλων των ειδών τα έντομα, προκαλώντας μάλιστα κάποιον να χτίσει στην όχθη ένα "καλύβι του ψαρά" για τις ώρες της ανάπαυσης κάτω απ' την ευλογία αυτής της παρθένας ακόμα φύσης.

Το νεόνυμφο σπιτικό είναι εξοπλισμένο με όλες τις ανέσεις. Το "ηλεχτρικιό" έχει έρθει μόλις πρόσφατα στο χωριό, από κάτι σύρματα που τα κρεμάσαν σε κάτι αψηλές κολώνες, πασαλειμμένες με πίσα. Κάποιοι λένε μάλιστα ότι θα 'ρθει σε λίγο κι ο δρόμος με την άσφαλτο, σαν αυτούς που έχουνε στη Χώρα. Πάντως "ηλεχτρικιό" έχουν πια όλοι στα σπίτια τους, οι περισσότεροι για να φωτίζονται και να ακούνε αυτό το μαγικό κουτί που παίζει μουσική και λέει τις ειδήσεις, το πώς το λένε να δεις; Ροδόφωνο, ραδικόφωνο; Κάπως έτσι. Κάποιοι τολμήσαν μάλιστα να αγοράσουν και "συσκευές", να μαγειρέψουν σε "ηλεχτρικιό μάτι" ή να κρατάνε τα τρόφιμα σε "ψυχείο", σαν αυτό το μεγάλο που βάλανε στο καφενείο πετώντας τις παλιές παγωνιέρες στα σκουπίδια και σταλάζοντας ανείπωτη δυστυχία στην καρδιά του πλανόδιου παγοπώλη που έτρεξε αμέσως για παρηγοριά στον παπα-Χρυσάφη...

Το σπίτι του Αρίστου όμως τα ξεπερνάει όλα! Έχει όχι μόνο κουζίνα και ψυγείο ηλεκτρικά, αλλά ακόμα και πλυντήριο και ηλεκτρικό θερμοσίφωνα και δικό του τηλέφωνο, ναι, τηλέφωνο που είχε μέχρι τώρα μόνο η κοινότητα και το καφενείο! Οι νοικοκυρές μακαρίζουν την Ελεονώρα για τις ευκολίες αυτές, που για να πούμε την αλήθεια, έχει και τη βοήθεια της Ελβίρας, της μεσόκοπης οικονόμου που βρίσκεται μια ζωή πιστή στη δούλεψη του Βρασίδα.

***

Το τέλος της γιορτής τους βρίσκει όλους ζαλισμένους απ' τη χαρά και το γλέντι. Οι καλεσμένοι έφυγαν όλοι, ο Χαράλαμπος αφού ασπάστηκε κι ευλόγησε τους νιόνυμφους, αποχώρησε κι αυτός, όχι χωρίς να σκουπίσει ένα δάκρυ, συνειδητοποιώντας ότι για πρώτη νύχτα η μοναχοκόρη του δεν θα κοιμηθεί πια στο σπιτικό του.

Την ίδια σκέψη όμως κάνει και η Ελεονώρα, αλλά και ο Αρίστος. Μένουν στο σαλόνι, ακίνητοι, σαν ζαβλακωμένοι, κοιτώντας ο ένας τον άλλο, χωρίς να λένε κουβέντα. Τελικά πέφτουν αυθόρμητα ο ένας στην αγκαλιά του άλλου χαμογελώντας, αλλά τα ποδάρια τους είναι πια αδύναμα, λυγίζουν απ' το συναίσθημα και τη χαρά της μέρας. Τώρα που 'ναι πια νύχτα βαθιά, τους οδηγούν από μόνα τους θαρρείς με τις τελευταίες τους δυνάμεις στα ενδότερα. Η αμηχανία βασιλεύει, ξέρουνε τι θα συμβεί, τι πρέπει τέλος πάντων να συμβεί, αλλά κανείς απ' τους δυο δεν ξέρει πώς να το κάνει να συμβεί, αφού είναι κι οι δυο παρθένοι. Οι καρδιές χτυπάνε, ίσως και λίγο απ' το αλκοόλ που η Ελεονώρα απλά το δοκίμασε ενώ ο Αρίστος το τίμησε κανονικά. Ίσως αυτό να καίει τώρα τα σωθικά του. Δεν είναι σίγουρος, αλλά πάντως νιώθει ένα ξάναμμα, μια ταραχή να τον καίει μέσα του. Η Ελεονώρα από ένστικτο τον καταλαβαίνει κι εξαφανίζεται στα ιδιαίτερα. Πρέπει να ετοιμαστεί, αφήνει το ένστικτό της να την οδηγήσει στην πρώτη της νύχτα. Ποιος ξέρει τι ακριβώς θα συμβεί; Όλες οι γυναίκες το 'χουν περάσει, όμως δεν είχε ποτέ το θάρρος να το συζητήσει με καμία. Γδύνεται, φρεσκάρεται, φοράει το ελαφρύ νυχτικό της και δειλά δειλά βγαίνει απ' το μπάνιο κατευθυνόμενη προς το κρεβάτι. Ο Αρίστος κάθεται επάνω, μισοζαλισμένος ακόμα, δεν έχει κάνει καμιά κίνηση.

Του χαμογελάει σεμνά, πηγαίνει απ' την άλλη μεριά και χώνεται αιθέρια κάτω απ' το ελαφρύ καλοκαιρινό λινοσκέπασμα. Αυτός σαν να συνέρχεται. Ανασηκώνεται, ξυπνάει, γδύνεται επί τόπου με γυρισμένη την πλάτη και μόλις μένει με τα εσώρουχα, χώνεται κι αυτός πλάι της. Η Ελεονώρα ίσα που πρόλαβε να δει τις πλάτες του, αλλά σαν κάπως πλαδαρός της φάνηκε, τα ποδάρια του γεμάτα τρίχες, παχουλά και κάτασπρα.

Γυρνάει κάτω απ' το σκέπασμα προς το μέρος της απλώνοντας τα χέρια του. Η Ελεονώρα υποθέτει πως τώρα πρέπει να μπει στην αγκαλιά του, να δεχτεί τα χάδια του, να αισθανθεί το κορμί του για πρώτη φορά, να νιώσει γυναίκα του. Χαμογελώντας κάνει την κίνησή της, όμως ξαφνικά το χέρι του χώνεται απροειδοποίητα σε σημεία που κανείς δεν την έχει αγγίξει. Παγώνει, το άγγιγμά του είναι επιτακτικό και άγαρμπο, ζουλάει το στήθος της δυνατά κάνοντάς την να εκτονώσει την κραυγή της σε ένα απαλό ξεφύσημα. Ο Αρίστος είναι πια ασυγκράτητος, έτσι ξαφνικά, έτσι απότομα. Το άλλο χέρι του περνάει αγκαλιάζοντας σφιχτά τον λαιμό της σχεδόν σαν να θέλει να την πνίξει. Όμως ψάχνει να αιχμαλωτίσει δυνατά το άλλο στήθος της, ενώ το πρώτο, ελευθερωμένο πια χέρι του κατευθύνεται τώρα χαμηλά για να καταλήξει να παλεύει μπερδεμένο με το εσώρουχό της.

Η Ελεονώρα δεν ξέρει πια τι να κάνει, νιώθει να την κυριεύει ένα συναίσθημα πανικού. Νιώθει σαν να υφίσταται επίθεση, δεν ξέρει από πού, στο κάτω κάτω είναι ο άντρας της αυτός, δεν ξέρει τί να κάνει, δεν ξέρει τι στάση πρέπει να κρατήσει, πάντως ερωτική δεν είναι αυτή η σκηνή με κανέναν τρόπο, ενοχλητική ναι, άκομψη, άγαρμπη ναι!, ερωτική όμως όχι! Δεν προλαβαίνει να το καλοσκεφτεί, ο Αρίστος σβήνει σβέλτα το φως, στρέφεται γρήγορα πάλι προς το μέρος της για να βρεθεί ξαφνικά πάνω της, πλακώνοντάς την με το βάρος του. Για πρώτη φορά νιώθει τον ανδρισμό του να την πιέζει εκεί κάτω, σκληρό κι επίμονο απέναντι στα εμπόδια των υφασμάτων ανάμεσά τους, συνειδητοποιώντας ότι, αντίθετα σε ό,τι πίστευε, δεν είναι ακόμα έτοιμη! Για όνομα του θεού, δεν γίνεται τόσο γρήγορα, δεν είναι ακόμα έτοιμη! Ανοίγει το στόμα της να του το πει, να του πει να περιμένει λίγο, αλλά πάλι δεν προλαβαίνει, το στόμα του Αρίστου βρίσκεται κολλημένο στο δικό της, η αλκοολική ανάσα του μαζί με την πικρίλα του καπνού και την απλυσιά των δοντιών του την πλημμυρίζει με την επίθεση της γλώσσας του που αναζητά να απομυζήσει αχόρταγα το νεανικό θηλυκό της άρωμα.

Παλεύει απαλά να ξεφύγει. Να ξεφύγει απ’ τον άντρα της; Το μόνο που πετυχαίνει είναι να τον διευκολύνει με τις κινήσεις της να την γδύσει απ’ τα απαραίτητα και να βρεθεί ανάμεσά στα σκέλια της. Νιώθει τον αντρισμό του νικητή, να την ακουμπάει τελικά εκεί! Όχι θεέ μου, όχι έτσι, όχι ακόμα, δώσ’ μου λίγο χρόνο ακόμα!

Σηκώνει το χέρι της στο πρόσωπό του να τον σπρώξει λίγο πιο πέρα, αλλά την ίδια στιγμή αιφνιδιάζεται, διακορευόμενη άσπλαχνα με μια βίαιη κι απότομη κίνηση. Κατακτάται κυριολεκτικά, αιχμάλωτη απ’ το βάρος του, εγκλωβισμένη απ’ τα χέρια του, με τον ξαφνικό πόνο να τη διαπερνά, με την κραυγή της αγωνίας της να ξεφεύγει άθελα απ’ τα στήθια της, όσο αυτός αγκομαχώντας με τη δικιά του κραυγή του ξαφνικού πόθου του συνεχίζει επιτακτικά τη διείσδυση του αποφασιστικά μέχρι τέλους, για να μείνει κάποτες εκεί ακίνητος.

Η Ελεονώρα βλέπει τον εαυτό της εσταυρωμένο. Ο πόνος την έχει κατακλύσει παντού, θα μπορούσαν τα χέρια και τα πόδια της να είναι τώρα τρυπημένα απ’ τις σταυρόπροκες, το ίδιο δυνατός θα ήταν ο πόνος, έχει μαρμαρώσει απ’ την αγωνία, έχει κοπεί η ανάσα της κι έχει παραλύσει προσπαθώντας να διαχειριστεί τα κύματα της φρίκης που συσσωρεύονται μέσα της.

Αλλά δεν το προλαβαίνει ούτε αυτό. Ο Αρίστος αρχίζει να χτυποβολιέται πάνω της, να επιταχύνει την κίνησή του σκίζοντάς την, ξεγδέρνοντάς την, ξεσκίζοντας τις σάρκες της και ξεριζώνοντας το Είναι της. Βλέπει τον θάνατό της να κόβει βόλτες γύρω της, βλέπει το κορμί της να καίγεται στην πυρά, νιώθει τον λαιμό της να τον πνίγει η αγχόνη και την πύρινη ρομφαία να κατακαίει τα σωθικά της, όμως τότες ξάφνου όλα εξαφανίζονται...

Το βάρος φεύγει από πάνω της, το Είναι της αδειάζει απ' το παλούκωμα αφήνοντας πίσω του την ατέλειωτη κάψα, το αβάσταχτο τσούξιμο του γδαρσίματος μέσα της να την πλημμυρίζει ανεβαίνοντας μέχρι τους κροτάφους της, ενώ ο Αρίστος έχει πέσει σαν τσουβάλι πλάι της βαριανασαίνοντας σαν τραίνο που τραβάει την ανηφόρα. Δεν μπορεί να κινηθεί, μένει άκαμπτη σαν άγαλμα περιμένοντας να υποχωρήσει με την ώρα ο πόνος που έχει μεταμορφωθεί σε πυρά και τσούξιμο αβάσταχτο, μένει ακίνητη ενώ μια προσευχή ανεβαίνει στα χείλια της την ώρα που τα μάτια της πλημμυρίζουνε δάκρυα και το ροχαλητό του Αρίστου πλάι της αρχίζει σιγά σιγά να απλώνεται στο δωμάτιο...

Ο χρόνος όμως όλα τα γιατρεύει και η Ελεονώρα σε λίγο ηρεμεί. Ο πόνος υποχωρεί σιγά σιγά αφήνοντας πίσω του το κάψιμο σε όλο της το κορμί, μέσα κι έξω, σε επίπεδα όμως πλέον ανεκτά ώστε να μπορέσει να σηκωθεί. Δακρυσμένη ακόμα, νιώθοντας τραυματισμένη μετά από μάχη με δέκα λυσσασμένα σκυλιά, δαρμένη, μαστιγωμένη, παλουκωμένη, περπατάει προς την πόρτα κουτσαίνοντας και δακρύζοντας απ' τον πόνο και το τσούξιμο που επιμένουν. Μπαίνει στο μπάνιο και κλείνει την πόρτα απαλά. Γδύνεται απ' ό,τι έχει απομείνει πάνω της και μπαίνει στη μπανιέρα. Το ζεστό νερό της κάνει καλό, το αφήνει κλείνοντας τα μάτια της να τρέξει αρκετή ώρα πάνω της, ανακουφίζοντάς την απ' την αγωνία της.

Τελικά τα ξανανοίγει και κοιτάει το ταβάνι που φωτίζεται απαλά απ' τον ηλεκτρικό γλόμπο. Συνειδητοποιεί ότι κάπου εδώ τελείωσε η ερωτική της ζωή, πριν ακόμα καλά καλά αρχίσει, αφού διαγράφεται πλέον μπροστά της ολοκάθαρα το συζυγικό της μέλλον και η πορεία της σαν "υποδειγματικής" συζύγου, ίσως και μιας "παιδομηχανής". Ένας λυγμός αναβλύζει να την πνίξει, όμως τον συγκρατεί.

- «Δεν είσαι ούτε η πρώτη ούτε η τελευταία γυναίκα σε αυτήν την κατάσταση» παρηγορείται. «Η πλειοψηφία είναι έτσι, προορισμένες να είμαστε "καλές" σύζυγοι και μητέρες και να ικανοποιούμε όλες τις ανάγκες του άντρα μας και της οικογένειας. Ακόμα κι αν ο σύζυγος δεν είναι ιδιαίτερα, χμμμ, πώς να το πω; Ανταποδοτικός; Ευαίσθητος; Ευγενικός; Τέλος πάντων...»

***

Κάποτες η μέρα ξημερώνει ηλιόλουστη, αλλά η Ελεονώρα είναι σαν μόλις να δραπέτευσε απ' την Κόλαση. Ο Αρίστος σηκώνεται φρέσκος φρέσκος και πηγαίνει στο μπάνιο να καλλωπιστεί. Η Ελεονώρα τον κοιτάει απ' το κρεβάτι όπου ξαναξάπλωσε πλάι του, μην έχοντας όμως κλείσει μάτι όλη νύχτα. Νιώθει σαν τα μάτια της να βρίσκονται μέσα σε δυο σακούλες, τα μηνίγγια της να χτυπάνε ταμπούρλο και το τσούξιμο να την σουβλίζει σε κάθε της ανάσα.

Ο Αρίστος βγαίνει καλοξυρισμένος απ' το μπάνιο και την πλησιάζει στο κρεβάτι.

- Καλημέρα αγάπη μου, κοιμήθηκες καλά;

Σκύβει και της δίνει ένα φιλί στο στόμα. Τότε μόνο αντιλαμβάνεται την κατάστασή της.

- Τι έχεις, δεν κοιμήθηκες καλά;

Το βλέμμα του δείχνει στοργή και ανησυχία. Συνοφρυώνεται, ανησυχεί, ελέγχει το μέτωπό της για πυρετό.

- Δεν έχω τίποτα, απλά χρειάζομαι περισσότερο ύπνο...

- Έλα, ξάπλωσε και κοιμήσου όσο θέλεις! Δεν πειράζει, θα κάνω μόνος μου τον καφέ μου...

Σκύβει πάνω της και την ξαπλώνει απαλά. Ανοίγει το παράθυρο να μπει ο δροσερός πρωινός αέρας κι επιστρέφει να την σκεπάσει με την ελαφροκουβέρτα στοργικά. Κλείνει τις κουρτίνες για τα έντομα και ξαναγυρίζει να της τακτοποιήσει το μαξιλάρι. Τέλος κάθεται πλάι της στο κρεβάτι και παίρνει το ένα της χέρι στα δικά του.

- Κοιμήσου καλή μου, κοιμήσου να ξεκουραστείς. Είναι η συγκίνηση της πρώτης μέρας και η κούραση απ' το χθεσινό γλέντι. Εγώ θα πάω να δω τους εργάτες και θα γυρίσω κατά το μεσημέρι. Κοιμήσου μέχρι τότε...

Σκύβει και της δίνει ένα ακόμα απαλό φιλί στο στόμα. Η Ελεονώρα χαλαρώνει, δεν αντέχει άλλο την ένταση, αφήνεται να την κατακτήσει η κούραση και να την αποπλανήσει η υπνηλία της. Εγκαταλείπει το χέρι της μέσα στα δικά του, κλείνει τα μάτια της κι επιτέλους αποκοιμιέται άμεσα...

Έγγαμος, αγκαθόσπαρτος βίος

Μια βδομάδα έχει περάσει, η πρώτη βδομάδα του έγγαμου βίου τους. Η Ελεονώρα είναι ξύπνια απ' τις έξι, έτσι είναι το συνήθειο της χρόνια τώρα, δεν μπορεί να κάμει αλλιώς. Η ώρα έχει πάει ήδη εννιά, όμως το μεσημεριανό περιμένει κιόλας στο ψυγείο, έτοιμο για ψήσιμο όταν έρθει η ώρα του και τα ρούχα στο πλυντήριο γυρίζουν γύρω γύρω σαν τρελά κάνοντάς την να χαμογελάει έτσι που τα βλέπει μέσα απ' το γυάλινο φινιστρίνι. Ο κήπος πίσω είναι ποτισμένος κι οι κότες χορταίνουν ήδη το φύραμα. Έχει κάνει τα πρωινά ψώνια απ' το μπακάλικο και το φούρνο στην πλατεία και τώρα είναι απορροφημένη με το ξεβοτάνισμα των λουλουδιών της πίσω βεράντας, όσον ο νους της κάνει τη δικιά του ατιθάσευτη αναδρομή στις μέρες που επέρασαν και δεν ματαγυρνάνε πίσω.

Πρέπει να παραδεχτεί ότι ο άντρας της είναι ιδιαίτερα τρυφερός μαζί της. Την αγκαλιάζει συχνά, της χαϊδεύει τα μαλλιά και προσπαθεί να ικανοποιήσει όλα τα χατίρια της. Αυτά την ημέρα, γιατί τη νύχτα μεταμορφώνεται σε ένα αρσενικό ζώο που ψάχνει να ικανοποιήσει τις ορμές του. Η Ελεονώρα υποφέρει, αλλά φροντίζει όσο γίνεται να μην το δείχνει. Κάποιες κραυγές πόνου τις καταπνίγει, κάποιες της ξεφεύγουν, άλλοτε δεν μπορεί να πάρει ανάσα κι άλλοτε νομίζει πως την οργώνει ένα τρακτέρ. Ευτυχώς οι συνευρέσεις τους δεν κρατάνε πολύ, μερικά λίγα λεπτά όλα κι όλα, μερικά αιώνια λεπτά που συμπυκνώνουν όλην την ένταση του μαρτυρίου της...

Είναι ερεθισμένη εκεί κάτω. Εδώ και μέρες ένας ενοχλητικός ερεθισμός όλο και απλώνεται, ένα τσούξιμο σαν την πρώτη φορά επανέρχεται επίμονα δυσκολεύοντας την καθημερινότητά της. Δεν ξέρει πώς να το αντιμετωπίσει, χρησιμοποιεί κάτι κρέμες αλλά δεν φαίνεται να είναι οι σωστές και δεν ξέρει πού να αναζητήσει συμβουλή. Το χέρι της έχει σταματήσει αιωρούμενο πάνω απ' τις βιολέτες, όταν ένας ήχος την βγάζει απ' τον λογισμό της, ακούει τον Αρίστο να βγαίνει απ' το μπάνιο. Πρέπει να ετοιμάσει τον καφέ του, το πρωινό του τον περιμένει ήδη. Φρέσκο αυγό απ' το κοτέτσι, ελιές και ντομάτες απ' τον κήπο, τυρί απ' τις κατσίκες του γείτονα και φρέσκο πρωινό ψωμί απ' τον φούρνο του Αγάθωνα, του γερο-φούρναρη που λες και γεννήθηκε μαζί με το χωριό.

Μπαίνει στην κουζίνα λίγο πριν εμφανιστεί ο Αρίστος. Αυτός την πλησιάζει και την φιλάει στα χείλια.

- Πώς είναι σήμερα η αγάπη μου; Κοιμήθηκες καλά;

- Μια χαρά! Και σένα ξεκούραστο σε βλέπω!

- Πλάι σου ξεκουράζομαι σαν πουλάκι!

Κάθεται στο τραπέζι κι αρχίζει να απολαμβάνει το πρωινό του λαίμαργα. Της χαμογελάει γι' ανταμοιβή, του αρέσει που τον φροντίζει. Και η Ελεονώρα χαμογελάει, της αρέσει να τον βλέπει ευχαριστημένο. Κάθεται απέναντί του.

- Τί λες να κάνεις σήμερα;

- Θα ξαναπάω στο λαδαριό. Θέλω να δω αν έλυσαν το πρόβλημα με την καινούρια πρέσα που κόλλησε χθες στη δοκιμή. Τόσα λεφτά δώσαμε και πλησιάζει Πάσχα. Πρέπει να την ετοιμάσουμε για του χρόνου και να κλείσουμε επιτέλους!...

- Βρε Αρίστο, εννιά η ώρα έχει πάει! Δεν θα 'πρεπε να 'σαι απ' το πρωί εκεί;

- Μπα! Άσε καλύτερα να προχωρήσουν τη δουλειά και να πάω μετά να δω τι κάνανε...

Η αλήθεια είναι ότι ο Αρίστος προσπαθεί φιλότιμα να τηρήσει αυτά που υποσχέθηκε στον εαυτό του. Πηγαίνει καθημερινά τις γύρες του, μια στα χωράφια, μια στον ελαιώνα, μια στο λαδαριό, μια στα θερμοκήπια, αλλά και όπου αλλού χρειάζεται. Όμως το πρωινό ξύπνημα δεν του βγαίνει. Μαχμουρλής από παιδί, δεν μπορεί τώρα πια να αλλάξει, δεν το πολεμάει καν.

Η Ελεονώρα του ψήνει τον καφέ του. Κάθεται πλάι του.

- Αρίστο, θέλω κάτι να σου πω, αλλά ντρέπομαι...

- Έλα βρε που ντρέπεσαι! Τί είναι;

- Να, για τα βράδια μας. Ξέρεις...

Κομπιάζει. Τον κοιτάει στα μάτια του που την αντικοιτούν.

- *«Με καταλαβαίνει άραγε;»*

- Ε, τί έχουν τα βράδια μας;

- *«Όχι, δεν καταλαβαίνει τίποτα...»*

Αναστενάζει.

- Άσε, τίποτα, δεν πειράζει!

Της χαμογελάει γλυκά και παίρνει να διαβάσει την εφημερίδα που έχει αγοράσει το πρωί η Ελεονώρα του. Αυτή σηκώνεται κι αρχίζει να μαζεύει τα πιατικά. Ο Αρίστος ρίχνει μια βαριεστημένη ματιά στην εφημερίδα, δεν υπάρχει τίποτα ενδιαφέρον σήμερα. Σηκώνεται, την πλησιάζει από πίσω και την αγκαλιάζει τρυφερά. Της αρέσει αυτή η αίσθηση, αλλά σαν να της αφήνει πάντα ένα κάποιο κενό.

- *«Δεν θά 'πρεπε να νιώθω κάποιο πάθος, μια ταραχή όταν ο άντρας μου με πλησιάζει; Γιατί δεν έχω τέτοια συναισθήματα; Ίσως έρθουν με το πέρασμα του χρόνου, ποιος ξέρει...»*

Της χαϊδεύει τα μαλλιά.

- Θα τα πούμε το μεσημέρι αγάπη μου! Γειά σου για την ώρα!

Εξαφανίζεται, αλαφροπερπατώντας θα 'λεγε κανείς. Μένει με τα χέρια στηριγμένα στον πάγκο της κουζίνας αγναντεύοντας αφηρημένα απ' το παραθύρι τον απέραντο ελαιώνα, σφίγγοντας τα πόδια της να ξορκίσει το τσούξιμο που την ταλαιπωρεί. Την αιφνιδιάζει η φωνή πίσω της.

- Καλημέρα! Είδα τον Αρίστο να φεύγ...

Στρέφεται. Είναι η Ελβίρα που έχει μαρμαρώσει βλέποντάς την να σφίγγεται. Την πλησιάζει σβέλτα και την πιάνει απαλά απ' το χέρι.

- Έλα εδώ, κάθισε...

Την οδηγεί να καθίσει στο τραπέζι, εκεί που καθόταν πριν λίγο ο άντρας της.

- Σε τσούζει;

Ντρέπεται να απαντήσει, κοκκινίζει, αλλά γνέφει καταφατικά.

- Μην ντρέπεσαι Ελεονώρα! Όλες οι γυναίκες έχουμε αυτήν την κοινή μοίρα! Έλα, σήκω και ντύσου, θα πάμε στη Χαρίκλεια!

Η Ελεονώρα σηκώνει τα φρύδια της. Ούτε που της πέρασε ποτέ απ' το μυαλό! Η Χαρίκλεια είναι η μαμή του χωριού, ο κατάλληλος άνθρωπος! Η Ελβίρα σκύβει και της ψιθυρίζει στ' αυτί.

- Είναι η παγκόσμια συνομωσία των γυναικών, αυτά είναι τα μυστικά μας και η Χαρίκλεια είναι ο γιατρός μας. Κάτι πρέπει να κάνουμε κι εμείς οι γυναίκες με τους άντρες μας που δεν καταλαβαίνουν τίποτα, έτσι δεν είναι; Ησύχασε, δεν είσαι μόνη σου, όλες το ίδιο περάσαμε! Η Χαρίκλεια θα σου ετοιμάσει τα βότανα να ανακουφιστείς και θα σου δώσει και τις αλοιφές που πρέπει να χρησιμοποιείς από πριν. Τί χαζή που είμαι! Πώς το ξέχασα να σε πάω πριν το γάμο σου!...

***

Έχει περάσει πια σχεδόν ένας χρόνος. Η Ελεονώρα έχει συνηθίσει την έγγαμη ζωή, τόσο που η μονοτονία έχει αρχίσει να της προκαλεί ανία. Είναι σούρουπο κι ο Αρίστος λείπει, έχει πάει όπως κάθε βράδυ στο καφενείο και η Ελεονώρα κάθεται μπροστά στο παράθυρό της ατενίζοντας έξω το χειμωνιάτικο, μουντό τοπίο. Είναι Φλεβάρης, όπου να 'ναι θα ανθίσουνε οι κερασιές σημαίνοντας τον ερχομό της άνοιξης. Το δωμάτιο είναι ζεστό, η σόμπα πετρελαίου θερμαίνει καλά. Απ' το καλοκαίρι έχει ανοίξει ένα βενζινάδικο στην είσοδο του χωριού φέρνοντας το πετρέλαιο και τις σόμπες μέσα στα σπίτια του χωριού εκτοπίζοντας τις ξυλόσομπες και την καπνίλα τους, αμέσως μετά την ασφαλτόστρωση του δρόμου που πηγαίνει στη Χώρα, πράγμα που έκανε κι άλλους στο χωριό να αγοράσουν αυτοκίνητα.

Το μυαλό της πλανεύεται στο σούρουπο πετώντας θαρρείς πάνω απ' τα σπίτια. Πηγαίνει σπάνια στα διάφορα αυτά κονάκια όπου μαζεύονται τα βράδια οι γυναίκες και κουτσομπολεύουν τα δικά τους. Σαν νεαρή γυναίκα τις χρειάζεται αυτές τις γυναικοπαρέες, αλλά το ίδιο αγαπάει να μένει και μόνη της. Όταν τα συζητούσανε με τον Χαράλαμπο φαντάζονταν ότι σαν νιόπαντρη θα είχε πλάι της τον άντρα της να τα κουτσολένε, να χαζογελάνε και να μοιράζονται τις έγνοιες και την οικογενειακή θαλπωρή. Όμως τί τα θέλεις; Ο άνθρωπος όπως μάθει πορεύεται, η Ελεονώρα έχει μάθει να βάζει τις δικές της ανάγκες σε δεύτερη μοίρα και να δέχεται τους άλλους όπως είναι.

Δεν είναι όμως τόσο μόνη, έχει ένα βιβλίο στα γόνατά της. Είναι ένα βιβλίο της ανθρώπινης ανατομίας που παρακάλεσε τον Χαράλαμπο να της το φέρει απ' τη βιβλιοθήκη της εκκλησίας. Από καιρό, από τότε που τέλειωσε το σχολείο, της κίνησαν το ενδιαφέρον διάφορα ιατρικά θέματα, αλλά ποτέ δεν το παραδέχτηκε ανοιχτά. Αναρωτιέται τώρα μήπως θα 'τανε τάχατις καλύτερη η ζωή της να ζητήσει απ' τον πατέρα της να σπουδάσει αντί να μπλέξει με τον ανιαρό αυτό γάμο. Αναγνωρίζει ότι ο παπα-Χρυσάφης δεν είχε τα μέσα να την σπουδάξει, αλλά κι αυτή εδείλιασε να φύγει απ' το χωριό και να πάει στην Πρωτεύουσα, μόνη της, χωρίς γνωστούς και χωρίς κάποιο έρεισμα. Ο γάμος της λοιπόν φάνταζε και φαντάζει ακόμα μονόδρομος...

Χμ, ο γάμος της. Δεν είναι σίγουρη αν τα πράγματα διορθώθηκαν στο μεταξύ ή πάνε χειρότερα. Τα βράδια της είναι ήρεμα. Με τη βοήθεια της Χαρίκλειας και με τα γιατροσόφια της κατάφερε να ξεπεράσει τα προβλήματα που είχε στην αρχή. Για να πούμε την αλήθεια, έχουν γίνει πια εξαιρετικά σπάνιες οι επαφές τους, ίσως μια φορά την εβδομάδα, ίσως και καθόλου. Ο Αρίστος δεν είναι πια τόσο ορμητικός όσο στην αρχή και η Ελεονώρα αναρωτιέται αν έτσι, συμβατικά, ζουν όλα τα ζευγάρια. Κάτι μέσα της φωνάζει ότι η γυναικεία φύση της έχει κάποιες περισσότερες ανάγκες στον τομέα αυτόν, αλλά δεν μπορεί να το ξεκαθαρίσει. Ώρες ώρες νιώθει μια περίεργη ταραχή, μια κάψα να την κατακλύζει, μια γλυκιά ζαλάδα σαν προάγγελο ενός συναισθήματος που προεικάζει ότι θα την οδηγήσει σε κάτι τρομερό αν το αφήσει να την κατακτήσει. Πετιέται τότε πάνω και βγαίνει στον κήπο να ξεβοτανίσει, μια ασχολία που την κάνει πάντα να ξεχνιέται, αλλά ως πότε μπορεί ο άνθρωπος να παραπλανεί τη φύση του; Το θέμα όμως είναι ότι δεν έχει κανέναν να μιλήσει γι' αυτά της τα συναισθήματα. Ούτε καν την Ελβίρα με την οποία ήρθαν πιο κοντά με αφορμή εκείνη την πρώτη περίοδο του γάμου της, πλην όμως τα θέματα αυτά δεν τόλμησε ποτέ της να τα θίξει, αν και μάλλον υποψιάζεται ότι η Ελβίρα θα ήταν ανοιχτή σε κάποια τέτοια συζήτηση. Εδείλιασε και συμβιβάστηκε να ζει στο πέπλο της ανικανοποίητης και ακαθόριστης ομίχλης της συμβατικότητας. Στον Αρίστο δεν μπορεί να υπολογίζει. Εδώ δεν καταλαβαίνει ότι η νεαρή γυναίκα του έχει ανάγκη από χάδια και επαφή. Παραμένει τρυφερός μαζί της, αλλά η Ελεονώρα αντιλαμβάνεται την επιφανειακή αυτή έκφραση τρυφερότητας σαν να ασχολείται με το σκυλάκι του μάλλον, παρά με τη γυναίκα του.

Απ' τη μεριά του αυτός προτιμάει να περνάει τα βράδια του στο καφενείο παίζοντας χαρτιά με τους φίλους του παρά να πλήττει με τη γυναίκα του. Ο ίδιος αναρωτιέται πολλές φορές πού πήγε ο αρχικός του έρωτας για την Ελεονώρα και γιατί τώρα πλήττει μαζί της. Απάντηση δεν μπορεί να δώσει, αλλά δεν κάθεται να το σκεφτεί και πολύ. Σχεδόν την ίδια εποχή, η Ελεονώρα ανακαλύπτει κι αυτή ότι δεν έχει και πολλά να πει με τον άντρα της. Αυτό είναι κάτι που την αιφνιδιάζει. Όταν είπε το "ναι" φαντάζονταν ότι θα πέρναγαν ατέλειωτες ώρες μαζί και θα 'πρεπε να έχουν κοινά ενδιαφέροντα και κοινά θέματα για συζήτηση. Να όμως που η πραγματικότητα είναι αμείλικτη, όσο ανύπαρκτα είναι και τα κοινά ενδιαφέροντα, με αποτέλεσμα οι δυο νεόνυμφοι να απομακρυνθούν και να αποξενωθούν μετά από έναν μόλις χρόνο γάμου!

Όσο για το άλλο μεγάλο θέμα, της συνεύρεσης, αποφασίζει να το θάψει μέσα της. Οι σπάνιες επαφές τους που διαρκούν κάτι λίγα λεπτά, δεν την ενδιαφέρουν, δεν την κάνουν να νιώθει τίποτα και δεν τις έχει με κανέναν τρόπο ανάγκη. Δεν μπορεί ούτε καν να φανταστεί ότι οι άλλες γυναίκες νιώθουν κάτι διαφορετικό, οπότε καταλήγει στο συμπέρασμα ότι ο γάμος, στο σημείο αυτό, ενδιαφέρει μόνο τον άντρα και η επαφή υπάρχει μόνο για τη δική του εκτόνωση.

Όμως κάτι ακόμα την τρώει. Μετά από έναν χρόνο, δεν έχει μείνει ακόμα έγκυος. Το θέμα αυτό το έθιξε πρώτη η Ελβίρα ρωτώντας την μια μέρα. Η Ελεονώρα περιορίστηκε σε ένα ξερό ''όχι!", κόβοντας τη διάθεση της άλλης για συζήτηση και χάνοντας για μια ακόμα φορά την ευκαιρία να εξομολογηθεί στον μόνο άνθρωπο που θα μπορούσε να συζητήσει μαζί του τις ενδόμυχες σκέψεις της, ότι εδώ πέρα, κάτι ακόμα, κάτι παραπάνω, κάτι διαφορετικό, κάτι - ποιος ξέρει; - ίσως και συναρπαστικό μπορεί να κρύβεται, κάτι τέλος πάντων που της ξεφεύγει σαν φάντασμα που την στοιχειώνει και κάνει την καρδιά της να τρεμοπαίζει και κάποιες πεταλούδες να σκιρτούν συχνά πυκνά, αλλά για ελάχιστες – φευ! – στιγμές εκεί στην κοιλιά της...

Όμως το θέμα της εγκυμοσύνης αρχίζει να την απασχολεί εντατικότερα από τότε που ένα μεσημέρι μετά το τέλος της λειτουργίας την ρώτησαν κι άλλες γυναίκες πότε με το καλό υπολογίζει τον διάδοχο. Ένιωσε τότε σαν παρακατιανή πληβεία κι εκείνην ακριβώς τη στιγμή αποφάσισε να μιλήσει στον Αρίστο.

Το μεσημέρι στο τραπέζι ανοίγει τη συζήτηση, μπαίνοντας κατ' ευθείαν στο θέμα.

- Αρίστο, καλέ μου, έχεις παρατηρήσει ότι ακόμα δεν έχω μείνει έγκυος;

Ο Αρίστος μένει με το πιρούνι στον αέρα. Όχι, δεν του έχει περάσει απ' το μυαλό, δεν έχει καν σκεφτεί μια τέτοια εξέλιξη. Μένει να την κοιτάει μόνο, δεν ξέρει τι να πει.

- Νομίζω ότι θα 'πρεπε να ρωτήσουμε κάποιον ειδικό, λέει αυτή αντικοιτώντας τον στα μάτια.

Ο Αρίστος ξεροκαταπίνει τη μπουκιά του.

- Δηλαδή σαν τι ειδικό;

- *«Αυτό βρήκε να πει; Εκεί εντοπίζει το πρόβλημα, στον ειδικό;»*

- Έναν γιατρό εννοώ, τι άλλο;

Μένει για λίγο σκεφτικός. Τελικά ψιθυρίζει.

- Εννοείς ότι ίσως να μην μπορείς να κάνεις παιδιά;

Μένει με τα φρύδια σηκωμένα να τον κοιτάει για λίγες στιγμές.

- Ας μην βιαζόμαστε. Για την ώρα να ρωτήσουμε κάποιον που ξέρει καλύτερα. Συμφωνείς;

- Εντάξει! Να πάμε αύριο στη Χώρα στον γυναικολόγο σου;

Τον κοιτάει ακόμα έντονα, αλλά τελικά λέει ξεψυχισμένα, μάλλον για να τελειώνει τη συζήτηση.

- Εντάξει. Αύριο λοιπόν!

***

Ο σεβάσμιος ιατρός κ. Ιάκωβος τους καλοδέχεται με ένα πλατύ χαμόγελο.

- Καλώς ήρθατε! Ο πατέρας σας, ο Βρασίδας είναι γνωστός μου, συνεργάζεται με τον γιό μου που προμηθεύει με έλαια τους καλύτερους εμπόρους της Πρωτεύουσας. Εσάς όμως δεν έτυχε να σας γνωρίσω! Κι εσείς γοητευτική κυρία, καλώς ήρθατε στο ιατρείο μου, έστω και καθυστερημένα. Τι ακριβώς σας βασανίζει;

- Καλώς σας βρήκαμε γιατρέ! βιάζεται να πάρει τον λόγο ο Αρίστος. Να, η γυναίκα μου η Ελεονώρα αντιμετωπίζει κάποιο πρόβλημα. Δεν μπορεί να συλλάβει!

- Χμ, σε τέτοιες περιπτώσεις δεν μπορούμε να δώσουμε αμέσως απάντηση! Θα πρέπει να κάνουμε πρώτα κάποιες εξετάσεις. Και στους δυο σας...

- Εμένα γιατί; Η Ελεονώρα έχει το πρόβλημα, λέει ο Αρίστος παίρνοντάς την στοργικά αγκαλιά.

- Στα προβλήματα γονιμότητας εξετάζουμε και τους δυο συζύγους για να μπορούμε να συνδυάσουμε τα δεδομένα. Υπάρχουν πολλές παράμετροι που πρέπει να ληφθούν υπόψιν...

Έτσι λοιπόν ο Αρίστος και η Ελεονώρα ξεκίνησαν τα πηγαινέλα στη Χώρα. Η υπόθεση κρατάει κοντά έναν μήνα με εξετάσεις και κόντρα εξετάσεις μέχρις που ο κ. Ιάκωβος τους καλεί τελικά για τα αποτελέσματα στο ιατρείο του.

Τον κοιτάνε έντονα με τα χέρια τους σφιχτοδεμένα, με την ελπίδα της ευόδωσης και την κατάρα της αγωνίας στα μάτια τους. Όμως ο γιατρός χαμογελάει.

- Το καλό νέο, λέει, είναι ότι δεν έχουμε τίποτα παθολογικό. Κανείς σας δεν είναι άρρωστος, το αντίθετο μάλιστα, είσαστε και οι δυο υγιέστατοι!

Ένας στεναγμός ανακούφισης και χαμόγελα.

- Τότε;

- Όλα δείχνουν ότι υπάρχει ένας μάλλον κληρονομικός παράγοντας σε σας κύριε Αρίστο. Ανακαλύψαμε αρκετά αντισπερμικά αντισώματα που εμποδίζουν το σπέρμα να κάνει σωστά τη δουλειά του...

Ο Αρίστος δεν πιστεύει στ' αυτιά του. Ποτέ δεν του πέρασε κάτι τέτοιο απ' το μυαλό! Είναι υγιέστατος, το είπε άλλωστε μόλις τώρα ο ίδιος!

- Πώς είπατε;

- Μην ανησυχείτε, δεν είναι κάτι σοβαρό! Θα ακολουθήσουμε μιαν ήπια προσέγγιση με προσεγμένη δίαιτα και συμπληρώματα διατροφής για να δυναμώσουμε το σπέρμα σας. Είναι απλά θέμα χρόνου η σύλληψη. Αλλά μου κάνει εντύπωση, τα νεαρά ζευγάρια δεν αντιμετωπίζουν συχνά αυτό το πρόβλημα, καθώς η συχνή επαφή το ξεπερνάει από μόνη της. Θα σας συμβούλευα να αυξήσετε λοιπόν τη συχνότητα της προσπάθειάς σας!

Η Ελεονώρα στρέφει το κεφάλι της ελαφρά στο πλάι προσπαθώντας να κρύψει το αδιόρατο χαμόγελό της. Ανακάθεται ζωηρά στον καναπέ αγκαλιάζοντας τον άντρα της.

- Μην ανησυχείτε γιατρέ, αφού είναι τόσο απλό το πρόβλημα, θα το ξεπεράσουμε. Έτσι δεν είναι Αρίστο μου;

Ψαράδες

Τον Μάρτη έχει ακόμα κρύο στο νησί. "Μάρτης, γδάρτης και κακός παλουκοκάφτης" λέει ο λαός, ο σοφός λαός που όλα τα ξέρει, και τα κατέχει μάλιστα τόσο καλά, που αναγκάζεται να κάψει ακόμα και τα παλούκια του φράχτη του για να ζεσταθεί.

Μέσα στο μουντό πρωτοχάραγμα, τυλιγμένες στην πρωινή αχλή, τρεις θολές φιγούρες, δυο άντρες κι ένας φορτωμένος γάιδαρος, αργοανηφορίζουν απ' τη Σκάλα προς το χωριό. Ο δρόμος δεν είναι μακρύς, όμως ο Σάββας ο ψαράς με τον βοηθό του τον Μιχάλη πάσχιζαν ολονυχτίς με την άπιστη τη θάλασσα και τώρα εύχονται να μπορούσε ο ήλιος ο ζωοδότης να σκίσει λίγο νωρίτερα την καταχνιά και να τους θερμοφιλήσει με τη ζεστή του ανάσα. Όμως ο Ήλιος παλεύει ακόμα φιλότιμα να σκορπίσει το πούσι, τι να σου κάνει κι αυτός ο άμοιρος, έχει τόσους Κόσμους να φωτίσει!

Ο Σάββας είναι καμιά πενηνταριά, ψημένος θαλασσινός, δυνατός σαν ταύρος με αλατοσκαμμένο πρόσωπο, άγριο μούσι, ήμερη καρδιά και χαμογελαστή, πρόσχαρη όψη. Δεν χαλάει τη ζαχαρένια του, δεν χάνει την ψυχραιμία του ποτές, αν το πάθει κάποτες στη θάλασσα, χάθηκε, δεν αστειεύεται η Μέγαιρα! Περπατάει μπροστά με αργό, σίγουρο βήμα, προσαρμοσμένο στο άμοιρο το ζωντανό που κουβαλάει την ψαριά τους ούλη, το απαύγασμα των κόπων τους, το μεροκάματο. Τελευταίος πηγαίνει ο Μιχάλης προσέχοντας μην και χυθεί κάτιτις από κάνα στραβοπάτημα του ζώου. Πολύτιμα είναι όλα, βγαλμένα με κόπο απ' τα σπλάχνα της Μέγαιρας για να γεμόσουν τα σπλάχνα του κοσμάκη που τα ορέγεται, και τις δικές τους τσέπες με κάμποσα τάλαρα, παρέχοντάς τους τη φευγαλέα ψευδαίσθηση του πλούτου για μια μέρα.

Φτάνουν κάποτες στη μικρή πλατεία του χωριού όπου στήνουν σβέλτα την ψαριέρα τους με την πολύχρωμη τέντα, να τη βλέπουν από μακριά οι χωριανοί να 'ρθουν να ψωνίσουν. Δεν αργούν οι πρώτοι να καταφτάσουν, το ψάρι είναι πάντα ευπρόσδεκτο και νοστιμεύει τη ζωή τους. Ο Σάββας διαλαλεί την πραμάτεια με τη στεντόρεια φωνή του, ζυγίζοντας προσεκτικά τα ψάρια και τα άλλα θαλασσινά που ακόμα αργοσαλεύουν στις κασέλες, όσο ο Μιχάλης πακετάρει προσεκτικά το εμπόρευμα και το δίνει χαμογελαστός στους πελάτες. Νεαρός και γεροδεμένος, εικοσιοκτώ χρονώ, έχει αρχίσει να ψήνεται κι αυτός απ' την αρμύρα που σμιλεύει όλα τα κορμιά που τολμάνε να αντιπαρατεθούν στην υγρή δαιμόνισσα. Όμορφος απ' τη φύση του, με λαμπερά μάτια και βοστρυχωτά κατάμαυρα μαλλιά, ψηλή κορμοστασιά και δυνατούς μυώνες που φαίνονται απ' τα ανασηκωμένα του μανίκια χειμώνα καλοκαίρι, προκαλώντας ακόμα και τις ώριμες κυράδες να αποτολμήσουν ένα φευγαλέο άγγιγμα συνοδευόμενο από κάποιο δειλό καλαμπούρι ή ένα ξεψυχισμένο ευχαριστώ. Ο Μιχάλης, πάντα ευγενικός, τους εξυπηρετεί όλους με το νου του πλανώμενον αλλού, αναλογιζόμενος την ώρα που θα τα μαζέψουν για να επιστρέψουν στη χώρα να ξεπουλήσουν τα υπόλοιπα και να πάνε σπίτια τους να αποκάμουν για τον αυριανό κάματο.

Άξαφνου μια φλόγα πεταρίζει μπροστά στα μάτια του. Κοκκινόπυρες ανταύγειες χορεύουν και χάνονται, εξαφανίζονται μαγικά καθώς αυτός προσπαθεί να τις ακολουθήσει μαγεμένος απ' τον χορό τους, σηκώνοντας τα μάτια του απ' τον πάγκο, βγαίνοντας παράλληλα απ' την ονειροπόλησή του. Τις βλέπει να χάνονται, να απορροφώνται στη μαύρη τρύπα που τις καταπίνει σπρωγμένες εκεί μέσα από μια αιθέρια κίνηση. Ένα χέρι, ένα λεπτεπίλεπτο χεράκι εμφανίζεται χορεύοντας μαγικά όσο αυτές εξαφανίζονται περιμαζευόμενες μέσα στην κουκούλα. Ξαφνιασμένος ανασηκώνει το βλέμμα. Δυο τεράστια γαλαζοπράσινα μάτια τον αντιθωρούν ενώ πιο κάτω πιάνει με την άκρη του ματιού του ένα αδιόρατο χαμόγελο.

- Συγγνώμη! Τα μαλλιά μου δεν θα έπρεπε να πέσουν στον πάγκο σας, αλλά είναι πολύ ατίθασα! Πάλι συγγνώμη!

Ο Μιχάλης μένει ακίνητος, μαγνητισμένος απ' αυτό το όμορφο πρόσωπο. Αλαβάστρινο δέρμα, λεπτή μυτούλα, όμορφα χειλάκια περικυκλωμένα απ' τη μαύρη κουκούλα που καταχωνιάζει τα κάλλη της. Ναι, έχει κατακόκκινα μαλλιά που δεν φαίνονταν τόσον καιρό! Είναι η νεαρή πελάτισσα με τα όμορφα μάτια που έρχεται κοντά έναν χρόνο τώρα, πάντα καλυμμένη κάτω από σεμνά ρούχα και τυλιγμένη ανάλογα με την εποχή με ένα μαντήλι ή μια κουκούλα για το κρύο, όπως σήμερα. Πρώτη φορά όμως τυχαίνει να δει το προσωπάκι της από κοντά, τόσο κοντά ώστε να το ερωτευθεί κεραυνοβόλα. Παραμένει ακίνητος, άλαλος, ένα άγαλμα με χέρια γεμάτα ψαρολέπια.

- Εμμμ, μήπως να μου πακετάρετε τα ψάρια; Ο κύριος Σάββας τα ζύγισε ήδη!

Κακό πράγμα να ξυπνάς απ' το παραμυθένιο όνειρο. Κακό πράγμα να σε χτυπάει το βέλος. Η σακούλα σκίζεται και τα ψάρια ξαναπέφτουν στον πάγκο. Ο Μιχάλης μουρμουρίζει μια "ζυγκνώμη" και προσπαθεί να τα πιάσει, αλλά οι κολιοί έχουν μεταμορφωθεί σε χέλια που ξεγλιστράνε μέσα απ' τα δάχτυλα. Ξαναπροσπαθεί, αλλά πάλι εις μάτην, αυτήν τη φορά τα ψάρια γίνονται βαρίδια που του πέφτουν κάτω, στο έδαφος...

Πνιχτό γελάκι, το αλαβάστρινο χεράκι σηκώνεται για να σκεπάσει τα χειλάκια. Ο Μιχάλης σκύβει τρέμοντας κάτω απ' τον πάγκο να συμμαζέψει τα ασυμμάζευτα, όσο ο Σάββας κοιτάει περίεργα προς το μέρος του. Τα ψάρια όμως έχουν γίνει τώρα εκατόχρονες χελώνες, ασήκωτα, παραμένουν κολλημένα στο χώμα.

Μια σκιά, ένα κουκουλωμένο αερικό σκύβει απ' την άλλη μεριά.

- Δεν έπρεπε να γελάσω με την ταραχή σας, συγγνώμη, μου ξέφυγε! Αφήστε με να σας βοηθήσω!

Σηκώνει πάλι τα μάτια του, σύγχρονα με αυτήν που ανταποδίδει. Όμως τώρα είναι κοντά, πάρα πολύ κοντά, ο νέος και η νέα σχεδόν ακουμπάνε τις μύτες τους και η ατμόσφαιρα σοβαρεύει ξαφνικά. Κοιτιούνται αμίλητοι για έναν αιώνα, δροσερά βαρύς νεανικός αέρας τους κυκλώνει, αιθέρας ανομολόγητος κι αόριστα αισθησιακός διαχέεται διαποτίζοντας τα δυο αγάλματα που αναμετρώνται διεισδύοντας ο ένας στα μάτια του άλλου, όσο το γυμνό αγγελάκι με το τόξο στο χέρι εμφανίζεται πεταρίζοντας ανάμεσό τους...

Η κοπέλα τινάζεται πρώτη όρθια με τα ψάρια στα χέρια, τα αφήνει στον πάγκο σκεπάζοντας σβέλτα το πρόσωπό της με το σάλι, μόνο τα μάτια της μένουν ολάνοιχτα, ερευνητικά καρφωμένα στον Μιχάλη που σηκώνεται απ' την άλλη μεριά με τα υπόλοιπα ψάρια στα τρεμάμενα χέρια του. Ψιλοδαγκωνόμενος καταφέρνει αυτήν τη φορά να τα πακετάρει και να τα τείνει προς αυτήν που τα παίρνει χωρίς άλλη κουβέντα για να εξαφανιστεί αέρινα μέσα στην πρωινή αντιφεγγιά που επιτέλους κατανικά το σκοτάδι και το ψύχος, όσο η καμπάνα της εκκλησιάς σημαίνει επιτακτικά, καλώντας τον κόσμο στον ναό...

***

Η Ελεονώρα αφήνει βιαστικά τα ψάρια στην κουζίνα του παπα-Χρυσάφη. Ο άντρας της θα λείψει όλη μέρα για δουλειές στη Χώρα και η Ελεονώρα αποφάσισε να μαγειρέψει σήμερα στον πατέρα της για να φάνε μαζί. Έχει ακόμα χρόνο, προλαβαίνει πρώτα να περάσει απ' την εκκλησία όπου ο παπα-Χρυσάφης έχει ήδη αρχίσει με τον όρθρο. Όμως είναι μόνο με το σώμα της εκεί στον κατανυκτικό κόσμο της λατρείας. Το πνεύμα φεύγει απ' το κορμί, πλανιέται πάνω απ' τον μάταιο αυτόν κόσμο, χύνεται προς τη θάλασσα την πλανεύτρα, ταξιδεύει στα νοτισμένα χώματα ανασαίνοντας τη γήινη μυρωδιά τους, πεταρίζει στον απέραντο ουρανό, βουρλίζεται κεί ανάμεσα στα σύννεφα που λες και την κοροϊδεύουν σχηματίζοντας μια στιβαρή φιγούρα, μια φιγούρα θαλασσινή, νεανική, τη φιγούρα ενός νεαρού ψαρά. Ενοχλημένη η Ελεονώρα αναπετιέται για να συνέρθει, πεταρίζει τα βλέφαρα, τρίβει τα μάγουλά της ξαναμαζεύοντας την άτακτη κι ατίθαση ψυχή, προσπαθώντας να την ξαναστρέψει προς τη λειτουργία. Η φιγούρα του πατέρα της εκεί μπροστά, απορροφημένου στο θείο έργο του, την μαγεύει, αλλά, για δες εκεί ένα θαύμα! Στο πανέρι που κρατάει αντί για αντίδωρα έχει τώρα μέσα ψάρια, ενώ η κεφαλή του είναι κι αυτή ακάλυπτη, πλαισιωμένη απ' τους κατάμαυρους βόστρυχους του θαλασσινού έρωτα!

Πετιέται επάνω. Μπορεί να είναι αμαρτία, αλλά δεν μπορεί αλλιώς, πρέπει να βγει απ' τον ναό. Κάθεται για λίγο στο παγκάκι πλάι στον πέτρινο φράκτη, κάτω απ' τα λιόδεντρα που κοσμούν ακόμα και την αυλή της εκκλησίας. Δεν ξέρει τι της συμβαίνει. Είναι γεμάτη απ' τις άδειες σκέψεις της, το κεφάλι της βουίζει, σαν απ' το κενό της φαίνεται. Μορφές διαδέχονται η μια την άλλη, μορφές ακαθόριστες που χύνονται σαν το μέλι απ' το κουτάλι και μπερδεύονται μεσ' την ομίχλη σε τοπία κι εικόνες άστοχες, πλασματικές, μια εκκλησία που λυγίζει κάτω απ' τον ήχο της καμπάνας της, μια βάρκα που πλέει ισορροπώντας πάνω τη ράχη του ψαριού που μόλις ψάρεψε...

Ξαναπετιέται όρθια, σηκώνει το βλέμμα προς τον ουρανό, σηκώνει παράλληλα το χέρι και τρίβει τον λαιμό της. Ασυναίσθητα τον σφίγγει. Έτσι είναι ο πνιγμός; Σφίγγει λίγο ακόμα, τα δάχτυλα θα αφήσουν σίγουρα σημάδια!

- *«Γιατί μου αρέσει; Γιατί αρέσει στους ανθρώπους ο αυτοβασανισμός; Γιατί αυτή η γλυκιά αγωνία, γιατί αυτή η ανεπιθύμητη έλξη, γιατί όλες οι ηδονικά οδυνηρές ερωτήσεις;»*

Βγαίνει απ' το προαύλιο, το βήμα της ταχύ. Όσο πλησιάζει προς το σπίτι επιταχύνει, φτάνει τρέχοντας στη βαριά ξύλινη αυλόπορτα για να την ξεκλειδώσει με το παλιό σιδερένιο κλειδί και να ορμήξει στο δρομάκι της αυλής σαν άνεμος. Εφοδεύει στο σπίτι διατρέχοντας τα δωμάτια για να ξαναβγεί απ' την πίσω πόρτα της κουζίνας στη μικρή πίσω βεράντα. Τερματίζει επιτέλους εκεί, με τα χέρια της αρπαγμένα σφιχτά στα κάγκελα, ανασηκωμένη στις μύτες των ποδιών της κρεμασμένη έξω, με το βλέμμα λάγνο στον φροντισμένο κήπο, τα στήθια της ανεβοκατεβαίνουν λαχανιασμένα, τα μάτια γουρλωμένα κοιτώντας το πουθενά, τα μαλλιά της πύρινα φίδια να χορεύουν στον ρυθμό της βιασμένης ανάσας της...

Συνέρχεται, μερικές βαθιές ανάσες βοηθάνε. Ζαλισμένη πέφτει πίσω της στον ξεφτισμένο σοφά που βρίσκεται εκεί χειμώνα καλοκαίρι, αφού η κληματαριά από πάνω κάνει τη γωνιά αυτήν ηλιόλουστη τον χειμώνα και σκιερή το καλοκαίρι. Μένει ακίνητη, μισοξαπλωμένη, ατενίζει το τίποτα, ένα τίποτα χαμένο στο απέραντο γαλάζιο εκεί πάνω. Πόσην ώρα δεν ξέρει, νιώθει σαν αμαξοστοιχία που καταπίνει αλύπητα τα χιλιόμετρα του χρόνου της αγκομαχώντας, μονότονα γλυκολαλώντας στ' αυτιά της τη μελωδία μιας ατέλειωτης πορείας. Ένα κενό της σκέψης μπορεί να καταβροχθίσει γοργά τον χρόνον όλον και να τον κάνει μία, μόνο μία και μοναδική στιγμή!...

Κάποτε συνέρχεται, η ηρεμία επανέρχεται σιγά σιγά, αδύνατο να πει πόσην ώρα αιωρήθηκε γενόμενη ένα με το κενό. Σηκώνεται, τινάζει σιάζοντας το φόρεμά της και ξαναμπαίνει στην κουζίνα. Ρίχνει μια ματιά στο ρολόι, η ώρα έχει πράγματι περάσει, ο παπα-Χρυσάφης θα γυρίσει σύντομα, η λειτουργία πρέπει να έχει ήδη τελειώσει. Χουφτώνει το μαχαίρι και καταπιάνεται με τα ψάρια, αλλά ακόμα αφηρημένα, μηχανικά. Άδειο είναι το κεφάλι, άδεια και η ψυχή. Γεμάτα λέπια τα χέρια, γεμάτο και το τραπέζι, αν και καθυστερημένο απ' την παλινωδία του νου, ακριβώς τη στιγμή που ο πατέρας της μπαίνει καθυστερημένος κι αυτός στο σπίτι για να τον προϋπαντήσει η γαργαλιστική ευωδία του ψητού ψαριού με τη χρωματική πανδαισία της χωριάτικης σαλάτας που μόνο η Ελεονώρα του ξέρει να την κάνει τόσο όμορφη και λαχταριστή...

Η νεράιδα της καρδιάς μου

Η Μετεωρολογική προβλέπει άστατο καιρό για το βράδυ, όμως αυτό δεν είναι κάτι το πρωτόγνωρο για τη Μέγαιρα που περιτριγυρίζει το νησί. Ο Σάββας αποφασίζει να μη βγει για δυο τρείς μέρες, άλλωστε μεθαύριο είναι Πάσχα, η μεγάλη γιορτή της Χριστιανοσύνης κι ο κόσμος δεν θα προτιμήσει το ψάρι. Ευκαιρία γι' αυτόν και τον Μιχάλη να ξεκουραστούνε λίγο.

Με το ξημέρωμα όμως ο καιρός φιάχνει, σε πείσμα της Μετεωρολογικής. Δεν κρατάνε πολύ οι επιπόλαιες κακοκαιρίες στα μέρη αυτά. Ο Ζωοδότης βγαίνει δειλά δειλά να ηρεμήσει την πλάση απ' τη βραδινή της ταραχή, όμως στην καρδιά του Μιχάλη η ταραχή δεν λέει να κοπάσει. Μια ταραχή περίεργη, γλυκόπιοτη, πικρή κι ηδονική, θα 'λεγε κανείς καλοδεχούμενη. Μια ταραχή οδηγήτρα, ωθεί τον Μιχάλη να καβαλήσει το ποδήλατό του και να πάει να εξερευνήσει το άγνωστο, να πλανηθεί σε γνώριμα κι όμως καινούρια μέρη, μέρη που τα ξέρει, αλλά δεν τα πάτησε ποτέ και ποτέ δεν μύρισε το χώμα τους, καθοδηγούμενος ύπουλα απ' τη δύναμη του πεπρωμένου του...

Είναι ακριβώς είκοσι χιλιόμετρα η απόσταση απ' τη Χώρα στο Κεφαλοχώρι, αλλά τα νιάτα του Μιχάλη κάνουν την όχηση παιχνίδι. Το ποδήλατο πετάει θαρρείς πάνω στην άσφαλτο που ζεσταίνεται σιγά σιγά απ' το παιχνίδισμα της χαραυγής, αντιπαλεύοντας με το φως της το ζωηρό πρωινό τιτίβισμα των ζωντανών που υμνούνε τον Δημιουργό για τη νέα ζωή που ξυπνάει μαζί τους.

Ο Μιχάλης ξεκινάει με τη χαραυγή και φτάνει κάθιδρος με το ξημέρωμα. Όμως τώρα δεν ξέρει προς τα πού να πάει κι από πού να ξεκινήσει την εξερεύνηση του αγνώστου. Σταματάει στην πλατεία κοιτώντας τριγύρω του τα μαγαζιά που αργοξυπνάνε, το καφενείο και τον μπακάλη που ανοίγουν τις πόρτες τους να μπει το άρωμα που ξεχύνεται απ' τα ανοιχτά παραθύρια του Αγάθωνα, ικανό να ξυπνήσει και πεθαμένους άμα μπει πρωινιάτικα στα ρουθούνια τους.

Όμως η τύχη βοηθάει τους τολμηρούς και καθοδηγεί τους αποκοτιάρηδες. Τεντώνεται, στρέφει ανήσυχα το κεφάλι του, οσμίζεται σαν τον λύκο τον αγέρα κι αφουγκράζεται σαν το κυνηγόσκυλο τον μακρινό, ακαθόριστο ήχο που ξεψύχησε ξαφνικά μπροστά του πριν προλάβει να τον αρπάξει. Όμως τώρα ξέρει πια τι ψάχνει.

Τραγουδιστή η μακρινή μελωδική φωνούλα φτάνει απόκοσμη και κοροϊδευτικά διάφανη ξεφεύγοντας τα αυτιά του που προσπαθούν να την αρπάξουν. Έρχεται από μακριά, απ' έξω απ' το χωριό, αλλά από πού; Σε όποια κατεύθυνση και να γυρίσει, η φωνή έρχεται απ' την άλλη μεριά. Αποφασιστικά ξανακαβαλάει το ποδήλατο και χάνεται στα στενάκια, όπου χάνεται μαζί του κι η φωνή. Όμως δεν το βάζει κάτω, δεν τα παρατάει, είναι πια κοντά και το ξέρει. Να, τώρα ακούγεται καθαρότερα, εκεί, έχει πράγματι βγει απ' το χωριό, εκεί πίσω απ' τον ψηλό ξύλινο φράχτη ακούγεται η ασμωδία, αρμονική μεσ' τη φύση και ταιριαστή με το ολόδροσο χάραμα.

Ακουμπάει το ποδήλατο στον φράχτη και τον ακολουθεί πεζός για λίγο. Σε ένα σημείο πυκνοί θάμνοι τον έχουν αγκαλιάσει, σκεπάζοντάς τον λες για να τον ζεστάνουν κι άλλο. Ρηχόσπερμα, γλιτσίνιες και κουμαριές έχουν με τα χρόνια μπερδέψει και μεστώσει τους κορμούς τους, κοροϊδεύοντας τους ανθρώπους που ποτέ τους δεν θα μάθουν να αγκαλιάζονται έτσι. Ο Μιχάλης δεν δυσκολεύεται να σκαρφαλώσει ίσα ίσα για να κορέσει τη ματιά του με την οπτασία που αδημονεί να αντικρύσει.

Η θεά της Μοίρας του δεν τον απογοητεύει. Είναι πράγματι εκεί, είναι πράγματι αυτή, είναι η ίδια! Αλλά δεν φαίνεται η ίδια! Αλαφροντυμένη απλώνει την πρωινή μπουγάδα της στον πίσω ευρύχωρο κήπο της βίλας της, τον περιτριγυρισμένο από λιόδεντρα, τραγουδώντας, με ένα μοναδικό διάφανο λινό φορεματάκι που σαν πέπλο παιχνιδίζει γύρω της ακολουθώντας την αέρινη κίνησή της, προσθέτοντας αχλύ στις καμπύλες της, χαϊδεύοντας σχεδόν ερωτικά την επιδερμίδα της, πλεκόμενο σε μυσταγωγικό χορό με τις κατακόκκινες πλεξούδες της.

Ο Μιχάλης μένει ακίνητος, ανίκανος να κινηθεί. Νιώθει να τον κυριεύει βίαια το τραγούδι των Σειρήνων που αιχμαλωτίζουν τους ναυτικούς, αφού έχει μιαν απ' αυτές μπροστά του που μόλις αιχμαλώτισε τον ίδιο. Δεν θέλει να λευτερωθεί, δεν θέλει να αποτινάξει τη μαγεία, δεν θέλει να απολύσει τη λογική, να νικήσει τον μύθο που εκτυλίσσεται μπροστά του. Ο χρόνος δεν υπάρχει πια, το παρόν τήκεται στο παντοτινό, ο αέρας σταματάει κι αυτός, αλλά μαζί με αυτόν σταματάει αίφνης κι η μαγεία, εξαφανίζεται η οπτασία, τελειώνει το παραμύθι! Έτσι άξαφνα κι άσπλαχνα η Ελεονώρα στρέφεται κι εξαφανίζεται μέσα στο σπίτι αφήνοντας πίσω της την αύρα της να αναμιγνύεται με την πρωινή πάχνη που έχει πια εξαχνωθεί κι αυτή. Ο Μιχάλης ξεροσταλιάζει μαγεμένος για καμιάν ώρα ακόμα πάνω στον κορμό της θεριεμένης κουμαριάς, αλλά η Ελεονώρα δεν θα ξαναφανεί. Να τον αντιλήφθηκε άραγες; Δεν θα το μάθει ποτές...

Με την ηδονική ταραχή στην καρδιά του και το πικρόχολο αίσθημα του ανικανοποίητου στην ψυχή του καβαλάει τελικά άκεφα το ποδήλατο να γυρίσει στο κονάκι του στη Χώρα, στρέφοντας με δυσκολία τα μολυβένια πετάλια που αρνούνται να συνεργαστούν...

Της λίμνης το σπιτάκι είναι ένα παλατάκι

Ιούνης μήνας και το καλοκαίρι βιάστηκε να 'ρθει, αποφασισμένο να ριζώσει μέχρι να κορώσει τη Φύση. Ο τζίτζικας, προσπαθώντας να μην σκάσει, φωνάζει με όλη του τη δύναμη χωμένος ανάμεσα στα φυλλώματα του λιόδεντρου, όπως κι ο Μιχάλης που κοντεύει να σκάσει κι αυτός κρυμμένος ανάμεσα στα φυλλώματα της κουμαριάς. Έρχεται σε όλα τα ρεπό του τρεχάτος απ' τη Χώρα να χορτάσει τα μάτια του και την ψυχή του με την οπτασία που άθελά της τον έχει αποπλανήσει. Απ' τη μια ντρέπεται γι' αυτό που κάνει, απ' την άλλη δεν μπορεί να αντισταθεί στη μαγεία να αντικρύσει τη νεράιδα του για μιαν ακόμα φορά, ακόμα κι έτσι, ακόμα κι από μακριά.

Σήμερα όμως ο λογισμός του επαναστατεί. Θες η ζέστη, θες η αγωνία του ανικανοποίητου τον κρατάνε δέσμιο της κουμαριάς, με κίνδυνο να τον προλάβει το σούρουπο στην επιστροφή του. Όμως αυτό δεν τον νοιάζει και πολύ, τον λογισμό του έχει καταλάβει η αμφιβολία. Αναρωτιέται χωρίς να μπορεί να καταλήξει, αν τελικά έχει νόημα αυτό που κάνει. Είναι παντρεμένη, ο άντρας της εμφανίζεται τα μεσημέρια νωρίς κατά τις 12, συνεπής στην ώρα του φαγητού, παρέχοντας στον Μιχάλη το σινιάλο ότι είναι πια η ώρα να φύγει. Άρα άδικα ελπίζει σε μια εύνοια της τύχης για κάποια συνάντηση μαζί της. Ουσιαστικά παραμονεύει μόνο για να δει τη σιλουέτα της, να ανασάνει με τη φαντασία του το ανεπαίσθητο άρωμά της από μακριά, να γεμίσει τα μάτια του με τη χορευτική της κίνηση όσο αυτή καταπιάνεται με τις δουλειές του κήπου, ή απλώνει τη μπουγάδα της, ή τακτοποιεί τη βεράντα της. Αξίζει που ριψοκινδυνεύει να τον δούνε μάτια που τον γνωρίζουνε και τον αγαπάνε για μια φευγαλέα οπτασία χωρίς ελπίδα ευόδωσης; Ρεζιλίκι χωρίς αντίκρισμα...

Απ' την άλλη, τα δεσμά της γοητείας της είναι σαν τον ιστό της αράχνης, αδιάρρηκτα! Απλά δεν μπορεί να αντισταθεί, ακόμα και το ρεζιλίκι του φαίνεται μηδαμινό μπροστά στον πόθο που κοχλάζει στην ψυχή του λιώνοντας το Είναι του πάνω σε μια κουμαριά.

Κοιτάζει σκιασμένος απ’ τα πυκνά φυλλώματα τον ήλιο που έχει νταλακιάσει στο ψηλότερο σημείο του και λογίζεται ότι θα τον λυγίσει αν κάνει την αποκοτιά να ξεκινήσει τώρα για τη Χώρα, θα ‘ναι γύρω στις 3 το καταμεσήμερο πια...

Ξάφνου ένας θόρυβος τραβάει την προσοχή του. Έρχεται απ’ το μπροστινό μέρος του σπιτιού, που ο Μιχάλης δεν έχει από δω όψη. Όμως σε λίγο βλέπει φευγαλέα το αυτοκίνητο με τον Αρίστο μέσα να απομακρύνεται αργά. Αφουγκράζεται τον αχό που μετά από λίγο κοπάζει, θα πρέπει να ‘φτασε πια στην πλατεία, εκεί κοντά που στήνουν τον πάγκο τους. Από πίσω είναι το καφενείο, μάλλον εκεί θα πηγαίνει...

Ο Μιχάλης σαστίζει. Δεν έχει μείνει ποτέ τόσο πολύ, δεν ξέρει τι μπορεί να συμβεί τώρα. Η Ελεονώρα είναι πάλι μόνη της στο σπίτι και η ταραχή στο φυλλοκάρδι του ξαναφουντώνει. Λες να ξαναβγεί στον κήπο; Όλα φαίνονται τακτοποιημένα απ’ την εργατική οικοδέσποινα, αλλά λες να του κάνει τη χάρη και να ξαναβγεί, έστω για λίγο, έστω και χωρίς λόγο;

Ξαφνικά τον κατακλύζει η ντροπή, κοκκινίζει, σκιάζεται, επιστρέφει στα λογικά του.

- *«Μιχάλη κατάντησες ένας μπανιστιρτζής, χωρίς λόγο! Χωρίς κανένα λόγο! Παντρεμένη γυναίκα είναι, άσ’ την ήσυχη, δεν είναι αξιοπρεπή πράγματα αυτά! Ντροπή σου!»*

Αποφασισμένος τεντώνει τα μουδιασμένα μέλη του, ας είναι καταμεσήμερο, ας κοχλάζει το λιοπύρι, ίσως μάλιστα ξεπλύνει λίγη απ’ τη ντροπή του η πυρακτωμένη άσφαλτος. Θα γυρίσει τώρα πίσω, έτσι είναι το πρέπον...

Τεντώνεται για να κατέβει, όμως αυτήν τη στιγμή ένα απαλό τρίξιμο ακούγεται απ’ το σπίτι καθώς ανοίγει η πόρτα της κουζίνας. Ο Μιχάλης μαρμαρώνει, καταπνίγοντας την προσπάθειά του να σηκωθεί. Ναι, είναι αυτή, είναι πάλι αυτή! Φοράει πάλι ένα ελαφρύ φορεματάκι αλλά κάτι δεν είναι τώρα ταιριαστό, κάτι φαίνεται παράταιρο, όμως δεν μπορεί να πει τι.

Η Ελεονώρα περπατάει με σταθερό, απαλό, νωχελικό βήμα χανόμενη ανάμεσα στα λιόδεντρα.

- Η πετσέτα! Κρατάει μια μεγάλη πετσέτα στο μπράτσο της!

Συναγερμός αντιλαλεί σε κάθε γωνιά του νου του Μιχάλη, διασκορπίζοντας στους τέσσερις ανέμους τις αναστολές και τις αμφιβολίες του. Σβέλτα κι αθόρυβα κατεβαίνει απ' την κρυψώνα του πάλι έξω στον δρόμο και τρέχει αλαφιασμένος παράλληλα προς τον φράχτη στην κατεύθυνση που χάθηκε κι αυτή. Ο φράχτης δεν είναι πια ξύλινος, αλλά απλός συρμάτινος αφού ακριβώς από πίσω οι πικροδάφνες στη σειρά αποτελούν αξεπέραστο εμπόδιο. Ο Μιχάλης βιάζεται, δεν μπορεί, κάπου θα υπάρχει κάποιο άνοιγμα. Πράγματι αρκετά μακριά απ' το σπίτι συναντάει το ποταμάκι με το τρεχούμενο νερό που αναβλύζει απ' τις αειθαλείς πηγές του βουνού, μια νερένια όαση στο καυτό καλοκαιρινό τοπίο. Το γνωρίζει, αλλά δεν ήξερε ότι περνάει μέσα απ' το μεγάλο αυτό κτήμα. Όμως εδώ βρίσκει αυτό που ψάχνει. Ο συρμάτινος φράχτης περνάει πάνω απ' το νερό, αφήνοντας από κάτω ένα αρκετά μεγάλο άνοιγμα για έναν γυμνασμένο, νεαρό άντρα που δεν φοβάται να βραχεί.

Κοιτάει προσεκτικά γύρω του, το τοπίο είναι έρημο μεσ' το τσουρούφλισμα που ζέχνει. Βγάζει όλα του τα ρούχα και τα πετάει πάνω απ' τον φράχτη στην όχθη από μέσα. Βυθίζεται στο βαθύ αυλάκι γλιστρώντας σαν το χέλι μέσα στο ξένο χτήμα. Και τότες το ξανακούει, το κελαρυστό τραγούδισμα υποδέχεται την είσοδό του σαν να την εγκρίνει, σιγανό, κοριτσίστικα μελωδικό έρχεται ακριβώς από μπροστά του, από πολύ κοντύτερα αυτήν τη φορά, όμως οι θεριεμένοι θάμνοι του κόβουν τη θέαση, κρατώντας ακόμα συγκαλυμμένη την οπτασία.

Ακούει νερό να πλατσουρίζει, σαν μικρός καταρράκτης ακούγεται, η υγρή μυρωδιά μπαίνει στα ρουθούνια του, εδώ πρέπει να υπάρχει κάποια λιμνούλα, αλλά τα πυκνά φυλλώματα πεισματικά κρατάνε ακόμα καλά κρυμμένο το μυστικό τους. Μόνο το κελαρυστό τραγούδισμα σιγονταρισμένο απ' το απαλό πλατσούρισμα μπορεί να τα διαπεράσει φέρνοντας την τρικυμία στην ψυχή του Μιχάλη που νιώθει ότι, ναι!, κάπως έτσι πρέπει να 'ναι ο Παράδεισος!

Ψάχνει απεγνωσμένα να βρει κάποιο άνοιγμα στη θεριεμένη απ' το νερό βλάστηση, αλλά είπαμε! Η τύχη βοηθάει τους τολμηρούς! Άξαφνα βρίσκεται απ' την άλλη μεριά, μπροστά του η δροσερή λίμνη με τα καθάρια νερά, μια πραγματική βάθρα σμιλευμένη από ένα καπρίτσιο της Φύσης, περιτριγυρισμένη από πυκνή βλάστηση, όπου ακόμα και η καλύβα του ψαρά σκιασμένη και προστατευμένη απ' τα πυκνά φυλλώματα φαντάζει σαν μια ταιριαστή πινελιά στο ονειρικό τοπίο.

Αυτό όμως που δεν υπολόγισε ο Μιχάλης είναι ο πατέρας Χρόνος που τα πάντα καθορίζει στις ζωές μας. Την ίδια στιγμή κι απ' την ίδια όχθη μπροστά του μόλις έχει αναδυθεί η γυμνή Αφροδίτη του με τις λαμπερές, νερένιες πέρλες να λαμπυρίζουν γλυκοσταλάζοντας πάνω στο λυγερό, νεανικό κορμάκι της.

Μένουν μαρμαρωμένοι ο ένας απέναντι στον άλλον σε μιαν ανόμοια επανάληψη της αμηχανίας τους, σε μια νέα διαφορετική γνωριμία τους. Η αιθέρια νεράιδα με τα πυρόξανθα μαλλιά και τα λαμπερά, καταπράσινα μάτια απέναντι στο νεαρό, σφριγηλό, μυώδες αγόρι που μέσα στην παραζάλη του ξέχασε ότι είναι κι αυτός ακόμα ολόγυμνος κρατώντας τα ρούχα του στο χέρι...

Η Ελεονώρα τον αναγνωρίζει, δεν έχει ξεχάσει τον νεαρό ψαρά και το περιστατικό πριν από τόσους μήνες στην πλατεία, ένα συμβάν που με όλη τη δύναμη της ψυχής της προσπάθησε όλους αυτούς τους μήνες να το σβήσει, που όμως αυτό, φευ!, στοίχειωσε την ύπαρξή της επανερχόμενο συνεχώς κι επίμονα στα όνειρά της. Με το αλάθητο γυναικείο ένστικτό της διαισθάνεται τώρα την ταραχή στην καρδιά του και τα δεσμά του πόθου που σάλεψαν τα λογικά του παρασέρνοντάς τον σε αυτήν την αποκοτιά...

Στέκονται εκεί μαρμαρωμένοι, ο ένας απέναντι στον άλλο, ολόγυμνοι κι ευάλωτοι, μαγνητισμένοι απ' τη θέα των κορμιών τους. Το μυώδες αρσενικό, με τις αθλητικές αναλογίες, ηλιοκαμένο απ' την αρμύρα της θάλασσας και το μάζεμα της καλάδας, με τις αχνοσταγόνες του ιδρώτα στο στήθος του και την τεράστια απρόσκλητη στύση του που αναδύθηκε απ' την αρχέγονη λαχτάρα του, στέκεται μαρμαρωμένο θαυμάζοντας το αιθέριο, θεϊκά αρμονικό, θηλυκό, γυμνό κορμί μπροστά του που έχει στοιχειώσει τόσον καιρό τώρα το μυαλό και την ψυχή του, λυγερό και φρέσκο, με τα νεανικά, μεστά στήθια της να ορθώνονται με αναίδεια, με τις προκλητικές καμπύλες της, λικνιζόμενη ανυπόμονα απ' το ένα πόδι στο άλλο περιμένοντας κάποιαν αντίδραση από μέρους του.

Ο Μιχάλης νιώθει να χάνει την αυτοκυριαρχία του μπροστά σε αυτό το θέαμα. Ξέρει από ένστικτο ότι είναι θέμα χρόνου να παραδοθεί στον πειρασμό, ενδίδοντας στη φωνή της μητέρας Φύσης που τον ωθεί να σιγάσει με τον προαιώνιο τρόπο την κάψα μέσα του.

Το ίδιο ένστικτο ψιθυρίζει τα ίδια σήματα και στην Ελεονώρα. Όμως αυτή απ' τη μεριά της αντιμετωπίζει επιπλέον έναν κυκεώνα συναισθημάτων που δεν μπορεί να τα καθορίσει. Ένα κύμα ακαθόριστης υφής, που το νιώθει για πρώτη φορά στη ζωή της, την έχει κατακτήσει. Η καρδιά της χτυπάει ξαφνικά βροντερά μέσα στα στήθια της, νιώθει το αίμα της να βράζει σαν να της έρχεται πυρετός, τις θηλές της να ορθώνονται αυτοδύναμα, χιλιάδες πεταλούδες να πεταρίζουν στην κοιλιά της και μια αχλερή ζαλάδα να την πλημμυρίζει. Το βλέμμα της έχει αιχμαλωτιστεί απ' τη μελαχρινή οπτασία απέναντί της, την έχει κατακτήσει το μυώδες στήθος του και οι σκληροί μηροί του, τα φουσκωτά του μπράτσα με τα στιβαρά χέρια που διαισθάνεται ότι σε λίγο θα την αρπάξουν για να διατρέξουν λαίμαργα το κορμί της, η μυρωδιά του, η αντρίλα του, το όμορφο πρόσωπό του, έχουν παραλύσει το Είναι της στέλνοντας ηλεκτρικά κύματα σε όλο της το κορμί. Χαμηλώνει άθελα τα μάτια της στο όμορφο, και σφριγηλό αρσενικό του όργανο που ανασκιρτά μπροστά της ζωντανό, λες και της μιλάει, προσπαθώντας να την μαγέψει προς το μέρος του σαν το προπατορικό φίδι που μαγεύει όλες τις γυναίκες. Είναι η πρώτη φορά που το βλέπει από τόσο κοντά, ο Αρίστος είναι οπαδός των ρούχων, της κουβέρτας και του σβηστού φωτός. Ο μαγνήτης που προκαλεί η θέα του, απελευθερώνει άμεσα σε όλες τις γωνίες του κορμιού της τον θηλυκό συναγερμό για την επερχόμενη κατάκτησή της και τη λύτρωσή της απ' τα χρόνια της εγκράτειας και την ολοκλήρωσή της σε γυναίκα, μια γυναίκα ξαναγεννημένη μέσα απ' την ένωσή της με τον Άντρα που επί τέλους εμφανίστηκε με τρόπο που καθόλου δεν τον περίμενε!

Ο Μιχάλης όμως αργεί να κάνει την κίνησή του, αφήνοντας την Ελεονώρα σε μια σχεδόν εμφανή αδημονία που αντικατοπτρίζεται αλάθητα στα μάτια της. Δεν μπορεί να σταματήσει να θαυμάζει το θηλυκό σώμα της, το αγγελικό, αθώο πρόσωπό της, τα μεστά αρμονικά στήθια της με τις ορθωμένες ρώγες, τη λεπτή μεσούλα της, τους καμπυλωτούς γοφούς της και τους απαλούς, χνουδωτούς μηρούς της. Το βλέμμα του καρφώνεται κι αυτουνού νομοτελειακά σε 'κείνη τη μυστηριώδη πυρόξανθη τούφα ανάμεσα στα σκέλια της, τον ναό της Αφροδίτης που ξελογιάζει από καταβολής κόσμου όλα τα αρσενικά καλώντας τα να τον επισκεφτούν και να θυσιάσουν στον βωμό του Έρωτα και της Αγάπης προσφέροντας απλόχερα σπέρμα και ηδονή στο όνομα του Πόθου και της Ζωής.

Όμως οι ταραγμένες αυτές στιγμές της διερευνητικής αμηχανίας δεν διαρκούν και δεν πρέπει να διαρκούν πολύ. Ο Μιχάλης απλώνει αργά το χέρι του προς το μέρος της και η Ελεονώρα εναποθέτει σαν μαγνητισμένη το δικό της στη στιβαρή παλάμη του. Ρίγος τους διαπερνά με την πρώτη τους αυτή επαφή, στέλνοντας στον αγύριστο οποιαδήποτε κατάλοιπα αναστολών. Η μητέρα Φύση έχει από δω και πέρα τον πρώτο και τον τελευταίο λόγο, ο Μιχάλης είναι πλέον ο σφριγηλός ταύρος κι η Ελεονώρα το σαγηνευμένο θήραμά του...

Κατευθύνονται αυθόρμητα σαν συνεννοημένοι προς το σπιτάκι πιασμένοι χέρι χέρι, ακόμα σιωπηλοί, κοιτώντας ο ένας τον άλλον στα μάτια. Υπάρχει εκεί ένα πρόχειρο κρεβάτι, γερό ακόμα, αλλά τους είναι αδιάφορο, ο υλικός κόσμος δεν υπάρχει πλέον γι' αυτούς.

Φλογερά και παθιασμένα πέφτει ο ένας στην αγκαλιά του άλλου. Ριγώντας κι οι δύο απ' την πρώτη αυτήν ολόσωμη επαφή καταρρέουν στο κρεβάτι, ενώνοντας τα χείλια τους με αδημονία, καταπίνοντας ο ένας τον άλλον, εξερευνώντας με τα χέρια τους βιαστικά ο ένας το κορμί του άλλου, διαχέοντας τον πόθο τους παντού μέσα τους. Η ένωσή τους δεν χρειάζεται καμμιά προετοιμασία, είναι έτοιμοι από ώρα, διεγερμένοι σε πλήρη οίστρο και οι δυο και το επιθυμούν σφόδρα. Το παρθενικό τους σμίξιμό είναι άμεσο, βίαιο και βαθύ. Οι ανάσες τους κόβονται καθώς ακινητούν βαθιά ο ένας μέσα στον άλλο, για μιαν αιωνιότητα θαρρείς, να νιώσουν καλά τον πόθο τους να διαχέεται απ' τον ένα στον άλλο, να πληρώσουν την ύπαρξή τους ο ένας με το σφρίγος του άλλου, να νιώσουν ο ένας τις αρχέγονες λαγνικές συσπάσεις του άλλου. Τελικά παίρνουν ανάσα, για να αρχίσουν άμεσα έναν έρωτα δυνατό, ασταμάτητο, αχόρταγο για ώρες, εξερευνώντας ο ένας τον άλλο, απολαμβάνοντας ο ένας τον άλλο, με μικρά μόνο διαλείμματα αναζωογόνησης για να ξαναριχτούν ο ένας στην αγκαλιά του άλλου, λάγνα, ποθητά, ηδονικά, με ηδυπάθεια περισσή για ώρες ολόκληρες, λες κι έχει σταματήσει ο χρόνος...

Όμως το ξαφνικό κελάηδημα του αηδονιού που αφίκνυται κάθε σούρουπο να νιφτεί στα κρυστάλλινα νερά, αναγγέλλει απροσδόκητα πως σιμώνει πια το δειλινό! Η Ελεονώρα πρώτη πετιέται πάνω. Σκύβει και δίνει ένα παθιασμένο φιλί στο στόμα του Μιχάλη, για να εκτιναχθεί αμέσως έξω απ' το καλύβι όπου αρπάζοντας το αραχνοΰφαντο φορεματάκι της εξαφανίζεται τρέχοντας γυμνή μέσα στα δέντρα...

***

Το μυαλό καταφέρνει, άμα το θέλει πολύ, να μείνει κενό. Αυτό συμβαίνει συχνά στους εγκληματίες ή στους πολύ αγνούς ανθρώπους. Οι υπόλοιποι δεν είναι τόσο τυχεροί, βασανίζονται παντοτινά απ' τη δυνάστευση της συνείδησης και μόνο σε εξαιρετικές περιπτώσεις μπορούν με μεγάλο αντιπάλεμα να απαλλαγούν απ' τη νοητική περιδίνηση. Όπως και να 'χει το θέμα, η Ελεονώρα βρίσκεται σε μια κατάσταση νιρβάνα, χωρίς σκέψεις, χωρίς αισθήματα, σχεδόν χωρίς επαφή με τον έξω κόσμο. Βρίσκεται σε μια κατάσταση μόνιμης ταραχής, τα πόδια της τρέμουν, το στομάχι της ανακατεύεται, η καρδιά της βροντοχτυπάει, στις φλέβες της τρέχει ακόμα λαγνεία κι ένα αμυδρό οργασμικό τρέμουλο που δεν λέει να ξεθυμάνει. Τη νύχτα στο κρεβάτι της χαλαρώνει τα κουρασμένα μέλη της, μόνο και μόνο για να νιώσει πάλι τα λαγνικά κύματα να την κατακλύζουν στον ύπνο της και στον ξύπνιο της. Ξέρει ότι πρόκειται για παραισθήσεις, ξέρει ότι το σώμα της απλά γιορτάζει ακόμα το μεθύσι της ηδονής που βίωσε, τους πολλαπλούς οργασμούς, άγνωστους μέχρι αυτήν τη μέρα στο άμαθο νεανικό κορμί της, που την κατέκλυζαν αλλεπάλληλοι κάτω απ' τη δυνατή αρσενική γάμευσή της, φέρνοντάς την στα πρόθυρα της λιποθυμιάς, σε μια κατάσταση που δεν φανταζόταν καν ότι μπορούσε να υπάρξει. Ένιωθε σαν ο σπόρος που χυνόταν καυτός μέσα της να την άνθιζε πυροτεχνηματικά σε μια τεράστια τουλίπα, μεταμορφώνοντάς την σε έναν τεράστιο μυρωδάτο, παλλόμενο, ηδονικό, ανθρώπινο ανθό!...

Κατά το ξημέρωμα βυθίζεται επιτέλους αποκαμωμένη σε έναν βαθύτατο ύπνο, τόσο που ο Αρίστος, όταν διαπιστώνει ότι δεν ξυπνάει με το φιλί του, απλά σηκώνεται να πάει στις δουλειές του. Και πόσο μεγάλη είναι η έκπληξή του όταν γυρνάει το μεσημέρι και δεν βρίσκει έτοιμο φαγητό. Εκεί θορυβείται, πηγαίνει σκιαγμένος στο δωμάτιό τους για να διαπιστώσει ότι η γυναίκα του κοιμάται ακόμα βαθιά. Επιστρέφει στην κουζίνα να ετοιμάσει κάτι πρόχειρο να φάει, αλλά οι θόρυβοί του ξυπνάνε επιτέλους την Ελεονώρα που ρίχνοντας μια ρόμπα πάνω της εμφανίζεται στην πόρτα. Ο Αρίστος την πλησιάζει.

- Τι έχεις καλή μου; Αρρώστησες;

- Όχι, απλά έχω τις μέρες μου κι αισθάνθηκα την ανάγκη να κοιμηθώ παραπάνω.

Η πιο ταιριαστή δικαιολογία. Έτσι κι αλλιώς ο Αρίστος έχει πάνω από μήνα να την πλησιάσει και δεν έχει ιδέα απ' αυτά τα πράγματα. Επιστρέφει ικανοποιημένος και χαμογελαστός στο πιάτο του. Η Ελεονώρα κάθεται απέναντί του κοιτώντας τον. Δεν πεινάει, το φαΐ είναι το τελευταίο που την ενδιαφέρει τώρα. Μια ταραχή αρχίζει να την κυριεύει πάλι, τα πόδια της τα σκεπάζει με τη ρόμπα καθώς αρχίζουν πάλι τον αθέλητο χορό τους, ενώ παράλληλα τρίβει δυνατά τα χέρια της χωρίς λόγο και νόημα, σφίγγοντάς τα σε γροθιές και πλέκοντάς τα μεταξύ τους, πάντα με τα μάτια της έντονα καρφωμένα στον άντρα της που δεν έχει αντιληφθεί τίποτα απ' την κατάστασή της.

Όταν ο Αρίστος κοντεύει να τελειώσει, πετιέται επάνω και του ετοιμάζει τον καφέ του. Ξανακάθεται απέναντί του, κοιτώντας τον πάλι εντατικά. Το μυαλό της είναι ακόμα άδειο, καμιά σκέψη, μόνο αναμονή, μια κενή και άχρωμη αναμονή. Τελικά ο Αρίστος, αφού ρίξει την καθιερωμένη βαριεστημένη ματιά στην εφημερίδα, αποφασίζει να σηκωθεί και να ετοιμαστεί για το καφενείο. Η Ελεονώρα είναι ακόμα καθισμένη στο τραπέζι της κουζίνας καθώς την πλησιάζει για το καθιερωμένο φιλί. Τότε μόνο αντιλαμβάνεται το τρέμουλό της.

- Καλέ! Κρυώνεις κατακαλόκαιρο;

- Όχι, πως σου 'ρθε; Με τσίμπησε κουνούπι και ξύνομαι...

Χαμογελάει, της χαϊδεύει τα μαλλιά και στρέφεται προς την πόρτα. Κοντοστέκεται.

- Σήμερα θα πάμε στη Χώρα με τον Θανάση. Κοιμήσου, μη με περιμένεις δεν ξέρω τι ώρα θα γυρίσω το βράδυ...

- Εντάξει! Μην ανησυχείς για μένα!

Ο Αρίστος βγαίνει απ' το σπίτι αφήνοντας την Ελεονώρα στο τραπέζι. Το τρέμουλο έχει σταματήσει, η αντάρα μέσα της έχει κοπάσει και τη θέση τους έχει πάρει τώρα μια απαθής αναμονή, μια πυρετώδης, παγερή αναμονή, ενόσω παραμένει καθισμένη ακίνητη με τα μάτια απλανή, σαν το άγαλμα που περιμένει τη βροχή...

Ακούει κάποτε τη μηχανή του αυτοκινήτου να απομακρύνεται. Όταν πια δεν αντηχεί τίποτα άλλο παρά μόνο τα τζιτζίκια στον κήπο, πετιέται πάνω σαν να εξερράγη η καρέκλα από κάτω της. Βγαίνει απ' την πόρτα της κουζίνας τρέχοντας σαν την τρελή στον κήπο, με τη ρόμπα της να ανεμίζει ανάμεσα στα λιόδεντρα μέχρις που να μαγκωθεί και να σκιστεί στα κλαδιά για να φτάσει τελικά ξέπνοη στο καλύβι και να κοιτάξει με αγωνία μέσα.

Δεν είναι εδώ! Θορυβημένη κοιτάει γύρω της για να τον ανακαλύψει αμέσως να κάθεται χαμογελαστός σε ένα βραχάκι παραπέρα και να κάνει χάζι την ταραχή της. Ένας βαθύς αναστεναγμός βγαίνει απ' τα στήθια της, η διάθεσή της αλλάζει άρδην, το πρόσωπό της φωτίζεται και το χαμόγελο ξανάρχεται στο ποθητό στόμα της. Χαλαρώνει, πετάει από πάνω της ό,τι κουρέλια της έχουν απομείνει, τεντώνει το λυγερό της σώμα ολόγυμνο ορθώνοντας τα φουσκωμένα στήθια της τόσο ώστε οι διεγερμένες ρώγες της να σημαδεύουν τον ουρανό, στέκεται με ανοιχτά τα χέρια και τα σκέλια της, με τα φλογισμένα μαλλιά της χυτά να πλαισιώνουν τις καμπύλες της και την πυρόξανθη τούφα της να τον καλεί προκλητικά λέγοντάς του ξεψυχισμένα:

- Πάρε με! Κάνε με ξανά δικιά σου! Είμαι σκλάβα σου...

***

Ο παφλασμός του μικρού καταρράκτη σιγοντάρει τη χορωδία των τζιτζικιών, αλλά ακόμα και τα δυο μαζί δυσκολεύονται σήμερα να σκεπάσουν τις λαγνοκραυγές της Ελεονώρας, τόσο ώστε τελικά ζητάνε τη βοήθεια από ένα περαστικό κοπαδάκι πέρδικες που έρχονται κι αυτές στον μικρόν αυτόν επίγειο παράδεισο να κάμουνε την πάστρα τους. Όμως ούτε κι αυτές οι σαματατζούδες καταφέρνουν τελικά να επισκιάσουν τις οργασμικές κραυγές που αντηχούν απ' την ερωτική φωλίτσα εκεί στην άκρη, όπου δυο ξαναμμένα απ' τον φλογερό τους ίμερο και κάθιδρα απ' την πυρά του έρωτά τους νεαρά ανθρώπινα πλάσματα βρίσκονται εδώ και ώρες πλεγμένα μεταξύ τους με δέκα πλοκάμια το καθένα θαρρείς, θυσιάζοντας ακάματα τα πολύτιμα ιερόθυτα που αναβλύζουν απ' τα λαγνοκατακτημένα κορμιά τους στην Αφροδίτη και στον Έρωτα...

Οι πέρδικες θα ξανάρθουν κι αύριο και μεθαύριο, θα 'ρχονται όλο το καλοκαίρι να πλατσουρίσουν στα δροσερά νερά, κάνοντας παρέα στα δυο νεαρά κορμιά που κολυμπάνε ανάμεσό τους, κάνουν έρωτα στα βραχάκια, χαριεντίζονται στο νερό, σμίγουν βίαια και τρυφερά στο γρασίδι ή αποσύρονται στο καλυβάκι αφήνοντας έξω μόνο τις κραυγές της ηδονής τους να πλανώνται στον αέρα. Όλο αυτό το καυτό καλοκαίρι η Φύση στον μικρόν αυτόν επίγειο παράδεισο κινείται σε έναν δικό της μικροκοσμικό, αιθέρια ερωτικό ρυθμό, γιορτάζοντας με πλατσουρίσματα και τιτιβίσματα, με κραυγές και ψίθυρους, με στεναγμούς και ηδονή το θυελλώδες σμίξιμο των δυο εραστών που, ανενόχλητοι κι αποκομμένοι απ' τον έξω κόσμο, υμνούν και δοξάζουν ασταμάτητα την Αγάπη και τη Ζωή...

Η Αρχή είναι το Τέλος και το Τέλος η Αρχή...

Μπορεί ποτέ η καρδιά να σκεφτεί και το μυαλό να φτερουγίσει; Μπορεί ποτέ η λιακάδα να συμφωνήσει με τη θύελλα; Μπορεί ο θάνατος να γεννήσει τη ζωή; Μπορεί! Άλλωστε έτσι γίνεται συνήθως, είναι ένας απ' τους κανόνες της Φύσης!

Η Ελεονώρα νιώθει την απέραντη αγαλλίαση, νιώθει ολοκληρωμένη, γεμάτη, νιώθει επιτέλους γυναίκα, νιώθει πληρότητα. Ήρεμη, μεστή, έτοιμη για τον παράδεισο! Εξωτερικά δεν φαίνεται να έχει αλλάξει τίποτα, είναι όπως ήταν πάντα, χαρούμενη, ευπροσήγορη, ευγενική...

Όμως το μυαλό της είναι άδειο, είναι ξέχειλο, είναι παγωμένο, είναι πυρωμένο, είναι ακίνητο, είναι αεικίνητο.

- *«Πού πήγαν οι αρχές μου; Πού είναι η ανατροφή μου, η αξιοπρέπειά μου, πού πήγαν τόσα χρόνια μόχθου για να μάθω να τηρώ τις ύψιστες αρχές; Τί είναι αυτό το πάθος που τα σβήνει όλα αυτά, με κατακτά, με κυριεύει κυριολεκτικά και με κάνει να χάνω τα λογικά μου; Έχω τόσο αδύναμο σαρκίο ή τελικά απλά ακολουθώ τη Φύση μου; Είμαι άπιστη ή είμαι αμαζόνα; Μου έχει απομείνει ακόμα κάποια ηθική ή έχω μεστώσει σε αναίσθητη πόρνη; Αμαρτάνω ή θυσιάζω στη Ζωή, στην Αγάπη, στον Έρωτα; Είμαι βλάσφημη προς τον Θεό, ή προσεύχομαι στη μάνα Φύση; Ποιος θα μου απαντήσει το ερώτημα: ΑΜΑΡΤΑΝΩ ΜΠΡΟΣΤΑ ΣΤΟΝ ΘΕΟ ΜΟΥ Η ΔΟΞΑΖΩ ΤΟΝ ΔΗΜΙΟΥΡΓΟ ΜΟΥ;;»*

***

Ο κάθε άνθρωπος ανεβαίνει τον Γολγοθά του μόνος του. Οι πράξεις του είναι ο σταυρός που κουβαλάει, οι αρχές του, οι σκέψεις του και τα πιστεύω του είναι το αγκάθινο στεφάνι του, οι σχέσεις του με τους άλλους και οι συμπεριφορές του είναι τα καρφιά στα χέρια και τα πόδια του.

Η Ελεονώρα συνεχίζει να είναι άψογη στον άντρα της, κυρία στο σπίτι της, ευγενική στους χωριανούς, τακτική στη λειτουργία. Και παράλληλα εταίρα στη λιμνούλα, ερωμένη στην αγκαλιά του εραστή της, Αφροδίτη στους οργασμούς της.

Αποφάσισε να ξεχωρίσει τα πράγματα, αλλιώς θα τρελαθεί. Άλλο η ζωή της στο χωριό, άλλο η ζωή της στη λίμνη. Εκεί, στο σπίτι της, κυρία γλυκιά και αρεστή, εδώ στη λίμνη τσούλα, πόρνη ξετσίπωτη που όλα θέλει να τα δοκιμάσει κι όλα να τα γνωρίσει. Μέσα σε λίγες βδομάδες έχει μεταμορφωθεί στην τέλεια ερωμένη, σε μια ιέρεια του έρωτα, έχει ξετρελάνει τον Μιχάλη με τη θέρμη της και το ταμπεραμέντο της, αχόρταγη, ακούραστη, ακόρεστη κι ασταμάτητη. Όσα χρόνια στερήθηκε τη χαρά του έρωτα βάλθηκε να τα αναπληρώσει αυτό το καλοκαίρι. Ο Μιχάλης, σαν νεαρό παιδί, ανταποκρίνεται μια χαρά στη ζωντάνια της, βάζοντας κι αυτός απ’ τη μεριά του την αρρενωπότητά του, την ικμάδα του, την αντοχή του και τη δύναμή του που την τρελαίνει και την ανεβάζει στον έβδομο ουρανό. Είναι το τέλειο ζευγάρι, απλά δεν μπορούνε να σταματήσουνε να ευχαριστιούνται ο ένας τον άλλον. Αλλά με το που επιστρέφει σπίτι της μεταμορφώνεται στην όμορφη, ήρεμη, συνετή νοικοκυρά που κανείς δεν έχει να πει κακό λόγο γι' αυτήν.

Όμως, δυο μήνες μετά την αρχή αυτής της περιπέτειας κάποιες σκιές αρχίζουν να σκεπάζουν το ομορφυνημένο πρόσωπό της και κάποια σύννεφα να σκιάζουν την καρδιά της. Συνειδητοποιεί ότι δεν έχει με ποιόν να μιλήσει, δεν έχει εξομολογηθεί σε κανέναν τη διπλή ζωή της. Φίδια αρχίζουν να τη ζώνουν, δηλητηριάζοντας την ευτυχία της. Ο μόνος που μπορεί να μιλήσει είναι ο ίδιος ο Μιχάλης. Αποφασίζει να το κάνει. Άμεσα και χωρίς υπεκφυγές, θα είναι ένα καλό τεστ...

Την άλλη μέρα, μετά το θυελλώδες σμίξιμό τους όταν αυτός κείται ανάσκελα στο γρασίδι λαχανιασμένος, γυρνάει στο πλάι βάζοντας το ένα πόδι στην κοιλιά του, ψαύει με το χέρι της το δασύτριχο στήθος του, πλησιάζει το πρόσωπό της στο δικό του και του ψιθυρίζει στ' αυτί δαγκώνοντας ελαφρά τον λοβό του:

- Δεν ξέρω πώς θα το πάρεις, αλλά έχω το παιδί μας μέσα μου...

Κεραυνός! Αυθόρμητα τινάζεται πάνω αντιθωρώντας την με ολάνοιχτα μάτια. Έχει καταπιεί τη γλώσσα του. Η Ελεονώρα κατεβάζει τα μάτια της στο γρασίδι, κάνοντας άθελά της τη σύγκριση.

- *«Στα δύσκολα μου φαίνεται όλοι οι άντρες είναι παιδιά! Κανείς δεν μπορεί να πάρει ευθύνη τέλος πάντων;»*

Με τη δεύτερη σκέψη αναγκάζεται να το διορθώσει.

- *«Όχι όλοι! Ο πατέρας μου θα 'ξερε τι να κάνει. Το 'κανε άλλωστε με μένα...»*

Σηκώνει τα μάτια της κοιτώντας τον, δεν έχει αλλάξει στάση. Τελικά ανοίγει το στόμα του. Το μόνο που καταφέρνει να πει είναι:

- Τώρα τί;

Η Ελεονώρα σηκώνει τους ώμους της.

- Πού να ξέρω; Γι' αυτό στο λέω εσένα...

Αμήχανη σιωπή για λίγο.

- Μήπως θα 'πρεπε να βεβαιωθείς πρώτα. Να ρωτήσεις έναν γιατρό;

Η Ελεονώρα τον κοιτάει τώρα αυτή με ολάνοιχτα μάτια.

- Εγώ είπες;

Μένει για λίγο σκεφτική. Το 'χει ξαναδεί το έργο...

- *«Πώς το 'πε η Ελβίρα; "Η παγκόσμια συνωμοσία των γυναικών"; Βάλε και τις εγκυμοσύνες μέσα. Μόνες μας θα τα αντιμετωπίσουμε όλα...»*

Κατεβάζει τα μάτια της. Δεν περιμένει πια τίποτα απ' τον Μιχάλη. Ένα πέπλο σηκώνεται αποκαλύπτοντας ολόκληρη τη σκηνή του θεάτρου. Γι' αυτόν είναι μια περιπέτεια ακόμα, μια ακόμα κατάκτηση, μια καλοκαιρινή εκτόνωση.

- *«Ακόμα κι αν στην αρχή ήταν ερωτευμένος, στη διάρκεια του πέρασε. Με το που πέτυχε την "κατάκτηση", του 'φυγε το πάθος της ψυχής, μόνο το σαρκικό έμεινε έως τα τώρα. Όμως τώρα θα φύγει κι αυτό...»*

Σηκώνει ξανά τα μάτια της. Έχει καθίσει πλάι της, αλλά δεν λέει να την αγγίξει. Κι όμως! Αυτό θέλει αυτήν τη στιγμή, αυτό χρειάζεται η γυναίκα αυτήν τη γαμημένη στιγμή! Την αγκαλιά του να κλάψει, το στήθος του να χωθεί, να μυρίσει τον ίδρω του. Έστω να της έπιανε τουλάχιστον το χέρι!...

- *«Απ' την άλλη, ούτε κι εγώ τον έχω ερωτευτεί. Ένα πάθος είναι και για μένα. Όμως όλες οι φιλενάδες μου συζήταγαν ότι την πρώτη φορά ερωτεύεσαι σίγουρα. Εγώ ούτε τον Αρίστο ερωτεύτηκα, ούτε αυτόν. Τρελή είμαι ή μια ανώμαλη χωρίς αισθήματα;»*

Αποφασίζει να κάνει η ίδια την επόμενη κίνηση. Αποφασίζει γι' άλλη μια φορά να είναι αυτή η δυνατή. Παίρνει το χέρι του ανάμεσα στα δικά της.

- Μην ανησυχείς, θα πω στον άντρα μου ότι είναι δικό του. Ίσως αποφύγω έτσι το σκάνδαλο...

Σιγά μην ανησυχεί! Μια ερώτηση της καίει όμως ακόμα τα χείλια.

- Εσύ; Με θέλεις ακόμα; Θα μου κάνεις ακόμα έρωτα όπως τώρα;

Ο Μιχάλης έχει σοβαρέψει απότομα. Την κοιτάει τώρα κι αυτός άφοβα, μέσα στα μάτια.

- Ελεονώρα, το ξέραμε απ' την αρχή ότι η σχέση με μια παντρεμένη γυναίκα δεν μπορεί να προκόψει! Νόμιζα ότι και για τους δυο ήταν μόνο ένα πάθος.

- Θα μπορούσαμε όμως να ερωτευθούμε και να χωρίσω απ' τον άντρα μου για να παντρευτούμε και να ζήσουμε μαζί. Ίσως κάπου αλλού. Το λέω μόνο θεωρητικά, γιατί απ' ό,τι φαίνεται, ούτε εσύ ούτε εγώ φτάσαμε μέχρις εκεί...

Την κοιτάει, με έκπληξη αυτήν τη φορά.

- Ελεονώρα, δεν σκέφτηκα ποτέ το γάμο! Εγώ είμαι ναυτικός, δεν μπορώ να κάνω οικογένεια εύκολα...

Κομπιάζει.

- Άλλωστε δεν σου το 'χω πει, αλλά σε έναν μήνα φεύγω στα καράβια. Δεν θα 'μενα για πάντα στον Σάββα! Ίσως είναι καλύτερα να χωρίσουμε εδώ...

Η Ελεονώρα κοιτάει τη γη από κάτω της. Θα 'θελε να μπορούσε τώρα να χωθεί μέσα της, να χωθεί στη μάνα γη, να κλάψει στην αγκαλιά της μάνας της, αλλά μάλλον θα πρέπει να περιμένει μέχρι να πεθάνει για να αγκαλιαστούν παντοτινά.

Το περίμενε, από ένστικτο περίμενε μια τέτοια εξέλιξη, κάτι τέτοιο ήταν πάντα κρυμμένο στο πίσω μέρος του μυαλού της και το καταχώνιαζε εκεί με τον ζήλο του παιδιού που κρύβει το κλεμμένο μήλο απ' τον κήπο του γείτονα, αλλά να! Η αλήθεια τώρα φανερώνεται, δεν μπορεί να μείνει άλλο κρυμμένη, η αλήθεια πάντα τινάζεται σαν τη γοργόνα που πετιέται απ' τα κύματα! Γίνεται τώρα φανερό ότι το σμίξιμο αυτό ήταν μια καθαρά σαρκική έλξη, ένα παράλογο πάθος, μια γλυκιά ανατριχίλα, ένα ηδονικό παραλήρημα, αλλά όταν έρθει η ώρα να δεις την ψυχική κενότητα από πίσω, είσαι πάντα απροετοίμαστος. Ο άνθρωπος είναι πάντα απροετοίμαστος όταν έρθει η ώρα να αντιμετωπίσει τις συνέπειες της αποκοτιάς του... Ξανασηκώνει τα μάτια της.

- Θα μου κάνεις έρωτα για τελευταία φορά;

Ο Μιχάλης σηκώνεται.

- Νομίζω πως είναι καλύτερα να χωρίσουμε εδώ! Αιφνιδιάστηκα με αυτήν την εξέλιξη...

Μαζεύει τα ρούχα του και γονατίζει πλάι της. Της δίνει ένα φλογερό φιλί στο στόμα. Το τελευταίο, αποχαιρετιστήριο φιλί...

- Ελεονώρα, δεν είσαι μόνη σου! Έχεις άντρα, έχεις τον πατέρα σου και τον πεθερό σου, όλοι στο χωριό σε αγαπάνε και θα σου παρασταθούν. Ας το σταματήσουμε εδώ, ας μην το χαλάσουμε.

Ας κρατήσουμε τις καλές στιγμές μέσα μας, ας το κρατήσουμε σαν μια υπέροχη ανάμνηση...

Η Ελεονώρα δεν τον κοιτάει πια, κοιτάει τις πέρδικες που συνεχίζουν να πλατσουρίζουν με σαματά, αλλά τώρα στην απέναντι όχθη της βάθρας, λες κι έχουν καταλάβει την ένταση ανάμεσα στο ζευγάρι που μόλις πριν λίγο ήταν περιπλεγμένο σε μιαν αιθέρια ερωτική σπονδή...

Ο Μιχάλης σηκώνεται. Με κατεβασμένο το κεφάλι προχωράει προς τον φράχτη. Η Ελεονώρα αντιστέκεται στον πειρασμό να στραφεί προς τη μεριά του, δεν θέλει να έχει την πλάτη του για τελευταία ανάμνηση. Τον ακούει να περνάει από κάτω κολυμπώντας, αποχωρώντας για πάντα απ' τον μικρό παράδεισό τους. Όταν η ησυχία επανέρχεται σε λίγο, ξέρει ότι όλα πια έχουν τελειώσει...

Εξομολόγηση

Μόλις έχει περάσει η Πρωτοχρονιά κι ο χειμώνας διασκεδάζει το απόγειό του. Η Ελεονώρα κάθεται στο παράθυρο του μεγάλου σαλονιού με ένα βιβλίο στα γόνατα. Είναι πια έξι μηνών και η κοιλιά της είναι εμφανής, όσο και η ομορφιά της που λες και δεν θα σταματήσει ποτέ να ανθίζει. Η Ελβίρα έχει αναλάβει όλες τις δουλειές του σπιτιού προσφέροντάς της τον χρόνο που χρειάζεται να κοπάσει την εσωτερική της ταραχή που την κρύβει επιδέξια απ' όλους.

Έχει καταλήξει ότι είναι ηλίθια. Αυτή που περνούσε τον εαυτό της για έξυπνο, ερωτεύτηκε σφόδρα τον Μιχάλη, όσο κι αν πίστευε το αντίθετο, όσο κι αν ήθελε να το πολεμήσει, να μην το αφήσει να συμβεί. Τόσον καιρό βαυκαλίζονταν προσπαθώντας να πείσει τον εαυτό της για το αντίθετο. Έζησε πεισματικά μεσ' την πλάνεψη κι έπρεπε αυτός να την παρατήσει πρώτα για να το συνειδητοποιήσει! Τόσο δυνατή είναι λοιπόν η σαρκική έλξη που την τύφλωσε απόλυτα; Και πού την οδήγησε; Σε μιαν ερωτική απογοήτευση που, μήνες μετά, κατατρώει ακόμα τα σωθικά της, ένα συναίσθημα πρωτόγνωρο, οδυνηρό, πνιγηρό, μια βουβή θλίψη για την απώλεια ενός δικού της κομματιού που στοιχειώνει τα βράδια της. Μιαν ερωτική απογοήτευση που χτύπησε κεραυνοβόλα, πριν προλάβει καν να συνειδητοποιήσει τον έρωτά της προς τον εραστή που ταίριαξε τόσο απόλυτα μαζί της ώστε να κατακτήσει άνευ όρων το σώμα της και την καρδιά της.

Έχει καταλήξει επίσης ότι είναι μια άτιμη πόρνη. Για μεγάλο διάστημα αμφιταλαντεύθηκε ανάμεσα στη λογική και το συναίσθημα. Το μυαλό της υπενθύμιζε τις διδαχές που γαλουχήθηκε από παιδί, αλλά το κορμί της τρεμούλιαζε κάθε φορά που ανακαλούσε τους οργασμούς που βίωσε στην αγκαλιά ενός πραγματικού αρσενικού. Με πάθος περισσό προσπαθεί τώρα να επιβάλλει στον εαυτό της τη φωνή της λογικής, αλλά πάντα η καρδιά της βγάζει τη γλώσσα κοροϊδευτικά, διαχέοντας στο κορμί της τη γλυκοπικρόξινη τρεμούλα της ερωτικής απογοήτευσης. Αναζητά εναγωνίως δικαιολογίες, προσπαθεί να πείσει τον εαυτό της ότι η έλλειψη συντροφικότητας στο γάμο της επέτρεψε στο παραστράτημα να συμβεί. Ναι, αλλά τι έκανε η ίδια για τη συντροφικότητα; Απ' την άλλη μεριά, ακόμα κι αν είχε προσπαθήσει και είχε πετύχει, δεν θα ξανασυνέβαινε τάχατις με κάποιον άλλο, αφού τόσο η σαρκική ανάγκη της όσο και η ανάγκη της να ερωτευθεί εκφράστηκαν τόσο έντονα; Δεν θα ήταν ο γάμος της μήπως για πάντα λειψός χωρίς τη σωματική επαφή, χωρίς την ερωτική ολοκλήρωση, ακόμα κι αν υπήρχε η τέλεια συντροφικότητα και θαλπωρή; Όχι! Δεν μπορούν να είναι όλα τέλεια σε μια σχέση! Τί πρέπει λοιπόν να βάλει κάποιος σε προτεραιότητα; Μα, είναι σαφές! Ο γάμος είναι ιερός κι ευλογημένος, η πίστη και η αφοσίωση είναι απαραίτητες αρετές, ανώτερες απ' τις ποταπές ανάγκες της σάρκας και το ευτελές συναίσθημα του έρωτα! Έτσι δεν έχουμε μάθει άλλωστε από παιδιά;

Γι' αυτό λοιπόν καταλήγει ότι τελικά είναι μια άτιμη πόρνη. Και για πολλά άλλα. Έχει μέσα στο σώμα της το παιδί του Μιχάλη και στην καρδιά της τον πικρό έρωτά της γι' αυτόν, αλλά δεν έχει το θάρρος να το πει στον άντρα της, τον αφήνει να νομίζει ότι το παιδί είναι δικό του. Έγινε πραγματική γυναίκα στην αγκαλιά του Μιχάλη, αλλά υποκρίνεται στον Αρίστο ότι το απολαμβάνει μαζί του. Η σκέψη της είναι διαρκώς στον πρώην εραστή της, αλλά είναι όλο γλύκα με τον άντρα της, που έτσι κι αλλιώς δεν ενδιαφέρεται γι' αυτήν. Είναι φιλική με όλους στο χωριό, αλλά ξέρει ότι όλοι μιλάνε με μιαν εταίρα. Κοιτιέται στον καθρέφτη και βλέπει μιαν υποκρίτρια τσούλα.

- *«Πώς έγινα έτσι; Γιατί αυτή η διπλή προσωπικότητα; Πού πήγε η ειλικρίνεια που με το παράδειγμά του μου δίδασκε τόσα χρόνια ο πατέρας μου;»*

Στη σκέψη αυτή πετιέται όρθια! Ο Χαράλαμπος! Να η λύση της! Η Ελβίρα που πηγαινοέρχεται στο σαλόνι κι έχει συνέχεια ένα μάτι πάνω της, σκιάζεται.

- Τι έπαθες;

- Τίποτα! Μόλις θυμήθηκα ότι κάτι ξέχασα να πω στον παπα-Χρυσάφη. Θα πεταχτώ λίγο στο σπίτι και θα γυρίσω. Δεν θα αργήσω!

Χωρίς να περιμένει απάντηση ανοίγει την πόρτα κι εξαφανίζεται...

***

Ο Χαράλαμπος δεν είναι σπίτι. Περίεργο, γιατί αυτή την ώρα πρέπει να έχει τελειώσει τις υποχρεώσεις του στην εκκλησία. Πηγαίνει φουριόζα εκεί. Ναι, είναι στην καμαρούλα του, τον βλέπει απ' τη μισάνοιχτη πόρτα του να κάθεται στο γραφειάκι του, σκεφτικός με το χέρι στο πηγούνι. Διστάζει μόνο για μια στιγμή, δεν ξέρει πώς ακριβώς να το χειριστεί, οι σκέψεις της είναι χιλιάδες και οι λύσεις καμία, δεν έχει από πουθενά πια να πιαστεί να ηρεμήσει την τρικυμία της... Όμως πρέπει να γίνει, και η στιγμή είναι τώρα! Ή τώρα ή ποτέ!

Χτυπάει ελαφρά την πόρτα για να μην τον τρομάξει και μπαίνει αθόρυβα. Ο πατέρας της στρέφει τα μάτια του, μόνο τα μάτια του, τα οποία αναγαλλιάζουν στη θωριά της, αλλά παραμένει ακίνητος, σαν βαριά θλίψη να τον έχει παραλύσει, σαν κάποιο ζοφερό μήνυμα να τον πρόφτασε.

Η Ελεονώρα γονατίζει πιάνοντας το χέρι του που το 'χει ακουμπισμένο χαλαρά στο γόνατο.

- Πάτερ-Χρυσάφη, έρχομαι σαν ενορίτισσα! Σε παρακαλώ, ξέχασε ότι είμαι κόρη σου! Θέλω να εξομολογηθώ ενώπιον του Θεού! Αμάρτησα! Ερωτεύτηκα κι αμάρτησα!

***

Είναι πάλι της Θεοτόκου, η μεγάλη γιορτή της Χαράς του Ευαγγελισμού. Η ημέρα που η αιώνια ζωή δόθηκε στον άνθρωπο. Ο παπα-Χρυσάφης τελειώνει κανονικά τη λειτουργία κι όπως πάντα δέχεται στη συνέχεια τους πιστούς, ακούγοντας καρτερικά τα προβλήματά τους και δίνοντας τις σοφές συμβουλές του.

Όμως μέχρις εκεί! Εδώ και πολλούς μήνες, με το που βγαίνει απ' την εκκλησία παραμένει σιωπηλός. Κλείνεται στο σπίτι του, δεν επισκέπτεται κανέναν ούτε και δέχεται επισκέψεις και δεν ανοίγει το στόμα του μέχρι την επαύριον που θα ξαναλειτουργήσει. Δεν μιλάει ούτε στην κόρη του που τον επισκέπτεται με τρέμουλο προσπαθώντας μάταια να του αποσπάσει κάποια λέξη που θα λήξει τον δικό της ψυχικό αναβρασμό απ' την ημέρα που του εξομολογήθηκε. Όμως αυτός, αφού την άκουσε με προσοχή, δεν ξαναμίλησε από τότες! Ούτε λέξη! Σε κανέναν, ούτε καν στους συνεργάτες του που σταυροκοπιούνται μην ξέροντας τι του συνέβη...

Η Ελεονώρα είναι πια σίγουρη ότι η ίδια του προκάλεσε αυτό το κάτι σαν εγκεφαλικό. Θεωρεί τον εαυτό της υπεύθυνο και τον επισκέπτεται από τότε κάθε μέρα για να του μαγειρέψει και να του καθαρίσει, καθώς ο παπα-Χρυσάφης, αφού φόρεσε ένα απλό καλογερικό ράσο, έγινε εκτός από σιωπητής και νηστευτής προς μεγάλη της απελπισία που βλέπει ότι δεν μπορεί πια να τον δελεάσει με τις νοστιμιές που κάποτε τις απολάμβανε απ' τα χέρια της. Όλα αυτά με την κοιλιά στο στόμα, κάνοντας την Ελβίρα με τη σειρά της να τρέχει τώρα ξοπίσω της για "να προλάβει το κακό" προσπαθώντας να την ξαλαφρώσει από μιαν αναταραχή για την οποία δεν γνωρίζει τον λόγο!

Έτσι και σήμερα η Ελεονώρα επισκέπτεται μετά τη λειτουργία το πατρικό της για να βρει την Ελβίρα να έχει καθαρίσει, τακτοποιήσει και μαγειρέψει. Μια μικρή μερίδα μπακαλιάρο για τον παπα-Χρυσάφη - που ούτως ή άλλως θα φάει μόνο μια μπουκιά με μισή φέτα ψωμί - και από τρία κομμάτια ψάρι με σαλάτα για την Ελεονώρα και την ίδια.

Ο παπα-Χρυσάφης, πάντα σιωπηλός, κάθεται ευθυτενής με τα μάτια του να κοιτάνε τους πάντες με αγάπη, αλλά με τα φρύδια σηκωμένα ψηλά, σαν να παρακαλάει για συγχώρεση θα 'λεγε κανείς, πράγμα που προκαλεί μάλλον αμηχανία. Σήμερα όμως είναι κάπως διαφορετικός. Φαίνεται σκεφτικός, δεν αγγίζει το φαγητό του, παρά μόνο παρατηρεί γύρω του τους παρισταμένους με πραότητα περιμένοντας να τελειώσουν. Η Ελεονώρα προσπαθεί να του βάλει μια μπουκιά στο στόμα, έχει αδυνατίσει πια πάρα πολύ σπέρνοντας την ανησυχία στο σπιτικό του. Αρνείται με ένα αδιόρατο κούνημα του κεφαλιού και η Ελεονώρα παραιτείται γνωρίζοντας ότι είναι μάταιο να επιμείνει. Τα τεντωμένα νεύρα της είναι έτοιμα να σπάσουν, οι μέρες της πλησιάζουν, η έγνοια της για τον πατέρα της έχει επισκιάσει τη δικιά της ταραχή που την έχει θάψει προσωρινά στα βάθη της ψυχής της. Την άρνησή του στις προσπάθειές της να τον φροντίσει την παίρνει σαν απόρριψη, πράγμα που πάει πάρα πολύ για την ψυχική της ισορροπία που βρίσκεται πλέον στο μεταίχμιο της κατάρρευσης. Σηκώνει αίφνης τα χέρια σκεπάζοντας το πρόσωπό της, όμως αυτά αρχίζουν ασυναίσθητα να τρέμουν και να σφίγγονται με κίνδυνο να βγάλει τα μάτια της, τα πόδια της αρχίζουν να χτυπάνε στο έδαφος και δάκρια αρχίζουν να κυλάνε αθόρυβα ανάμεσα στα σφιγμένα της δάχτυλα. Βρίσκεται στα πρόθυρα σοκ, κάτι που το αντιλαμβάνεται πρώτη η Ελβίρα. Αναπηδάει και την παίρνει αγκαλιά...

Ο παπα-Χρυσάφης τινάζεται στην καρέκλα του, σαν να ξυπνάει από λήθαργο, σαν να αντιλαμβάνεται μόλις τώρα τι έχει άθελά του προκαλέσει η δικιά του αναταραχή, σαν να συνειδητοποιεί τις ενδεχόμενες συνέπειες που μπορεί να έχει για την κόρη του μια επιδείνωση του ήδη επιβαρυμένου ψυχισμού της. Η έκφρασή του σκληραίνει, πετιέται επάνω, ανοίγει την πόρτα κι εξαφανίζεται τρέχοντας, αφήνοντας εμβρόντητες τις δυο γυναίκες που δεν προλαβαίνουν να αντιδράσουν. Η Ελεονώρα όμως συνέρχεται με την απρόοπτη αντίδρασή του και τρέχει ξοπίσω του, αλλά δεν τον προλαβαίνει, ο παπα-Χρυσάφης έχει ήδη εξαφανιστεί, άγνωστο προς ποια κατεύθυνση...

Η Χαραυγή της Νέας Νόησης ή, αν θέλετε, το Θαύμα της Κατανόησης

Διώξε τη Φύση απ' την πόρτα κι αυτή θα μπει απ' το παράθυρο. (*)

Ο Χαράλαμπος τρέχει σαν τρελός μέσα στα σοκάκια της Κωμόπολης. Πίσω απ' τις γρίλιες των παραθύρων περίεργα μάτια τον αντιλαμβάνονται, αλλά δεν δίνουν και μεγάλη σημασία, όλοι ξέρουν ότι ο εφημέριός τους την έχει ψωνίσει, συνεπώς δεν είναι περίεργη καμιά συμπεριφορά του. Άλλωστε η κατάστασή του έχει φτάσει στ' αυτιά του μητροπολίτη, ο οποίος, λένε, ετοιμάζεται να τον αντικαταστήσει.

Όμως ο Χαράλαμπος δεν έχει πια επαφή με τον κόσμον αυτόν. Τρέχοντας χωρίς σκοπό και προορισμό μουρμουρίζει συνεχώς μονότονα κι επαναλαμβανόμενα μέσα στα δόντια του:

- Ηλί, ηλί! Λαμά σαβαχθανί;

Ξαφνικά σταματάει, μαρμαρώνει κοιτώντας μπροστά του ασθμαίνοντας. Η τύχη (ή το ένστικτο;) τον έχει φέρει μπροστά στο αρχοντικό της Ελεονώρας. Ο Αρίστος, πάντα αδιάφορος για τα τεκταινόμενα, θεωρώντας ότι η Ελβίρα φροντίζει τη γυναίκα του που είναι επίσκεψη στον πατέρα της, έχει πάει για χαρτιά στο καφενείο. Το σπίτι φαντάζει έρημο και σιωπηλό.

Ο Χαράλαμπος νιώθει μιαν αστραπή να ξεσκίζει τη ματιά και το μυαλό του. Μια επιφοίτηση κατακλύζει το Είναι του, μια απάντηση τον περιμένει και ξέρει πού! Αλαφιασμένος ανοίγει την αυλόπορτα και ξεχύνεται τρέχοντας στον τεράστιο κήπο με κατεύθυνση τον ελαιώνα. Ροβολάει ανάμεσα στα λιόδεντρα βγάζοντας παράλληλα το ράσο του που τον εμποδίζει όπως ξεσκίζεται απ' τα ξερόκλαδα καθώς πιλαλάει ξέφρενα ανάμεσό τους. Φτάνει στη βάθρα, στον τόπο της αμαρτίας, πετάει τα υπολείμματα του ράσου του στην όχθη και ρίχνεται γυμνός στα μαρτιάτικα νερά. Κολυμπάει απέναντι, προς τον καταρράκτη, μπαίνει κάτω απ' το τρεχούμενο νερό, σκαρφαλώνει λίγο στα βράχια εκεί ακριβώς που σκάει με ορμή το παγωμένο κατακρήμνισμα, γονατίζει σαν αλλοκοσμικός, σκελετωμένος καλικάντζαρος περιβαλλόμενος απ' τον μετέωρο υετό που αστραπολάμπει παιχνιδίζοντας με το φως δημιουργώντας ένα τεράστιο φωτοστέφανο γύρω του, σηκώνει τα χέρια του προς τον ουρανό κι ανακράζει σαν την Άγια Φιγούρα της Αποκάλυψης:

- Να! Ορίστε! Βρέθηκα κι εγώ τώρα στον τόπο του μαρτυρίου! Είμαι κι εγώ εδώ τώρα! Ο γυμνός, αδύναμος άνθρωπος που στέκεται τρέμοντας μπροστά στο Μεγαλείο σου! Πες μου λοιπόν! Πες μου! Μίλα μου με τη σιωπή σου, φανερώσου μου μεσ' την αϋλοσύνη σου! Γιατί είναι δυνατόν η σάρκα να νικήσει το πνεύμα; Γιατί είναι δυνατόν το πνεύμα να ολιγωρήσει μπροστά στη σάρκα; Πώς το επιτρέπεις αυτό; Δεν είναι αλήθεια ότι το πνεύμα είναι η κινητήρια δύναμη του σύμπαντος; Εσύ δεν είσαι το Πνεύμα του Κόσμου; Εσύ που είσαι ο Ένας ο Πνευματικός; Πώς γίνεται να παραδίνεις το ασθενές σαρκίο στην αμαρτία; Ή μήπως δεν είναι αλήθεια ότι η σάρκα είναι ασθενική! Γιατί εμένα μου φαίνεται ότι είναι δυνατότερη και ότι βγαίνει αναζωογονημένη απ' την αμαρτία! Ή μήπως αυτό που ορίσαμε εμείς οι άνθρωποι σαν "αμαρτία" δεν είναι τέτοια; Εσύ το όρισες ή ο άνθρωπος; Καταλαβαίνω τις ανάγκες του ανθρώπου και ξέρω ότι στα πλαίσια του γάμου είναι ευλογημένη από σένα η ικανοποίησή των σαρκικών αναγκών του. Αλλά γιατί αυτή η ικανοποίηση που προκύπτει απ' το σμίξιμο των ανθρώπων, είναι καταραμένη έξω απ' τον γάμο κι ευλογημένη μέσα στον γάμο; Γιατί δυο νεαρά παιδιά που νιώθουν την αρχέγονη έλξη που εσύ όρισες για όλα τα ζωντανά είδη, είναι καταραμένα από σένα, πώς μπορείς να το κάνεις αυτό, εσύ ο Πανάγαθος; Γιατί το πιο φυσικό πράγμα του κόσμου, η διαιώνιση του είδους μας, πρέπει να υπακούει σε κανόνες αντίθετους με τη Φύση μας; Πώς μπορεί μια ψυχή αγνή, μια ψυχή νεαρή χωρίς τη φθορά της κακίας του κόσμου να αμαρτήσει ακολουθώντας τη Φύση της; Εσύ δεν έφιαξες τη Φύση και της έδωσες την εξουσία της Ζωής και του Θανάτου; Πώς μπορεί η λατρεία της Ζωής να είναι αμαρτία; Ή μήπως δεν έφτιαξες Εσύ τη Φύση; Ή την έφτιαξες στραβά; Δεν καταλαβαίνω πια τίποτα, με έχεις μπερδέψει τελείως! Γιατί είναι αμαρτία το σμίξιμο των ερωτευμένων και ο καρπός του απορριπτέος; Θα μου δώσεις άραγες κάποτες μιαν απάντηση; Θα μου δώσεις μιαν απάντηση; Λέω, θα μου δώσεις κάποτες μιαν απάντηση; Αν το δώρο της Ζωής που δόθηκε στον Άνθρωπο από

Εσένα τον ίδιο είναι το μεγαλύτερο αγαθό, αν ο ίδιος ο Υιός σου ευλόγησε τον γάμο και τα παιδιά, πώς μπορούν δυο νέοι που δοξάζουν και τιμούν ακριβώς αυτά τα δώρα Σου να αμαρτάνουν;

Σταματάει λαχανιασμένος, το στήθος του ανεβοκατεβαίνει, αλλά συνεχίζει αμέσως.

- Διακήρυξες μέσω των προφητών σου την ανωτερότητα της ψυχής έναντι του σαρκίου. Διόρθωσέ με αν κάνω λάθος, αλλά δεν είναι η σμίξη δυο νεαρών ανθρώπων το δόξασμα Εσού από δυο ψυχές που εκτελούν τις εντολές σου; Το σαρκίο είναι μόνο το όχημα στην ένωση αυτήν, οι ψυχές είναι το τραγούδι της Ζωής και οι οργασμικές κραυγές τους η Χαραυγή της καινούριας Ζωής. Θα μου πεις, στην περίπτωση της Ελεονώρας υπάρχει μοιχεία! Πράγματι, εγώ ο ίδιος συνέζευξα τους νεόνυμφους, εν ονόματι Σου. Γιατί τότε αποδείχθηκε η σύζευξη αυτή λάθος, γιατί με άφησες να συζεύξω τα αταίριαστα; Γιατί είναι αμαρτία το ότι η Φύση ανέλαβε να διορθώσει το λάθος μου, ταιριάζοντας σωστά τα νεαρά κορμιά, ώστε να δημιουργήσουν την ευλογημένη από Σένα νέα ζωή; Αν η δεύτερη επιλογή, το σωστό ταίριασμα δηλαδή, είναι η σωστή, τότε ποια είναι η έννοια της μοιχείας; Τι νόημα έχει να επιμένουμε στην πρώτη επιλογή, να επιμένουμε σε ένα λάθος, σε μια αταίριαστη ζεύξη ανάμεσα σε δυο πληγωμένες ψυχές, μια ζεύξη που αντιτίθεται στην ανύψωση του Ανθρώπου, που είναι αντίθετη στη συνέχιση της Ζωής αφού οδηγεί στον ακριβώς αντίθετο δρόμο ταλαιπωρώντας και τους δυο εγκλωβισμένους ταυτόχρονα; Αλήθεια τώρα που το σκέφτομαι, είναι πράγματι δική σου προσταγή η έννοια της "μοιχείας" ή την σκαρφίστηκαν οι άνθρωποι για να εξυπηρετήσουν δικούς τους σκοπούς; Γιατί αν είναι δικιά σου, τότε πρόκειται για έναν θεϊκό κανόνα, στον οποίο πρέπει να υπακούουν όλοι οι οργανισμοί, άνθρωποι και ζώα, όπως ακριβώς υπακούουν στον επίσης δικό Σου κανόνα της Δημιουργίας και της συνέχισης της Ζωής, μέσα απ' τη σμίξη των οργανισμών. Γιατί βλέπω εδώ μιαν αντίφαση, που μόνον έργο ανθρώπων και όχι θεού μπορεί να είναι;

Κοιτάει προς τα πάνω με γουρλωμένα μάτια μέσα απ' το νερό που τον περιλούζει, σαν να περιμένει μιαν απάντηση απ' τον ουρανό.

- Εμένα μου φαίνεται ότι τέτοιοι κανόνες μοναδικό σκοπό έχουν να περιορίσουν την ελευθερία των ανθρώπων και να τους επιβάλλουν συγκεκριμένες συμπεριφορές. Όλοι οι υπόλοιποι οργανισμοί είναι ελεύθεροι να ζευγαρώνουν κατά βούληση, ο άνθρωπος όμως όχι! Πρέπει να υπακούει στον κανόνα του γάμου, θυσιάζοντας ένα κομμάτι της ελευθερίας του. Όμως ο άνθρωπος πρέπει σε τελική ανάλυση να είναι ελεύθερος, ή μήπως όχι; Μήπως ψάχνει από μόνος του να παραδώσει την ελευθερία του, απεμπολώντας από πάνω του συνάμα και την ελευθερία της επιλογής; Μια ικανότητα που πάλι Εσύ τον προίκισες, προικίζοντάς τον με το χάρισμα της νόησης που μόνο αυτός απ' όλα τα πλάσματα κατέχει, αφού η επιλογή βασίζεται στη νόηση; Ένας μεγάλος διανοητής, που είναι μάλιστα Δικό σου δώρο, αφού ονομάζεται "Θεόδωρος", είπε πως *δεν υπάρχει πιο ακατάπαυστη και πιο βασανιστική φροντίδα για τον άνθρωπο όταν μένει ελεύθερος, παρά πώς να βρεί όσο γίνεται γρηγορότερα κάποιον να προσκυνάει (*)*. Ποιος είναι λοιπόν ελεύθερος και ποιος προσκυνάει, αυτός που ζει συμβατικά με έναν αταίριαστο σύντροφο, χωρίς "μοιχεία", ή αυτός που διαλέγει τον σύντροφο που του ταιριάζει κι εκπληρώνει την αποστολή του στη γη προσφέροντάς σου την καινούρια Ζωή; Ποιος απ' τους δυο είναι ο ελεύθερος;

Σταυρώνει τα χέρια του στο στήθος καθώς ένα επίμονο τουρτούρισμα τον κατακτά αργά αλλά σταθερά, απλωνόμενο επιτακτικά στα μέλη του. Αδιαφορεί και συνεχίζει.

- Αναγνωρίζω ότι ο άνθρωπος συνειδητά ή ακόμα κι ασυνείδητα έχει συναίσθηση της αδυναμίας του κι αναζητά κάτι πολύ ανώτερο, Εσένα δηλαδή, για να πιστέψει και να εναποθέσει τις ελπίδες του για μια καλύτερη ζωή. Πρέπει όμως να βρίσκεσαι μακριά κι έξω από αυτόν για να πιστέψει και να σε προσκυνήσει. Διότι αν παραδεχτεί ότι αυτό το "ανώτερο" ον, Εσύ, είσαι κοντά και γύρω του, είναι σαν να παραδέχεται φανερά την αδυναμία του αφού προσκυνά και πιστεύει σε κάτι ίσο με αυτόν, σε κάτι που το βλέπει και το αγγίζει. Όμως κάτι τέτοιο η υπεροψία του και η αλαζονεία του δεν το επιτρέπει, αφού ο άνθρωπος δεν θεωρεί τίποτα από αυτά που υπάρχουν γύρω του σαν ανώτερο απ' τον ίδιο, αντίθετα θεωρεί τον εαυτό του ανώτερο απ' όλα όσα βλέπει κι αισθάνεται, με δυο λόγια θεωρεί τον εαυτό του κυρίαρχο του κόσμου! Τι ματαιοδοξία, αλήθεια! Συνεπώς Εσύ, ο Θεός, πρέπει απαραίτητα να είσαι μακριά κι αόρατος για να μπορεί να σε προσκυνήσει και να πάψει έτσι να 'ναι ελεύθερος. Όμως αυτό δεν είναι σωστό! Εσύ έπλασες τον άνθρωπο ελεύθερο! Ή μήπως δεν τον θέλεις ελεύθερο; Όχι, δεν είναι αλήθεια αυτό! Διακήρυξες πως ο άνθρωπος πρέπει να είναι ελεύθερος, να παίρνει μόνος του τις αποφάσεις του. Για παράδειγμα, είπες ότι ο άνθρωπος είναι ελεύθερος να πιστέψει σε Σένα ή ακόμα και να μην πιστέψει, η επιλογή είναι δική του. Όσοι δεν διαλέξουν να σε ακολουθήσουν, δεν τους εξαναγκάζεις, παρά σέβεσαι την απόφασή τους. Απ' την άλλη μεριά όμως, τους διαβεβαιώνεις ότι στην άλλη ζωή τους περιμένει το πυρ το εξώτερο, αλλά ίσως εννοείς ότι αφού στην άλλη ζωή δεν υπάρχει πια ο άνθρωπος παρά μόνον η ψυχή του, δεν υπάρχει πρόβλημα καθώς οι ψυχές ανήκουν σε Εσένα. Τέλος πάντων, αυτό είναι άλλο θέμα, όμως την ελευθερία του Ανθρώπου του την έχεις απλόχερα δωρίσει. Ποιος τότε έθεσε όλους αυτούς τους περιορισμούς; Τα πτηνά και τα ζώα που Εσύ δημιούργησες δεν γνωρίζουν ούτε την έννοια της ελευθερίας, ούτε την έννοια της μοιχείας. Ζευγαρώνουν κατά βούληση αυξανόμενα και πληθυνόμενα κατά την ευλογία Σου. Μήπως η ηθική είναι τελικά αδύναμη μπροστά στους κανόνες της Φύσης και του Χρόνου; Μήπως η ηθική είναι τελικά ανθρώπινη και όχι θεϊκή επινόηση και γι' αυτό είναι συνεχώς υπό αμφισβήτηση; Η ανθρωπότητα βίωσε, και βιώνει ακόμα, αιώνες ολόκληρους πολέμων κι αγώνων στο όνομα της ηθικής, μιας ηθικής που στραγγαλίζει την ψυχή των ανθρώπων, καταλήγοντας σε ήττες και πανωλεθρίες με τη φυσική ισορροπία να βγαίνει πάντα σε βάθος χρόνου νικήτρια! Τελικά μήπως η μόνη ηθική που πραγματικά υπάρχει είναι η ηθική της Φύσης και του Χρόνου, η *Ηθική της Φυσικής Ισορροπίας*;

Τα μάτια του ολάνοιχτα, τα χείλια του τρεμοπαίζουν, αλλά δεν είναι μόνο απ' το κρύο. Νιώθει ότι κάτι τεράστιο, κάτι τρομερό είναι έτοιμο να του αποκαλυφθεί κι η προσμονή αυτή τον έχει συνεπάρει...

- Πολλά τα ερωτήματα που ταλανίζουν την ψυχή μου, πολλές οι αντιφάσεις κι οι αμφιβολίες. Αλλά μου φαίνεται ότι ήρθε η ώρα να συνοψίσω στο ένα και μοναδικό ερώτημα που καίει το Είναι όλων των ανθρώπων, αλλά κανείς δεν τολμάει να το ξεστομίσει. Μάλλον έχει έρθει η ώρα να το ξεστομίσω τώρα εγώ: Μήπως τελικά δεν είσαι αυτός που μας λένε ότι είσαι; Μήπως τελικά είσαι αυτό που δεν βλέπουμε, εμείς οι τυφλοί, μπροστά στα μάτια μας; Μήπως είσαι η Μητέρα μας η Φύση που, γονιμοποιούμενη απ' τον Πατέρα μας τον Χρόνο, θέτει από κοινού με αυτόν τους κανόνες, Φυσικούς, Πνευματικούς και Ηθικούς, στους οποίους υπακούουν όλες ανεξαιρέτως οι υπάρξεις, έμβιες και άβιες; Μήπως δεν υπάρχει η ψυχή μας, όπως μας δίδαξαν και μας έκαναν να πιστεύουμε, αλλά μόνο το τρίπτυχο *Φύση, Πνεύμα και Ηθική* που και τα τρία μαζί, ενωμένα κι αδιαίρετα, σαν τη Νέα Αγία Τριάδα, συντίθενται τελικά στην Ψυχή των Πάντων; Γιατί αν πράγματι υπάρχεις, φανερώσου επιτέλους, αιώνες σε περιμένουμε! Αν δεν υπάρχεις, τότε κάνε τόπο στις καρδιές μας, στις καρδιές των ανθρώπων, για τη Μητέρα μας και τον Πατέρα μας που είναι παντού παρόντες γύρω μας, που μας αγκαλιάζουν πότε στοργικά και πότε τραχιά, πότε βίαια και πότε τρυφερά κι ανάλαφρα, πότε αναγεννητικά με την ανάσα της ζωής και πότε αφανιστικά με την κρυάδα του θανάτου. Μας δίδαξαν να πιστεύουμε σε κάτι ανώτερο, αλλά τι ανώτερο μπορεί να υπάρχει απ' τη Μητέρα και τον Πατέρα; Μήπως Εσύ είσαι τελικά με μιαν άλλη πιο απτή μορφή, με τη μορφή της τρισδιάστατης Φύσης, υλικής, ηθικής και πνευματικής, ο Πατέρας των πάντων και η Μητέρα των πάντων; Γιατί αν είναι έτσι, τότες όλα μπαίνουν στη θέση τους κι όλα τα ερωτήματά μας απαντώνται! Ναι, όλα τα ερωτήματά που Σου έθεσα προηγουμένως διευκρινίζονται κι οι απαντήσεις τους γίνονται ολοκάθαρες μέσα απ' το νέο αυτό πρίσμα!

Σηκώνει τα χέρια του ψηλά, το πρόσωπό του λάμπει μεσ' το πούσι που τον περιβάλλει και τον φωτίζει σαν άγγελο. Κραυγάζει πλέον δυνατά, συχνά κορακίζοντας παράφωνα λόγω της ψύξης που προσπαθεί να υπερισχύσει της έξαψής του.

- Ναι! Εσύ είσαι Αυτοί! Τώρα σε βλέπω, τώρα σε αισθάνομαι, τώρα γίνομαι ένα με τον Θεό μου, τώρα νιώθω να ανυψώνομαι! Αιώνες πνευματικών αναζητήσεων βρίσκουν επιτέλους την εκπλήρωσή τους μπροστά στα μάτια μου! Εσύ, Μητέρα μου Φύση και Πατέρα μου Χρόνε είστε ο Ένας και Μοναδικός Θεός! Ο Θεός που είναι πράγματι Πανάγιος, αφού είναι η ομορφιά, η αρμονία και η έξαψη που τα πάντα αγκαλιάζει, είναι πράγματι Παντογνώστης αφού τα πάντα γνωρίζει και τα πάντα εν σοφία εποίησε, Απέραντος αφού εμπεριέχει το Σύμπαν και το πέρα απ' το Σύμπαν, Αιώνιος αφού είναι ο ίδιος ο Χρόνος, Πανάγαθος αφού μας αγαπάει στοργικά ακόμα και στις σκανταλιές μας, Παντοδύναμος αφού η Φύση δεν είναι μόνο ό,τι αντιλαμβανόμαστε με τις αισθήσεις μας, αλλά και οι δυνάμεις, οι κανόνες, οι νόμοι και οι διαδικασίες που συντονίζουν, λειτουργούν και στους οποίους υπακούουν τα πάντα, υπαρκτά και ανύπαρκτα! Για, μια στιγμή! Υπάρχουν ανύπαρκτα; Μα και βέβαια υπάρχουν ανύπαρκτα! Τα όνειρά μας για παράδειγμα, που εμφανίζονται όταν το σώμα εξαφανίζεται και δεν υπάρχουν όταν υπάρχουμε, παρά επιστρέφουν στη χώρα του ανύπαρκτου. Ακόμα κι οι αριθμοί είναι ανύπαρκτοι, όμως εμείς τους επινοήσαμε για να κατανοήσουμε και να τακτοποιήσουμε κάπως το Σύμπαν. Υπάρχει ακόμα κι ο αριθμός "μηδέν", που δηλώνει την μη ύπαρξη αριθμού! Όμως οι ανύπαρκτοι αυτοί αριθμοί τακτοποιούν σε τελική ανάλυση και κινούν με μαθηματικό τρόπο το Σύμπαν, αναδεικνύοντας έτσι το μεγαλείο της πνευματικότητας της Φύσης! Οι παγκόσμιες δυνάμεις, οι κανόνες και οι διαδικασίες που είναι αναπόσπαστο μέρος της Φύσης και του Χρόνου, κινούν το Σύμπαν χωρίς κανείς να μπορεί να τις αντιληφθεί! Υπάρχουν σαν αόρατες οδηγίες, σαν διδαχές, σαν θρησκείες και σαν φιλοσοφίες που κυβερνούν τα Πάντα, εξουσιάζοντάς τα αόρατα κι αδιαίρετα, σαν το Νέο Άγιο Πνεύμα που διαχέεται σε Όλα, για να αποδειχθεί έτσι ότι Εσύ τελικά είσαι και ο Πανταχού Παρών!

Γελάει δυνατά, σχεδόν υστερικά, η χαρά τον έχει κατακλύσει. Ή η υστερία; Τραντάζεται ολόκληρος, άραγες απ' τα γέλια ή απ' το κρύο;

- Έτσι είναι! ΕΣΥ είσαι ο ένας και μοναδικός Θεός! Είσαι

η Ηθική της Φυσικής Ισορροπίας,

που εμφανίζεσαι με άπειρες μορφές, ορατές κι αόρατες, υπαρκτές κι ανύπαρκτες που συμπυκνώνεσαι και μας εμφανίζεσαι με *τη μορφή του Πατέρα Χρόνου που γονιμοποιεί και κινεί τα Πάντα και της Μητέρας Φύσης που τίκτει κι εξουσιάζει τα Πάντα.*

Τώρα που σε αναγνώρισα, τώρα που σε είδα, τώρα διαπιστώνω επιτέλους ότι είμαι τόσον καιρό "φυσικιστής", τώρα ξέρω επιτέλους το Πιστεύω μου, τώρα κατανοώ την Ανθρώπινη Φύση μου με τις δυνάμεις της και τις αδυναμίες της, που είναι και τα δυο απαραίτητα, καθώς αν ένα απ' αυτά τα δυο εκλείψει, δεν μπορεί να υπάρξει Ζωή, αφού η ίδια η έννοια της Ζωής εμπεριέχει τη σύζευξη της δύναμης με την αδυναμία, της γέννησης με τον θάνατο, του προσωρινού με το αιώνιο. Τώρα κατανοώ και τη δύναμη της Αγάπης, γιατί τα πάντα δένονται με την Αγάπη, την αγάπη της Φύσης και του Χρόνου, της αγάπη που δίνει πνοή στα Πάντα, γιατί αλλιώς δεν θα μπορούσε να λειτουργήσει, ούτε καν να υπάρξει τίποτα! Η ίδια αυτή Αγάπη είναι που σαν δύναμη της Φύσης έσμιξε τα δυο νεαρά ανθρώπινα πλάσματα, ενώνοντάς τα εις σάρκαν μία. Και τώρα ξέρω ότι με τη δύναμη της ίδιας αυτής Αγάπης που είναι διάχυτη στη Φύση και στον Χρόνο και είναι ουσιαστικά η ίδια η Ζωή με άλλο προσωπείο, θα μπορέσω τελικά να πάρω το κρίμα της κόρης μου επάνω μου για να μπορέσει κι αυτή να ανθίσει και να εκπληρώσει το νόημα της Ύπαρξής της παρέχοντας απλόχερα με τη σειρά της τη δικιά της Αγάπη στη Νέα Ζωή που θα φέρει σύντομα στον Κόσμο!...

Σταματάει για λίγο τρίβοντας το σαγόνι του σαν να προσπαθεί να πιάσει την πετούμενη σκέψη. Ο λόγος του αναδύεται πια τραυλός, ακατανόητος, με ρόχθο.

- Τώρα που σε είδα, τώρα που σε βλέπω, τώρα που σε αισθάνομαι, αναβλύζει ένα ακόμα τελικό ερώτημα μέσα μου. Ποιος τελικά παραπλανεί την Ανθρωπότητα για αιώνες ολόκληρους και δεν την αφήνει να διακρίνει την αλήθεια; Και για ποιους ποταπούς σκοπούς; Ποιος προσπαθεί να αποκρύψει το γεγονός ότι η θρησκεία είναι ουσιαστικά κλάδος της φιλοσοφίας, ποιος πρόσθεσε επίτηδες την απόμακρη "θεία" διάσταση για να την ανυψώσει πάνω απ' την ανθρώπινη νόηση καθιστώντας τοιουτοτρόπως απαγορευτική την περαιτέρω διανόηση με την προσταγή "πίστευε και μη ερεύνα"; Μήπως κάποιοι ζήτησαν να χειραγωγήσουν ολόκληρη την Ανθρωπότητα προς δικό τους όφελος, δημιουργώντας ένα ον αιθέριο, αόρατο και μακρινό, μη χειροπιαστό, έτσι ώστε να μπορούν να το προωθήσουν σαν το υπέρτατο ον; Διότι εμένα μου φαίνεται ότι οι ανατολικές σαμανιστικές θρησκείες που θεοποιούν τα στοιχεία της Φύσης, τα σέβονται και τα λατρεύουν, είναι τελικά πιο κοντά στην αλήθεια απ' τις μεγάλες μονοθεϊστικές που εστιάζουν σε ένα απόμακρο κι αόρατο ον, σκύβοντας με δέος στ' όνομά του. Ή μήπως είναι αυτό που είπε ο Μεγάλος Διανοητής συνεχίζοντας τη σκέψη του ότι *ο άνθρωπος θέλει να προσκυνήσει κάτι που είναι αναμφισβήτητο, τόσο αναμφισβήτητο που όλοι οι άνθρωποι να συμφωνήσουν μονομιάς πως πρέπει να το προσκυνήσουν. Γιατί εκείνο που βασανίζει αυτά τα αξιολύπητα πλάσματα δεν είναι μονάχα να βρούν κάτι που εγώ ή ένας άλλος να μπορεί να το προσκυνήσει, μα να βρούν κάτι που να το πιστεύουν όλοι κι όλοι να το προσκυνάνε κι απαραίτητα αυτό να το κάνουν όλοι μαζί. Αυτή ίσα ίσα η ανάγκη της γενικής λατρείας είναι το μεγαλύτερο μαρτύριο του κάθε ανθρώπου χωριστά και όλης της ανθρωπότητας απ' την αρχή του κόσμου. Γι' αυτή τη γενική λατρεία εξολοθρεύουν ο ένας τον άλλον με το σπαθί. Δημιουργούσαν θεούς και φώναζαν ο ένας στον άλλον: „Παρατήστε τους θεούς σας κι ελάτε να προσκυνήσετε τους δικούς μας, αλλιώς σας περιμένει ο θάνατος κι εσάς και τους θεούς σας!" Κι αυτό θα γίνεται ώς το τέλος του κόσμου, ακόμα κι όταν εξαφανιστούν απ' τον κόσμο οι θεοί: και τότε ακόμα θα γονατίσουν μπροστά σε είδωλα. (*)*

***

Αίφνης, ο Χαράλαμπος σταματάει. Σταματάει, σαν να μην έχει πια τίποτες άλλο να πει, σαν να στέρεψαν τα λόγια, σαν να στράγγιξε ο νους. Αλλά ο πραγματικός λόγος είναι άλλος, έχει πια ξεπαγιάσει τόσην ώρα κάτω απ' το τρεχούμενο, μαρτιάτικο, παγωμένο νερό, η γλώσσα του έχει σχεδόν μουδιάσει, τα μέλη του έχουν κοκαλώσει και το μυαλό του αρχίζει κι αυτό να μουδιάζει, αλάθητος οιωνός της καλπάζουσας υποθερμίας και των μύριων κακών που έπονται...

Ευτυχώς οι δυο γυναίκες που τον ψάχνουν παντού, ακούν με το που μπαίνουν στο κτήμα τις αγριοφωνάρες του, τις κραυγές του και τις οιμωγές του απ' τον καταρράκτη και τρέχουν αλαφιασμένες προς τα εκεί. Παγώνουν κι αυτές στη θέα του, όμως μόνο για μια στιγμή. Η Ελεονώρα ορμάει πάνω του να τον τραβήξει απ' το νερό, όσο η Ελβίρα τρέπεται σε φευγιό προς την πλατεία να κράξει για βοήθεια...

***

Το νοσοκομείο στη Χώρα δεν έχει πολλή δουλειά μαρτιάτικα. Ευτυχώς για τον παπα-Χρυσάφη που εισάγεται απ' ευθείας στην εντατική. Οι πρώτες βοήθειες τον επαναφέρουν, η κράση του είναι κάτι παραπάνω από γερή, αλλά η υποθερμία πρέπει ακόμα να αντιμετωπισθεί. Η Ελεονώρα κάνει σαν τρελή, ανησυχεί και θέλει να μπει να τον αγκαλιάσει, αλλά δεν την αφήνουν. Φωνάζει, χτυπάει τα στήθια της, κρυφοκοιτάει όποτε η πόρτα μισανοίγει καρτερώντας την ευκαιρία να γλιστρήσει μέσα. Τα μαλλιά της είναι ανάκατα, η όψη της άγρια, το μάτι θολό, τα χέρια γροθιές, η ανάσα της βαριά ανεβοκατεβαίνει στα στήθια.

Ξαφνικά σπασμοί την κυριεύουν, αρχίζει να τρέμει ολάκερη, τα χείλια της στραβώνουν και μια κραυγή της ξεφεύγει απ' το στόμα καθώς υγρές ποσότητες νιώθει να ξεφεύγουν από κάτω της ενώ ακούσιες συσπάσεις αρχίζουν να διατρέχουν την κοιλιά της, δημιουργώντας της πίεση με πόνο. Καταλαβαίνει αμέσως περί τίνος πρόκειται, αλλά το καταλαβαίνει και η πανταχού παρούσα Ελβίρα που προσπαθεί μάταια τόσην ώρα να την συγκρατήσει και να την ηρεμήσει. Η καλύτερη λύση τώρα είναι να φωνάξει τους γιατρούς κι αυτό κάνει η συνετή παραστάτιδα της αλαφιασμένης κόρης. Η Ελεονώρα δεν έχει άλλη επιλογή καθώς ο πρόωρος τοκετός είναι εμφανώς επικείμενος. Αφήνεται στα χέρια των γιατρών, έρμαιο στο σοκ που την έχει κυριεύσει εδώ και ώρες...

Λένε ότι η ενσυναίσθηση στον άνθρωπο είναι εγγενής και ειδικές καταστάσεις μπορούν να την επιτείνουν. Στην περίπτωση του Χαράλαμπου αυτό είναι παραπάνω από αλήθεια. Ανοίγει ξαφνικά τα μάτια του, δεν έχει σημασία αν κρυώνει ακόμα ή όχι. Άκουσε ή μάλλον ένιωσε τον ρόγχο της κόρης του, πετιέται όρθιος κι αδιαφορώντας για τις νοσοκόμες που πέφτουν πάνω του, βγαίνει τρέχοντας στον διάδρομο με τη νοσοκομειακή ρόμπα του να ανεμίζει. Το ένστικτό του και οι ωδινικές κραυγές της κόρης του τον οδηγούν παρά τα εμπόδια στην αίθουσα του τοκετού. Η Ελεονώρα κρατάει τις αισθήσεις της καταπνίγοντας τους πόνους και προσπαθώντας να κυριαρχήσει στις συσπάσεις, τον κοιτάει με ολάνοιχτα μάτια, κοιτάει τον μισότρελο πατέρα της να την πλησιάζει ημίγυμνος και παγωμένος και του απλώνει το μαραμένο της χέρι.

Ο Χαράλαμπος το σφίγγει στα δικά του, γονατίζει στο προσκέφαλό της και με μάτια γεμάτα δάκρυα ψιθυρίζει στ' αυτί της, όσο γιατροί και νοσοκόμες καταπιάνονται να φέρουν τη νέα ζωή στον αμαρτωλόν αυτόν κόσμο:

- Συγχώρεσέ με παιδί μου για όλ' αυτά που σου προκάλεσα! Συγχώρεσέ με, εμένα τον ανάξιο πατέρα, τον τυφλό και κουφό στη Ζωή και την Ηθική της, τον ένα και μοναδικό Θεό! Συγχώρεσέ με που δεν ήξερα δρόμο να σου δείξω, δεν είχα φως να σε λούσω και διδαχή να σου εμφυσήσω!

Της σφίγγει το χέρι ακόμα πιο δυνατά κοιτώντας την με πράο βλέμμα στα μάτια, κάνοντας την να ξεχνάει τις ωδίνες της, ευκολύνοντας το έργο των γιατρών.

- Δεν έχεις πια κρίμα, δεν έχεις πια μομφή! Τα παίρνω όλα πάνω μου! Εγώ θα κουβαλήσω τον σταυρό, εγώ θα σε εξαγνίσω με τη θυσία μου! Φρόντισε τη νέα ζωή που τίκτεις με αγάπη, αγάπησε τον έρωτα που λάτρεψες, λάτρεψε τους γύρω σου με αγνότητα και δόξασε τη Φύση σου μέσα στον Χρόνο που σου δόθηκε σαν τον πραγματικό Θεό! Μη φοβού! Το πνεύμα μου θα είναι πάντα μαζί σου! Την ευλογία μου να έχεις!

Σκύβει και την ασπάζεται. Πετιέται πάνω καθώς το πρώτο ασθενές ρουθούνισμα του μωρού αναγγέλλει την έλευσή του στον κόσμο. Το παίρνει απ' τα χέρια του γιατρού προσεκτικά καθώς η νοσοκόμα το τυλίγει στην κουβερτούλα του και το ασπάζεται με σέβας πριν το εναποθέσει απαλά στην αγκαλιά της μάνας του που ανοίγει να το υποδεχτεί.

- Ευλογημένο να είσαι κι εσύ, τέκνο της Αγάπης και του Έρωτα, καρπέ της Αγνότητας και της Δημιουργίας, κομιστή της Χαράς και του Φωτός! Είθε να ευτυχήσεις στη ζωή σου!

Πριν προλάβουν να τον κρατήσουν ανοίγει την πόρτα κι εξαφανίζεται τρέχοντας προς την έξοδο. Οι νοσοκόμοι είπαν αργότερα ότι ήταν σχεδόν σαν να πετούσε, σαν να μην ακουμπούσε στο έδαφος έτσι όπως πιλαλούσε εξαφανιζόμενος στα σοκάκια της Χώρας...

Ο επίλογος μιας θεϊκά ανθρώπινης ιστορίας

Στην Αφρική ο χειμώνας είναι γλυκός. Ουσιαστικά δεν υπάρχει, αλλά στην ορεινή αυτή χώρα και στο υψόμετρο που βρίσκεται η Μεγαλούπολη το κλίμα είναι ήπιο και η θερμοκρασία παραμένει λίγο-πολύ σταθερή όλον τον χρόνο, γύρω στους ευχάριστους 23 βαθμούς. Αυτή η ευπρόσδεκτη κλιματική μονοτονία διακόπτεται μόνο τις εποχές των βροχών, δυο φορές τον χρόνο για να θεριέψει η βλάστηση και να χορτάσουν τα ζωντανά. Μπορεί να ακούγεται ουράνιο και ρομαντικό, όμως η αλήθεια είναι τελείως διαφορετική, αφού η καλλιεργήσιμη έκταση στην πέμπτη αυτήν πιο πυκνοκατοικημένη χώρα του πλανήτη αποτελεί μόνο το 35% του εδάφους της. Σε μια χώρα όπου η πείνα, η φτώχεια και η δυστυχία βασιλεύουν, οι εμφύλιες διαμάχες περισσεύουν, η ανεργία και η εγκληματικότητα θεριεύουν και όπου η πλειοψηφία του πληθυσμού διαβιεί κάτω απ' το όριο της φτώχειας αναγκασμένη να επιβιώνει με λιγότερο από ένα δολάριο τη μέρα, οι λίγες εστίες ανακούφισης που υπάρχουν αποκτούν αστρονομική αξία.

Μέσα στις αντίξοες αυτές συνθήκες, η Εκκλησιαστική Αποστολή αγωνίζεται πεισματικά να εκπληρώσει το έργο της. Θες ότι οι ντόπιοι είναι στην πλειοψηφία τους χριστιανοί, θες ότι οι εξωτερικές εισφορές έρχονται τακτικά, θες ότι η Εκκλησία είναι αγαπητή για το φιλανθρωπικό της έργο, πάντως καταφέρνει να χαίρει μεγάλης εκτίμησης ανακουφίζοντας σε πολλαπλά επίπεδα τον ταλαίπωρο αυτόν λαό, είτε με καθημερινά συσσίτια για όλους, είτε πληρώνοντας τους δασκάλους για το μικρό σχολείο με την αθρόα προσέλευση μαθητών που διατηρεί, είτε χρηματοδοτώντας διάφορα έργα στην ύπαιθρο, υδραγωγεία, αγροτικούς συνεταιρισμούς, διάνοιξη χωματόδρομων, μοιρασιά σπόρων για τις καλλιέργειες και σε ό,τι άλλο ακόμα μπορεί να βοηθήσει.

Ιδιαίτερη εκτίμηση όμως χαίρει μια ειδική μονάδα της, κάπου διακόσια μέτρα μακριά απ' τον κεντρικό Ναό, στις όχθες της μεγάλης λίμνης όπου βρίσκεται ένα ταπεινό κτίσμα, αρκετά μεγάλο με πολλούς χώρους, καθόλου όμως φανταχτερό. Πρόκειται για τις Υπηρεσίες Υγείας που παρέχει η Εκκλησία, ένα δώρο για τους ανθρώπους, που όχι λίγοι απ' αυτούς χρωστάνε την ίδια τους τη ζωή στην ύπαρξη αυτής της ανιδιοτελούς διακονίας. Η προσέλευση είναι καθημερινά υπέρογκη και η εξυπηρέτηση όλων αυτών των πονεμένων δεν θα ήταν δυνατή αν δεν παρείχαν δωρεάν τις υπηρεσίες τους οι απόφοιτοι του τοπικού ιατρικού τμήματος του μοναδικού πανεπιστημίου της χώρας, κάνοντας παράλληλα την πρακτική τους εξάσκηση κάτω απ' τα άγρυπνα βλέμματα των ελάχιστων επαγγελματιών γιατρών που έχουν έρθει απ' τα πέρατα του κόσμου για να βοηθήσουν στον άνισο αγώνα εναντίον της αρρώστιας, του πόνου και του θανάτου.

Μια μορφή ξεχωρίζει ανάμεσά τους αποτελώντας την ψυχή αυτής της προσπάθειας. Έχει γίνει εδώ και χρόνια ασυζητητί ο φωτεινός Απόστολος της Ελπίδας και της Καρτερίας για τους χιλιάδες βασανισμένους που πέρασαν όλ' αυτά τα χρόνια απ' την πόρτα του "Εκκλησιαστικού Κέντρου Υγείας". Το μικρό γραφειάκι της βρίσκεται τα τελευταία χρόνια στο βάθος του κτιρίου, όταν η ηλικία της των 62 χρόνων έκανε φανερό ότι η ζωηρότητα των νιάτων της την αποχαιρέτησε οριστικά και θα έπρεπε να περιορίσει τις δραστηριότητές της. Δεν έχει παράπονο, οι πιστοί γιατροί της την αντικαθιστούν επάξια και υπεύθυνα, είναι αφοσιωμένοι στο έργο τους και η αγάπη των ανθρώπων τους δίνει φτερά. Κοιτάει έξω απ' το παράθυρό της προς την τεράστια υδάτινη έκταση που, ξεκινώντας δέκα μέτρα απ' την πόρτα της, απλώνεται προς τον νότο για εκατοντάδες χιλιόμετρα. Κάνα δυο ψαρόβαρκες αρμενίζουν στα ήρεμα νερά.

- *«Τόσο μεγάλη λίμνη γεμάτη ψάρια και να μην μπορεί να θρέψει τον κόσμο! Κάτι πρέπει να κάνουμε και γι' αυτό. Βάρκες κι εξοπλισμό χρειάζονται αυτοί οι άνθρωποι, αλλά πάνω απ' όλα κατάρτιση! Δώσε στον πεινασμένο ένα ψάρι και τον χόρτασες. Μάθε τον να ψαρεύει και του έσωσες τη ζωή! Γιατί τελικά τα πάντα είναι θέμα παιδείας...»*

Σηκώνεται και στηρίζεται με τα χέρια της στο περβάζι. Είναι πια μεσόκοπη, αλλά διατηρεί την περήφανη και λεπτή κορμοστασιά της. Με μιαν αποφασιστική κίνηση τραβάει την καλύπτρα της καλόγριας που φοράει εδώ και χρόνια, ελευθερώνοντας τον καταρράκτη των κόκκινων μαλλιών της που δεν λένε ακόμα να ασπρίσουν. Δεν εμφανίζεται έτσι ποτέ στον κόσμο, αλλά τις μεσημεριανές ώρες υπάρχει κάποια σχετική ηρεμία, άλλωστε το προσωπικό της είναι όλοι παρόντες. Μπορεί λοιπόν να χαλαρώσει για λίγο και να επιτρέψει στον εαυτό της να περιπλανηθεί στον κόσμο της αναπόλησης, που τόσο πολύ αρέσει στους ανθρώπους να τον αναμοχλεύουν...

***

Η εξαφάνιση του πατέρα της τη συγκλόνισε κι οδήγησε στην απόφασή της για τελειωτική αλλαγή στη ζωή της. Μετά τη σωματική και ψυχική ανάρρωσή της πήρε το λεχούδι της κι ...εξαφανίστηκε κι η ίδια! Ο Αρίστος κίνησε ουρανό και γη, αλλά δεν κατάφερε να τη βρει, η Ελεονώρα δεν βρισκόταν πια στο Νησί! Το αίνιγμα έλυσε έναν χρόνο αργότερα η ίδια όταν τηλεφώνησε στο πρώην σπίτι της και μίλησε με τον Αρίστο. Βρίσκεται, λέει, στην Πρωτεύουσα, φοιτήτρια πια στην ιατρική σχολή, μετά από έναν χρόνο εντατικά προπαρασκευαστικά μαθήματα, ενώ παράλληλα δουλεύει. Ο Αρίστος, προς τιμήν του, αποφάσισε να σταθεί στο ύψος του.

- Αφού αυτή είναι η απόφασή σου, θα την σεβαστώ! Λυπάμαι που δεν ανταποκρίθηκα στις προσδοκίες σου. Αλλά σέβομαι την απόφασή σου να μεγαλώσεις το παιδί μας μόνη σου. Εγώ απ’ τη μεριά μου θα σου εξασφαλίσω μιαν άνετη ζωή για να μην χρειάζεται πια να δουλεύεις...

Ο Αρίστος κράτησε την υπόσχεσή του και η Ελεονώρα τελείωσε απρόσκοπτα την ιατρική σχολή στην ώρα της με την ειδικότητα μαιευτήρα-γυναικολόγου, κάνοντας το αγροτικό και την πρακτική της με έξοδα του άντρα της. Δούλεψε κατόπιν για πολλά χρόνια σε διάφορα νοσοκομεία, μέχρις ότου ο γιός της, που πήρε το όνομα Χρυσάφης προς τιμήν του πατέρα της, ολοκλήρωσε κι αυτός τις σχολικές του υποχρεώσεις πετυχαίνοντας επίσης στην ιατρική σχολή, ακολουθώντας κατά πόδας τα χνάρια της μάνας του. Από δω και πέρα συνέχισε τη χρηματοδότησή της φοίτησής του αποκλειστικά ο Αρίστος, δίνοντας την ευκαιρία στην Ελεονώρα να ανακοινώσει αιφνίδια την επόμενη απρόσμενη απόφασή της.

- Μην με ψάξετε, θα είμαι σε μοναστήρι!

Είχε αρκετούς λόγους για την απόφασή της αυτή. Αρχικά ο Χρυσάφης θα τελείωνε τις σπουδές και την ειδίκευσή του για να κάνει κατόπιν το αγροτικό του στο Νησί. Έτσι θα είχε και τη θαλπωρή του "πατρικού" σπιτιού. Δεν θα αποκάλυπτε την αλήθεια σε κανέναν, άλλη μια αμαρτία που θα βάραινε μόνο την ίδια, για τους υπόλοιπους ήταν καλύτερα έτσι.

Όμως πώς γίνεται μια αμαρτία να κάνει τα πράγματα καλύτερα; Έλπιζε πως στο μοναστήρι θα είχε την ευκαιρία να ηρεμήσει και να σκεφτεί λίγο πάνω σε αυτά τα θέματα, καθώς τα τελευταία λόγια του πατέρα της την είχαν συγκλονίσει. Τί είχε δει που δεν έβλεπε η ίδια;

Ένας ακόμα λόγος ήταν ότι ίσως μέσα απ' το μοναστικό κύκλωμα κατάφερνε τελικά να ανακαλύψει τη μοίρα του πατέρα της που δεν έπαψε στιγμή να τον λατρεύει. Η ίδια ήταν η αιτία για τη φυγή του κι αυτό δεν θα μπορούσε να το συγχωρήσει ποτέ στον εαυτό της. Όχι πως πίστευε ότι το μοναστήρι θα μπορούσε ποτέ να αποσβέσει την αμαρτία της, πίστευε όμως από ένστικτο ότι ο παπα-Χρυσάφης ακολούθησε πρώτος αυτός τον μοναστικό δρόμο, άρα η επιλογή της πιθανότατα θα την δικαίωνε. Θεωρούσε υποχρέωσή της να ανακαλύψει τα ίχνη του, να δει αν τουλάχιστον ζει ή πέθανε ο φωτεινός άγγελός της και ήταν αποφασισμένη να κάνει τα πάντα.

Το άλλο θέμα που ήθελε να επεξεργαστεί ήταν το μέλλον της, όσο της είχε απομείνει δηλαδή. Λάτρευε από πάντα το επάγγελμα του γιατρού, θεωρούσε σαν την ύψιστη προσφορά το να βοηθάει και να απαλύνει τον πόνο των ανθρώπων. Όμως αυτό το υπαλληλίκι, το ωράριο, ο μισθός, η εξαρτημένη εργασία που βίωσε όλα τα τελευταία χρόνια της χαλούσαν όλη την αίγλη του λειτουργήματος...

***

Στην έρευνά της είχε γρήγορα επιτυχία. Πληροφορήθηκε ότι ο Χαράλαμπος, ο παλαβός αυτός καλόγερος που ήταν στο στόμα ολονών, ασκήτευε στο Μεγάλο Όρος, σε ένα Ησυχαστήριο όπου αποσύρθηκε φιλοσοφώντας και προσευχόμενος ολημερίς, καλλιεργώντας παράλληλα με μανία χειμώνα-καλοκαίρι τον κήπο που δημιούργησε, τροφοδοτώντας και την κοντινή σκήτη με φρέσκα λαχανικά κατά την παλιά συνήθειά του. Έγινε σιωπητής και μοναχός, δεν μιλούσε σε κανέναν παρά μόνο αν ήταν απολύτως απαραίτητο και σχεδόν πάντα μονολεκτικά. Αμέσως μετά την ανακάλυψή του η Ελεονώρα κίνησε να πάει να τον βρει. Δεν μπορούσε να πατήσει στο Όρος, ο Χαράλαμπος όμως μπήκε σε μια βαρκούλα που είχαν εκεί στο μικρό λιμανάκι για να ψαρεύουν και κωπηλατώντας ακάματα, πλεύρισε κι επιβιβάστηκε στο καΐκι που είχε νοικιάσει η Ελεονώρα. Ρίχτηκαν ο ένας στην αγκαλιά του άλλου και φιλήθηκαν θερμά. Ο Χαράλαμπος ισχνός και σκελετωμένος, αλλά πάντα σφριγηλός και υγιής. Η Ελεονώρα δεν ήθελε να τον αφήσει κι όλο τον χάιδευε. Αυτός την κρατούσε στοργικά και την απολάμβανε. Στη συνέχεια άνοιξε το στόμα του αφειδώλευτα, μια απ' τις σπάνιες φορές που μίλησε έτσι με κάποιον. Την καθησύχασε.

- Μην ανησυχείς καλή μου για μένα! Βρήκα τη γαλήνη επιτέλους!

Μίλησαν για πολλές ώρες, μέχρι που τους πλάκωσε το σούρουπο. Της τα εξήγησε όλα, την πνευματική τρικυμία που τον κατέλαβε και τον έκανε να φερθεί τόσο παράξενα, αλλά και όλην τη λυτρωτική ενόραση που βίωσε εκεί στη βάθρα κάτω απ' τον καταρράκτη. Η Ελεονώρα τον άκουγε σκεφτική.

- Δηλαδή δεν υπάρχει θρησκεία; Υπάρχει μόνο η φύση; Και τί γίνεται με την ανάγκη του ανθρώπου για πνευματική στήριξη, ψυχική ανακούφιση και παρηγοριά;

Ο Χαράλαμπος χαμογέλασε.

- Η θρησκεία είναι εγγενής ανάγκη του ανθρώπου! Υπήρχε και θα υπάρχει πάντα! Όπως πολύ σωστά το έθεσες, ο άνθρωπος απ' τη φύση του έχει ψυχικές ανάγκες και πνευματικές αναζητήσεις που αποζητά να τις ικανοποιήσει. Η θρησκεία είναι φιλοσοφία και η φιλοσοφία γεννήθηκε την ίδια στιγμή που ο άνθρωπος άρχισε να σκέφτεται. Όσο για το δεύτερο ερώτημά σου, να σου υπενθυμίσω ότι οι περισσότεροι άνθρωποι στη Φύση βλέπουν μόνο την υλική διάστασή της, κάτι σαν το αποστειρωμένο μάθημα της φυσικής στο σχολείο, αγνοώντας την πνευματική και την ηθική, τις δυο θεϊκές διαστάσεις δηλαδή. Κι όμως όλα αυτά υπάρχουν παντού γύρω μας, οι εναλλαγές των εποχών, η αρμονία των χρωμάτων, η συμβίωση όλων των πλασμάτων, το θαύμα της γέννησης, το ακατανόητο εμφύσημα της ζωής σε κάθε νιόγεννο οργανισμό, οι κινήσεις των αστέρων και τόσα άλλα! Τέλος, για τις προαιώνιες ανθρώπινες πνευματικές ανάγκες, ίσως πρέπει να στρέψουμε το βλέμμα μας προς τις ανατολικές θρησκείες, ξεφεύγοντας για λίγο απ' το μοτίβο των δικών μας μονοθεϊστικών προσεγγίσεων. Εκεί υπάρχει πληθώρα θρησκειών και δογμάτων που όλα όμως έχουν έναν κοινό παρονομαστή: αποτελούν φιλοσοφικά συστήματα όπου δεν υπάρχει ο ένας και μοναδικός θεός, ο ανθρώπινα κατασκευασμένος θεός τις με ανθρώπινες αδυναμίες, ένας θρησκευτικός δικτάτορας που ευλογεί και τιμωρεί, που θέλει τον άνθρωπο ελεύθερο, αλλά ζητάει να τον προσκυνάει πεσμένος στα τέσσερα, που τους αγαπάει όλους αλλά καίει ολόκληρες πόλεις, που θεωρεί όλους τους ανθρώπους παιδιά του, αλλά φέρνει τον κατακλυσμό πνίγοντάς τους, που είναι έτοιμος να τους συγχωρήσει όλους, αλλά έχει έτοιμη και μια κόλαση να υποδεχτεί τους αρνητές του. Οι ανατολικές θρησκείες δεν πέφτουν σε τέτοιου είδους παγίδες, αλλά ασχολούνται κυρίως με την αιώνια αντιπαράθεση της δύναμης του καλού με το κακό και με το πώς ο άνθρωπος μπορεί να πλησιάσει την τελειότητα, μέσα από χιλιάδες διαφορετικούς δρόμους και μονοπάτια βέβαια. Προσωπικά πιστεύω ότι πρόκειται για μιαν εξαιρετικά ευρεία θεώρηση του θρησκευτικού/φιλοσοφικού πεδίου, πράγμα όμως που έκανε τους οπαδούς αυτών των θρησκειών περισσότερο να μπερδεύονται αφού δεν μπορούν όλοι να κατανοήσουν τέτοια περίπλοκα φιλοσοφικά θέματα. Μπορεί η φιλοσοφία να είναι ο θεμέλιος λίθος της ανθρώπινης νόησης, όμως δεν έχουν όλοι οι άνθρωποι τις ίδιες αξίες: οι περισσότεροι ενδιαφέρονται μάλλον για το υλικό μέρος της ύπαρξης, παρά για το ψυχικό ή το πνευματικό, το οποίο συχνά το χλευάζουν! Τι έκαναν τότε οι ιερείς τους; Απλό! Πολλοί διάσπαρτοι ναοί και τεμένη, όπου οι άνθρωποι, μέσα από πληθώρα τελετουργικών, μπορούσαν και μπορούν να καλύπτουν τις πνευματικές ανάγκες τους για παρηγοριά, συμβουλές και στήριξη. Απλά πράγματα για τον απλό λαό και ολοκληρωμένα φιλοσοφικά συστήματα για όποιον θέλει να εμβαθύνει.

- Τα ίδια δεν έχουμε και στις δικές μας θρησκείες;

- Βεβαίως! Οι βασικές αρχές, η Αρετή και η τελειοποίηση του Ανθρώπου παραμένουν, όμως η μεθοδολογία διαφέρει κι εδώ γίνονται αιώνες τώρα τα παραστρατήματα.

- Δηλαδή;

- Μεγάλο ποσοστό κυρίως του κατώτερου κλήρου σε όλες τις θρησκείες και όλα τα δόγματα είναι άνθρωποι ευσεβείς κι ευλαβικοί που ακολούθησαν αυτόν τον δρόμο από έρωτα για την πνευματικότητα και λατρεία για την τήρηση των προσταγών του "ορθού δρόμου". Άνθρωποι πραγματικά άγιοι που αφιέρωσαν τη ζωή τους σε ανώτερες αρχές και στον συνάνθρωπό τους θυσιάζοντας συχνά τον ίδιο τους τον εαυτό.

Δόξα και τιμή λοιπόν στους κληρικούς και τις εκκλησίες όλων των θρησκειών και όλων των δογμάτων που ακολουθούν με αγάπη αυτόν τον δρόμο και σέβονται τις ανώτερες αρχές, που κατά βάση είναι οι φυσικές αρχές αν τις δει κανείς απ' τη δική μας οπτική.

Αδιαφορία κι αποστροφή στους παπάδες και τα θρησκευτικά μαγαζάκια όλων των θρησκειών και όλων των δογμάτων που πουλάνε ιεροσύνη και πλαστή θρησκευτικότητα στο ποίμνιό τους, ζώντας οι ίδιοι μέσα στη χλιδή, στη λαιμαργία και στην απληστία, διαστρεβλώνοντας τις φυσικές αρχές με βασικό σκοπό τον προσηλυτισμό πελατείας, τη συσσώρευση πλούτου και τη διαιώνιση των προνομίων τους.

Δόξα και τιμή στους κληρικούς και τις εκκλησίες όλων των θρησκειών και όλων των δογμάτων που υιοθετούν τον ευσεβή και ευλαβικό δρόμο ζώντας οι ίδιοι με λιτότητα, εγκράτεια και αγάπη προσφέροντας κι αυτοί με τη σειρά τους στους συνανθρώπους τους αγάπη, παρηγοριά, συναισθηματική αρωγή και συμβουλή και έχοντας σαν άσβηστο φανό το παράδειγμα του Μεγάλου Ανθρώπου που μοίρασε απλόχερα αγάπη και δίδαξε την ηθική, τηρώντας πρώτα ο ίδιος, τις βασικές αυτές αρχές, θυσιαζόμενος μάλιστα ο ίδιος γι' αυτές!

Αδιαφορία κι αποστροφή στους παπάδες και τα θρησκευτικά μαγαζάκια όλων των θρησκειών και όλων των δογμάτων που έχουν μετατρέψει τους ναούς τους σε άντρα προπαγάνδας κι εκφοβισμού, ακολουθώντας ευλαβικά το πρωτόκολλο "εντυπωσιασμός και τρομοκρατία", είτε προσπαθώντας να εντυπωσιάσουν το ποίμνιό τους (Άκου "ποίμνιο"! Πρόβατα τους θεωρούνε! Μεσ' τη μούρη τους το λένε!) με χρυσά άμφια και χρυσά καντήλια και εικόνες, είτε τους τρομοκρατούν με την κόλαση, μαστιγώματα, το πυρ το εξώτερο και την αιώνια τιμωρία, αν δεν προσέρχονται τακτικά στο μαγαζί τους να ακουμπήσουν τον οβολό τους...

Σταμάτησε. Στο πρόσωπό του το χαμόγελο διάπλατο. Η Ελεονώρα ήταν σκεφτική.

- Πατέρα, είναι πολύ σοβαρά τα πράγματα, έτσι όπως τα θέτεις...

- Είναι κόρη μου! Και γίνονται ακόμα πιο σοβαρά, τραγικά για την ακρίβεια, αν αναλογιστεί κανείς πόσο αίμα χύθηκε και χύνεται ακόμα και πόσα εκατομμύρια ψυχές σκοτώθηκαν και σκοτώνονται ακόμα στο κυνήγι μαγισσών, στο κυνήγι αιρετικών και στο κυνήγι απίστων και αλλοθρήσκων κατά τους διάφορους θρησκευτικούς πολέμους για την επικράτηση της μιας ή της άλλης ανθρώπινα κατασκευασμένης θρησκείας! "Για τη δόξα του θεού μας!" ισχυρίζονται, όμως αυτό είναι πάντα μόνο η πρόφαση πίσω απ' την οποία κρύβεται η μεγάλη ληστεία! Ολόκληρες εκστρατείες έγιναν από παγωμένα κι άγονα μέρη για την καταλήστευση άλλων ανθρώπων και λαών που είχαν την τύχη να ζουν σε πιο εύκρατα και πλούσια μέρη, πάντα με λάβαρο την παραπλάνηση "Στο όνομα του θεού!" ή "Για την αληθινή πίστη!" Είναι φανερό ότι καμιά από τις ανθρώπινα κατασκευασμένες θρησκείες δεν δικαιούται να χρησιμοποιεί τις λέξεις "αγάπη", "ευλάβεια", "ευσπλαχνία" και τα παρόμοια, και κανένας φτιαχτός θεός δεν δικαιούται να αυτοονομάζεται "πάνσοφος", "πανάγιος", "δίκαιος" ή "πανάγαθος"! Είναι σκέτη βλασφήμια να χρησιμοποιούν τέτοιες εκφράσεις "θρησκείες" που έχουν δολοφονήσει εκατομμύρια ανθρώπους για το κέρδος! Έχουν πολύ βεβαρημένα ποινικά μητρώα οι περισσότερες, για να μην πω όλες! Και το περίεργο είναι ότι οι άνθρωποι τα χάβουν όλα αυτά και τρέχουν πίσω από λάβαρα, σημαίες κι εξαπτέρυγα για να χορτάσουν το χρυσοποίκιλτο ανώτερο παπαδαριό που κάθεται πρησμένο απ' το λίπος πάνω σε βουνά από χρυσάφι κάτω απ' τις χρυσές τους στέγες! Οι αφελείς αγωνίζονται "για τη δόξα" και οι επιτήδειοι τσεπώνουν τα κέρδη. Είναι τόσο μεγάλη η κοροϊδία και κρατάει τόσους αιώνες τώρα που δεν γίνεται διόρθωμα, παρά μόνο γκρέμισμα, μόνον έτσι μπορεί να καθαρίσει η κόπρος! Ακριβώς όπως η κόπρος του Αυγεία. Ο Ηρακλής ήξερε τι να κάνει, εμείς γιατί διστάζουμε;

Σταμάτησε για λίγο σηκώνοντας τα φρύδια του, ενώ με το δάχτυλό του έδειξε τον ουρανό.

- Προσοχή! Δεν κατηγορείται η Θρησκεία εν συνόλω, καθώς έχουμε ήδη πει ότι είναι μια απαραίτητη, εγγενής ανάγκη του ανθρώπου αφού καλύπτει την πανανθρώπινη αγωνία για πνευματική υποστήριξη, παρηγοριά, ίσως και μια ψευδαίσθηση ότι δεν είναι κανείς μόνος του. Το πρόβλημα είναι στο ότι οι περισσότερες θρησκείες απεμπόλησαν τις βασικές αρχές τους και εκτροχιάστηκαν στην πορεία, υποκύπτοντας στην ανθρώπινη μικρότητα (ενώ έπρεπε να συμβεί ακριβώς το αντίθετο!) διολισθαίνοντας προς τη λαγνεία και τη φιλοχρηματία, με αποτέλεσμα όλα αυτά που περιγράψαμε...

- Ο διάβολος μέσα τους! Σε κάποιους ανθρώπους... Αλήθεια! Ο Σατανάς; Ο Διάβολος; Πού είναι μέσα σε όλα αυτά;

- Βρίσκεται παντού! Γύρω μας! Θεός και διάβολος είναι ένα και το αυτό, ζούμε μέσα τους και ζούνε μέσα μας! Ο διάβολος είναι το ίδιο και συνάμα το άλλο πρόσωπο του θεού, της Φύσης δηλαδή! Αυτό που η κάμπια το ονομάζει θάνατο, η πεταλούδα το λέει γέννηση! Όταν η τίγρις κατασπαράσσει τη μικρή αντιλόπη, έχουμε μια θρησκευτική τελετουργία όπου θεός και διάβολος συνυπάρχουν! Μια ψυχή θυσιάζεται για να δώσει ζωή σε μιαν άλλη! Κι όταν το ηφαίστειο εκρήγνυται και κατακαίει τις Πομπηίες, πάνω στις στάχτες τους θα ξεφυτρώσει κάποτες η νέα εύφορη γη! Θεός και διάβολος μαζί! Η Φύση δεν είναι ούτε κακιά, ούτε καλή, δεν έχει νόημα στη Φύση αυτός ο διαχωρισμός, άρα το δίπολο "θεός vs. διάβολος" είναι πάλι τεχνητό! ***Ο ένας και μοναδικός θεός είναι η Ηθική της Φυσικής Ισορροπίας,*** η οποία εκφράζεται μέσω *Αξιών, Κανόνων και Διαδικασιών.* Με άλλα λόγια, η Φύση είναι ο απόλυτος Άρχοντας με τις τρεις μορφές: την *Ηθική*, δηλαδή τις *Αξίες* που θεμελιώνουν την Ύπαρξή της στη διάρκεια των αιώνων, την *Πνευματική*, δηλαδή τους *Κανόνες* αφού όλα γίνονται όπως ακριβώς πρέπει να γίνουν, και την *Υλική*, δηλαδή τις *Διαδικασίες* όπως τις αντιλαμβανόμαστε με τις θλιβερές αισθήσεις μας, αφού η νόηση, η ισχυρότερη αίσθησή μας, είναι στους περισσότερους ανθρώπους ατροφική και υποανεπτυγμένη. Και βέβαια όλ' αυτά ζωοδοτούμενα απ' τον Χρόνο τον Παντοτινό, ο οποίος είναι στη σειρά Πρώτος απ' Όλα, η μόνη ενιαία, αθάνατη, αμετάβλητη και θεμελιώδης παράμετρος στην Απεραντοσύνη της Ύπαρξης και της Ανυπαρξίας! Πραγματικά, δεν υπάρχουν λέξεις για να περιγράψει κανείς τι είναι επακριβώς, ποια είναι δηλαδή ακριβώς η Ουσία του Χρόνου! Είναι ίσως η πιο δύσκολη φιλοσοφική έννοια...

Σταμάτησε για λίγο, αλλά συνέχισε σχεδόν αμέσως.

- Και βέβαια τίθεται στη συνέχεια το τελευταίο και μεγαλύτερο ερώτημα "ποιος έθεσε αυτούς τους κανόνες και καθόρισε αυτές τις διαδικασίες;" Με τη σκέψη αυτή θα πρέπει συνεπώς να παραδεχτούμε ότι κάτι ανώτερο απ' τη Φύση τα έθεσε όλα αυτά, άρα θα πρέπει να υπάρχει κάτι σαν "Υπερφύση". Τότε λοιπόν ανακύπτει το επόμενο ερώτημα: πώς δημιουργήθηκε αυτή η Υπερφύση; Και πώς δημιουργήθηκε η Υπερφύση της Υπερφύσης; Και ούτω καθ' εξής... Έχουμε δηλαδή εδώ μιαν αναδρομική ακολουθία που τείνει στο "πλην άπειρο"! Αυτή ακριβώς είναι η ηθική διάσταση της Φύσης, η ηθική δηλαδή της αναγκαιότητας ύπαρξης της Ύπαρξης καθαυτής και αυτή ακριβώς είναι τελικά *η Ηθική της Φυσικής ίσορροπίας*, δηλαδή ο ίδιος ο ΘΕΟΣ! Αν τώρα προσπαθήσουμε να απομακρυνθούμε και να τα δούμε από μακριά, θα μπορέσουμε να δούμε τον Θεόν ολοκληρωμένον! Δηλαδή την Υπερφύση απ' το βάθος του πατέρα Χρόνου, ο οποίος Χρόνος δεν έχει, ως γνωστόν, αρχή και τέλος, συνεπώς ούτε η *Ηθική Ισορροπία* έχει αρχή και τέλος, ή με άλλα λόγια η αρχή και το τέλος της Υπερφύσης ταυτίζονται, αφού ανακυκλώνονται συνεχώς μέσα στον αέναο Χρόνο, πράγμα που σημαίνει ότι και η *Ηθική* και η *Πνευματικότητα* της Φύσης ανανεώνεται συνεχώς παραμένοντας σταθερές Αξίες! Τι ωραία αντίφαση! Η αξία της *ανανέωσης* μέσα στη *σταθερότητα*! Το γονιμότερο έδαφος για την ύπαρξη της Ύπαρξης, σταθερό και φρέσκο πάντοτε, αειθαλές! Η τέλεια *Ηθική Ισορροπία*! Να λοιπόν ο ΘΕΟΣ σε όλο του το μεγαλείο! Η έννοια τελικά του "Θεού" είναι ακριβώς η έννοια της "Φύσης", της *Ηθικής της Φυσικής Ισορροπίας* ουσιαστικά με τις άπειρες μορφές, αλλά ας την λέμε Φύση για απλότητα...

Ο Χαράλαμπος σταμάτησε με το διάπλατο χαμόγελο να λάμπει πάντα στο πρόσωπό του. Η Ελεονώρα ήταν σκεφτική, ο διαλογισμός του πατέρα της είχε προχωρήσει σε πολύ δύσβατα μονοπάτια...

- Πρέπει να τα σκεφτώ όλ' αυτά με την ησυχία μου! Δεν είμαι τόσο δυνατή στον διαλογισμό όπως εσύ... Και πρέπει σε τελική ανάλυση να τα ταιριάξω με τη δική μου ταραχή, με τη δική μου αμαρτία!

Έβαλε το χέρι του στο κεφάλι της και την ευλόγησε.

- Δεν ήταν αμαρτία κόρη μου, δεν αμάρτησες! Δεν θα μπορούσε ποτέ να είναι αμαρτία αυτό που προστάζει ο Θεός μας, η μητέρα Φύση κι ο πατέρας Χρόνος! Κανείς δεν μπορεί, αλλά ούτε κι έχει το δικαίωμα να εναντιωθεί στη Φύση. Δυστυχώς οι άνθρωποι το ξεχνάμε αυτό και πιστεύουμε πολλές φορές ότι οι δυνάμεις μας είναι πάνω απ' τη Φύση, νομίζουμε ότι μπορούμε να της επιβληθούμε, ξεχνώντας ότι εμείς της ανήκουμε και όχι αυτή σε 'μας! Τέλος πάντων...

Ανακάθησε.

- Κάτσε τώρα να σου πω κάτι ακόμα που ευλογήθηκα να δεχτώ σαν επιφοίτηση εδώ στο Ησυχαστήριο. Μπορεί από πρώτη άποψη να φαίνεται παράταιρο, όμως αν το καλοσκεφτεί κανείς ερμηνεύει πλήρως τη δική μας περίπτωση.

Χαμογελούσε πλάγια, σχεδόν συνωμοτικά, τόσο που η Ελεονώρα αδημονούσε να πληροφορηθεί τι σκέφτηκε πάλι το ανήσυχο πνεύμα του τόσο ιδιόρρυθμου αυτού διανοητή-καλόγερου. Δεν άργησε ο Χαράλαμπος να αρχίσει τη διάλεξή του.

- Να σου πω την ιστορία των ανθρώπων από μιαν άλλην οπτική. Είναι γνωστό ότι το είδος μας έζησε για χιλιάδες χρόνια σαν κυνηγός, ψαράς και τροφοσυλλέκτης. Όμως με το κυνήγι και τη συλλογή καρπών δεν μπορούσε ο άνθρωπος να επιβιώσει για πολύ. Αναγκαστικά διήγε νομαδική ζωή τρέχοντας ουσιαστικά πίσω απ' την τροφή του. Η λύση που δόθηκε είναι πάλι γνωστή: ο άνθρωπος από κυνηγός έγινε καλλιεργητής, σταματώντας την περιπλάνησή του κι εγκαθιστάμενος μόνιμα σε οικισμούς που άρχισε να ιδρύει. Αλλά αυτό που δεν μας λένε οι ιστορικοί ερευνητές είναι το ποιος είχε την έμπνευση, ποιος προκάλεσε αυτήν τη μεταβολή δίνοντας τελικά και τη λύση στο πρόβλημα της επιβίωσης. Αν το καλοσκεφτεί κανείς, το σπίτι, το χωριό, η πόλη κι ολόκληρος ο πολιτισμός υπάρχουν εξαιτίας της γυναίκας, επειδή εκείνη δεν πήγαινε στο κυνήγι με συνέπεια να έχει διαφορετική αντίληψη του κόσμου γύρω της και να αναπτύξει εντελώς διαφορετικές αξίες. Έχει πιο ανεπτυγμένη αισθητική, είναι πιο προσγειωμένη κι ενδιαφέρεται για το άμεσο περιβάλλον της, για ένα όμορφο σπίτι, έναν όμορφο κήπο, θέλει να δημιουργήσει έναν μικρό δικό της κόσμο, ευχάριστο κι άνετο. Μπορεί να πάρει ένα νεκρό οικοδόμημα και να το ζωντανέψει, να το κάνει κατοικήσιμο, δίνοντάς του μια απροσδόκητα ευχάριστη ποιότητα. Δώσε στη γυναίκα τα ερείπια του Παρθενώνα και θα σου δώσει πίσω ένα παλάτι, μια πραγματικά μαγική μεταμόρφωση!

Χαμόγελα κι απ' τις δυο μεριές. Ο Χαράλαμπος συνέχισε ακάθεκτος.

- Δεν είναι λοιπόν περίεργο το ότι η γυναίκα ανακάλυψε και την καλλιέργεια εκείνες τις μακρινές εποχές. Βλέποντας τα φυτά να μεγαλώνουν γύρω της, να ανθίζουν, να καρποφορούν και να πεθαίνουν, διέκρινε τον κύκλο της Φύσης. Αναγνώρισε ότι εκείνοι οι ίδιοι σπόροι που έπεσαν πέρσι στη γη, φύτρωσαν και πάλι φέτος με τη βοήθεια των βροχών σε χιλιάδες φυτά. Άρχισε λοιπόν να πειραματίζεται για να ανακαλύψει τι είναι φαγώσιμο και τι δεν είναι. Σύντομα, καθώς το κυνήγι, το ψάρεμα και η συλλογή καρπών αποδεικνύονταν ολοένα και πιο αναποτελεσματικά για να θρέψουν τις φυλές των ανθρώπων που αυξάνονταν και πληθύνονταν συνεχώς, οι άντρες βρέθηκαν υποχρεωμένοι να συμφωνήσουν με τις γυναίκες τους: "Πρέπει να αρχίσουμε να καλλιεργούμε τα φυτά! Φρούτα, λαχανικά, σιτηρά, οπωρικά, όλα άφθονα και σε μεγάλη ποικιλία βρίσκονται μπροστά στις πόρτες των σπιτιών μας! Των σπιτιών που θα χτίσουμε βάζοντας τέλος επιτέλους στις ατέλειωτες περιπλανήσεις!" Κι έτσι οι πρώτοι οικισμοί έγιναν γεγονός...

Η Ελεονώρα κουνούσε το κεφάλι της, όσο ο Χαράλαμπος συνέχιζε.

- Η καλλιέργεια της γης όμως άλλαξε ολόκληρη τη ζωή του ανθρώπου. Με το πέρασμα απ' την έλλειψη στην αφθονία, δημιουργήθηκε παράλληλα και το σύστημα της ανταλλαγής, αφού τα περισσευούμενα δικά μου, έλειπαν απ' τον γείτονα. Έτσι γεννήθηκε το χρήμα κι άρχισε να δημιουργείται ιδιωτική περιουσία. Οι άνθρωποι που ήταν σωματικά ισχυροί κατάφερναν να διεκδικούν και να κατέχουν μεγάλες εδαφικές εκτάσεις, αυξάνοντας έτσι το "βιός" τους. Το επόμενο πρόβλημα που ανέκυψε, ήταν το ερώτημα ποιος θα κληρονομήσει την περιουσία μετά τον θάνατο του κατόχου της. Κανένας δεν ήθελε να χαθεί η περιουσία του, να την πάρει ο οποιοσδήποτε. Ήθελε η περιουσία του να εξακολουθεί να ανήκει μετά τον θάνατό του στο δικό του αίμα. Έτσι λοιπόν εφευρέθηκε ο γάμος. Για οικονομικούς και μόνο λόγους, για λόγους που δεν έχουν καμιά σχέση ούτε με την αγάπη ούτε με το συναίσθημα.

Απορία στα μάτια της Ελεονώρας. Μικρή παύση και συνέχεια.

- Πόσο φυσικός είναι ο γάμος, όπως τον γνωρίζουμε τώρα; Σκέψου ότι όσο οι άνθρωποι ζούσαν σε κοινότητες και φυλές, αγαπιόταν κι αναπαράγονταν με έναν απλό τρόπο που σήμερα θα τον ονομάζαμε πρωτόγονο. Οι κοινωνίες ήταν απλές και η συμβίωση κοινοβιακή. Άντρες και γυναίκες συναναστρέφονταν με αγάπη και χαρά, χωρίς καταναγκασμό, χωρίς καμία νομική υποχρέωση, αλλά σύμφωνα με την ελεύθερη βούλησή τους και για όσον χρόνον ήθελαν. Αν αγαπιόνταν και επιθυμούσαν να συνδεθούν και να παραμείνουν μαζί, δεν έμπαινε κανένα ζήτημα κτητικότητας. Τα παιδιά στις κοινωνίες αυτές δεν ενδιαφέρονταν ιδιαίτερα για το ποιος ήταν ο πατέρας τους, παρά ήταν προσκολλημένα σταθερά στη μητέρα τους, όπως άλλωστε και τώρα. Όμως η δομή αυτή κατέρρευσε με την έλευση της ιδιοκτησίας. Τώρα ο άντρας ήθελε ένα "συμβόλαιο", το συμβόλαιο του γάμου με τη γυναίκα για να είναι σίγουρος ότι το παιδί που θα ερχόταν στον κόσμο θα ήταν δικό του και όχι οποιουδήποτε άλλου για να μπορέσει έτσι να κληρονομήσει την περιουσία του. Αυτό όμως εναντιώνεται στην ίδια τη Φύση! Η ιδέα του γάμου είναι αυτή καθαυτή ενάντια στη Φύση! Κανένας άλλος έμβιος οργανισμός δεν παντρεύεται! Πολλά είδη ζουν μαζί σαν ζευγάρια για μεγάλο διάστημα, ίσως και για όλη τους τη ζωή, αλλά κανένα δεν παντρεύεται υποχρεώνοντας το ταίρι του σε παντοτινή πίστη! Γιατί ο άνθρωπος λοιπόν συνειδητά κι εσκεμμένα λειτούργησε ενάντια στη Φύση; Διότι με τη γέννηση του χρήματος που σήμαινε παράλληλα και τη γέννηση του καπιταλισμού, υπέκυψε στις αδυναμίες του, όπως για παράδειγμα τη λατρεία της καλοπέρασης και τη θεοποίηση του χρήματος. Ανέπτυξε δηλαδή ποταπά αισθήματα αντίθετα με τη Φύση του, δίνοντας περισσότερη αξία στο υλικό μέρος, στο χρήμα και στην ιδιοκτησία παρά στο πνευματικό, στην αγάπη και στη συντροφικότητα.

Ο Χαράλαμπος έξυσε το σαγόνι του.

- Όμως το όνειδος για τον άντρα δεν σταματάει δυστυχώς εδώ. Για να μπορέσει να υλοποιηθεί ένα τέτοιο συμβόλαιο και να αισθάνεται σίγουρος, *έπρεπε να καταστραφεί η ελευθερία της γυναίκας*, πράγμα που το πέτυχε εκμεταλλευόμενος τη φυσική του δύναμη. Την κατέστησε υποδεέστερη με βασικό του όπλο τη θρησκεία, η οποία, αφού φόρτωσε πρώτα στη γυναίκα το προπατορικό αμάρτημα, διακήρυξε στη συνέχεια με όλους τους δυνατούς τρόπους την κατωτερότητά της, υποχρεώνοντάς την σε υπακοή στον άντρα της, υποβαθμίζοντάς την σε όλες τις εκφάνσεις της ζωής, περιορίζοντάς την σε ρόλο παιδομηχανής και υπηρέτριας (η γνωστή καλή μητέρα και σύζυγος) κι αναγκάζοντάς την ακόμα και στον γάμο της να παίρνει το όνομα του συζύγου της! Τραγικά αμαρτωλό φορτίο για τον άντρα και το χειρότερο είναι ότι ούτε καν αντιλαμβάνεται τη συμπεριφορά του αυτήν ανά τους αιώνες, πόσο μάλλον να την αναγνωρίσει ή να ζητήσει έστω μια έμπρακτη συγγνώμη! Μόλις πρόσφατα η γυναίκα μετά από αγώνες κατάφερε να αποτινάξει από πάνω της μεγάλο μέρος αυτής της αδικίας και να σταθεί στα ίσα πλάι στον άντρα της, αν και όχι ακόμα σε όλες τις κοινωνίες! Δεν του κάκιωσε, δεν τον εκδικήθηκε, παρά τον συγχώρησε και συνεχίζει να τον αγαπά. Ίσως κάπου να την βολεύει κι αυτήν το συμβόλαιο αφού την κάνει να αισθάνεται σιγουριά με έναν "μόνιμο" σύντροφο πλάι της. Μπορεί να μην της αρέσει να γράφει φιλοσοφικά κείμενα, ούτε να χάνεται σε θρησκευτικούς διαλογισμούς, αλλά ξέρει χίλιους τρόπους να αγαπάει και δεν θέλει να τον αδικήσει, έχει κι αυτός πολλά προτερήματα. Ξέρει ότι είναι ευθύς και ειλικρινής, είναι σταθερός και αποφασιστικός, έχει την ικανότητα να χαράζει πορεία στη ζωή τους και της παρέχει σιγουριά και προστασία καταφέρνοντας να αντιμετωπίζει σχεδόν όλα τα προβλήματά τους. Μπορεί για το οικονομικό συμφέρον να την υποβάθμισε, όμως ένα οικονομικό συμφέρον που, αν το δει κανείς από καθαρά υλιστική άποψη, είναι προς όφελος και των δυο. Απ' την άλλη μεριά, οι γυναίκες ξέρουν ότι κατά βάθος είναι - και πρέπει πάντα να είναι! - οι βασίλισσες στις καρδιές των ανδρών και οι ανεκτίμητοι σύντροφοι στην πορεία τους στη ζωή. Αυτήν τη συντροφικότητα την αναγνωρίζουν και οι δυο κι έτσι επανέρχεται η ισορροπία, ακόμα κι αν στις μέρες μας διαταράσσεται συχνά από εξωτερικούς πειρασμούς που διαολίζουν ασταμάτητα τους ανθρώπους.

Το χαμόγελο βρίσκονταν τώρα και στα δυο πρόσωπα, η Ελεονώρα κουνούσε εύθυμα το κεφάλι της.

- Σε τελική ανάλυση, για να επιστρέψουμε στο θέμα μας, ακόμη κι αν κάνεις ένα τέτοιο "γαμήλιο συμβόλαιο", η Φύση αδιαφορεί! Η Φύση είναι υπέρ της ελευθερίας και όχι υπέρ οποιουδήποτε είδους σκλαβιάς. Αδιαφορεί για ονόματα, συμβόλαια και νομικές πράξεις και δεν διακρίνει σε ανώτερο και κατώτερο φύλο. Η Φύση θεωρεί τα φύλα όχι ίδια, αλλά ισοδύναμα. Έχει μοιράσει τις δυνάμεις και τις αδυναμίες τους κατά τέτοιον τρόπο ώστε να αλληλοσυμπληρώνονται. Για παράδειγμα έδωσε στον άνδρα περισσότερη λογική και στη γυναίκα περισσότερο συναίσθημα. Διότι άνθρωπος μόνο με λογική, χωρίς καθόλου συναίσθημα είναι ουσιαστικά ανάπηρος, ενώ άνθρωπος μόνο με συναίσθημα, χωρίς λογική είναι απλά παρανοϊκός. Έτσι λοιπόν τα δυο φύλα αλληλοσυμπληρώνονται, παραμένοντας όμως πάντα στο αυτό επίπεδο, για να μπορούν να πορεύονται μαζί αλληλοϋποστηριζόμενα.

Έξυσε λίγο το κεφάλι του, σαν να προσπαθούσε να θυμηθεί κάτι.

- Ο Αριστοτέλης έγραψε στα "Πολιτικά" του ότι *η ανισότητα ανάμεσα στα ίσα και η ισότητα ανάμεσα στα άνισα, αντίκεινται στους νόμους της Φύσης και τίποτα που αντίκειται στους νόμους της Φύσης δεν μπορεί να αποφέρει καλό*. Τα ζωικά είδη το τηρούν αυτό και ζούνε με ισότητα, σύμφωνα με τους Φυσιοθεϊκούς Νόμους. Όσα δεν το δέχονται, αλλά προσπαθούν να κυριαρχήσει το ένα φύλο στο άλλο, είναι καταδικασμένα σε εξαφάνιση, αφού με τον ανταγωνισμό αυτόν μοιραία θα εξασθενίσει και η μεταξύ τους έλξη, άρα και η γενετήσια επαφή. Δυστυχώς και στον σύγχρονο άνθρωπο εμφανίζονται τέτοια ανησυχητικά σημάδια που δεν μπορούμε να εκτιμήσουμε ακόμα την εξέλιξή τους. Η ανθρώπινη ιστορία αριθμεί μόνο μερικές εκατοντάδες χιλιάδες χρόνια, ένα χρονικό διάστημα αμελητέο μπροστά στην απεραντοσύνη του Χρόνου της Πλάσης. Το γεγονός όμως παραμένει ότι με την εφεύρεση του αφύσικου "γαμήλιου συμβολαίου", ο άνθρωπος αφαίρεσε σε τελική ανάλυση την ελευθερία και απ' τα δυο φύλα! Οποία αποτυχία των ανθρώπινων νόμων!

Κούνησαν κι οι δυο το κεφάλι τους.

- Δεν υπάρχει λοιπόν "μοιχεία" στη Φύση, αφού δεν υπάρχει γάμος. Τα όντα ζουν μαζί για όσο νιώθουν την έλξη, ίσως για κάποιο χρονικό διάστημα, ίσως για πάντα. Ερωτεύονται, ευχαριστιούνται ο ένας τη συντροφιά του άλλου, ζουν μαζί, μοιράζονται τις εμπειρίες τους, ζευγαρώνουν, αλλά δεν παντρεύονται. Αν κάποιος απ' το ζεύγος ταιριάξει με κάποιον τρίτο, η σχέση θα χαλάσει με φυσικό τρόπο, χωρίς να χρειάζεται κανενός την άδεια. Συνήθως είναι η γυναίκα αυτή που θα πάρει τα παιδιά της και θα συνεχίσει την ύπαρξή της στον Χρόνο, είτε μόνη της, είτε με το νέο ταίρι της. Αυτό είναι το φυσιολογικό, αυτός είναι ο Φυσιοθεϊκός Νόμος και κανένας ανθρώπινος νόμος δεν μπορεί να υπερισχύσει! Κανένας ανθρώπινος νόμος δεν υπερισχύει των Φυσιοθεϊκών Νόμων! Ακόμα κι αν το προσπαθήσει, θα αποτύχει! Τη βλέπουμε καθημερινά αυτήν την αποτυχία, βλέπουμε την αποτυχία του έγγαμου βίου, είτε με τη μορφή των διαζυγίων, που είναι πάλι μια νομική διαδικασία προς δόξαν του χρήματος και για την οποία η Φύση επίσης αδιαφορεί παντελώς, είτε με τη μορφή μιας καταναγκαστικής συμβίωσης μέσα στον Χρόνο που κάνει και τα δυο μέλη δυστυχισμένα! Πραγματική πανωλεθρία του ανθρώπινου νόμου! Δεν είναι φανερή η αντίθεση με τους κανόνες της Φύσης, δεν είναι φανερό ποιος είναι ο πραγματικός θεός και ποιο το είδωλό του σε τελική ανάλυση;

Η Ελεονώρα παρέμενε σκεφτική.

- Είναι τελικά δύσκολο να διακρίνει κανείς το καλό απ' το κακό, την πραγματικότητα απ' την αντανάκλαση, την ουσία της θεϊκότητας απ' την οπτασία της θεότητας...

- Υπάρχει ένα τρικ! Κάθε φορά που θα γίνεται λόγος για τον "θεό", εμείς θα πρέπει να βάζουμε στη θέση του τη λέξη "φύση"! Τότε αμέσως ξεκαθαρίζει το τοπίο, όπως καθαρίζει η όραση όταν φορέσει κανείς τα γυαλιά του. Τότε μπορεί κανείς να πει με σιγουριά αν αυτά που ακούει είναι "θεϊκά", καθώς θα πρέπει να είναι συγχρόνως και "φυσικά"! Σε αντίθετη περίπτωση, αν δεν συνάδουν με την τρισδιάστατη Φύση, με την *υλική*, την *πνευματική* και την *ηθική* της διάσταση, τότε δεν είναι "θεϊκά", παρά είναι σίγουρα ανθρώπινα, ατελή κατασκευάσματα... Μπορεί τότε κανείς να αγνοήσει άφοβα τέτοιου είδους κηρύγματα!

Η Ελεονώρα κούνησε το κεφάλι της.

- Ναι, έτσι μου φαίνεται λογικό κι εύκολο! Αρκεί κανείς να έχει πάντα τον Φυσιοθεϊκό Νόμο στο μυαλό του, την σύντηξη της τρισδιάστατης Φύσης με το Θείο Στοιχείο! Και όταν γίνεται λόγος "για τον θεό", εμείς να καταλαβαίνουμε "για τη Φύση". Τότε όλα μπαίνουν στη θέση τους!...

- Ακριβώς!

Ο Χαράλαμπος σηκώθηκε περίλαμπρος απ' τη θέση του κι αγκάλιασε θερμά την κόρη του.

- Πορεύσου παιδί μου μέσα στον Χρόνο σου όπως προστάζει η Φύση σου! Δόξασέ την και λάτρεψέ την όπως αρμόζει σε έναν θεό. Σεβάσου την και μην την πληγώνεις, για να σε αγκαλιάζει παντοτινά. Κάνε αυτό που πρέπει, ζήσε αγνά, ηθικά κι ενάρετα. Αγάπα και βοήθα τον πλησίον σου, όπως η μητέρα Φύση περιθάλπει τα πλάσματά της. Μοίρασε απλόχερα την Αγάπη και την Αρετή, όπως η Φύση μοιράζει την Ομορφιά και την Αρμονία. Γίνε σε τελική ανάλυση ένα με τη Φύση, γίνε εσύ η μητέρα Φύση σε όλον τον Χρόνο που σου μέλλει! Τότε μόνο θα τελέψεις ευτυχισμένη, ήρεμη και καθαγιασμένη, ότι έπραξες τα πρέποντα και τίμησες τον Θεό σου!... Την ευλογία μου να έχεις!

***

Το χτύπημα της πόρτας και η εισβολή της δυσκίνητης, μεσόκοπης βοηθού της, της Jashira, διακόπτει την αναπόλησή της. Στρέφεται ξαφνιασμένη προς το μέρος της κάνοντας τα μαλλιά της να ανεμίσουν γύρω της σε μια φλογερή πανδαισία παιχνιδίζοντας στο φως του ήλιου που εισβάλλει αφειδώλευτο απ' το παράθυρο πίσω της. Η Jashira κοντοστέκεται προς στιγμήν αποσβολωμένη στην πόρτα, γρήγορα όμως την κλείνει πίσω της και προχωράει προς την Ελεονώρα λικνιζόμενη με χάρη πάνω στους αφρικάνικους τροφαντούς γοφούς της, με το διάπλατο θαλπερό χαμόγελο να τονίζει τα κατάλευκα δόντια της. Την αγκαλιάζει και της χαϊδεύει απαλά τα μαλλιά με έκσταση περισσή.

- Sœur Eléonore! Ils sont magnifiques! Γιατί τα έχετε κρυμμένα τόσον καιρό;

Η Ελεονώρα χαμογελάει κι αγκαλιάζει με τη σειρά της την πληθωρική κι αγνή αυτή γυναίκα που μοσχοβολάει σαπούνι και Saintpaulia.

- Έλα, πες μου τώρα! Τι με θέλεις; Ποιος με χρειάζεται;

- La mère Aminatashaka είναι έτοιμη να γεννήσει! Encore! Τη βάλαμε στον θάλαμο! Venez vite, s'il vous plaît!

- J' arrive!

Η Ελεονώρα αναστενάζει. Το πέμπτο της! Και είναι μόνο εικοσιπέντε χρονών, στην ηλικία της αποκοτιάς! Όσες φορές και να της μίλησε για αντισύλληψη, μάλλον τον καιρό της έχασε! Η μητέρα Φύση θέλει την ανθρώπινη μητέρα ιδιαίτερα δυνατή εδώ στην Αφρική!

Μαζεύει προσεκτικά τα μαλλιά της κάτω απ' την καλογερίστικη καλύπτρα της, ανοίγει την πόρτα και βγαίνει με βιάση...

*** *** ***

(*) Ντοστογιέφσκι, Φιόντορ. *Οι Αδελφοί Καραμάζωφ.*

Είν' η ζωή γλυκόπιοτη, ωσάν ποτήρι μπύρας,
σαν μεθυσμένη πάλλεται, οργάζεται κι αφρίζει,
πότε πικρή, πότε ξινή, πότε γλυκιά κι ηδονική,
μα πάντα αλλόκοτη κι αμείλικτη καθώς γερνάει κι ασπρίζει.

Μπουρμπουλήθρες

Κοιτάω αφηρημένος μπροστά μου το γεμάτο ποτήρι μπύρας που μόλις μου έφεραν. Πρέπει να είναι το έκτο, αν δεν έχω χάσει τον λογαριασμό. Δεν διψώ πια τόσο πολύ, από κεκτημένη ταχύτητα συνεχίζω να παραγγέλνω! Τέλος πάντων, ας το καθυστερήσω λίγο. Ας σκύψω από πάνω κι ας ξεχαστώ για λίγο, ας το κοιτάξω προσεκτικά, αφοσιωμένος, μαγνητισμένος. Συνήθως το πίνω μονορούφι τρομάρα μου, χωρίς να δω καλά καλά τι κατεβάζω μέσα μου. Τώρα όμως σαν κάτι να με παρακινεί να του αφιερώσω λίγη προσοχή πριν το θυσιάσω κι αυτό στον βωμό της κορεσμένης δίψας μου.

Χρυσοκίτρινο κατά τα 4/5 και λευκοαφρώδες κατά το 1/5. Είναι αυτή η σωστή αναλογία; Ίσως λίγο πιο πολύς αφρός να ήταν καλύτερα, τώρα θα ξεθυμάνει γρήγορα. Βέβαια, κοίτα, οι μπουρμπουλήθρες ανεβαίνουν βιαστικά, είναι ακόμα φρέσκια η μπύρα κι οργάζεται. Θα οργάζεται για πέντε λεπτά ακόμα, έτσι γίνεται πάντα, μετά οι μπουρμπουλήθρες θα καταλαγιάσουν σιγά σιγά την ταραχή τους και θα αραιώσουν την παρουσία τους, μέχρι την πλήρη κατίσχαση, σαν τον θυμό μας, σαν την οργή μας, σαν τις ορμές μας. *"Σαν τις ορμές μου!"*, μονολογώ άθελά μου...

Πώς άραγε δημιουργούνται; Να τες, εδώ στο τοίχωμα του ποτηριού, λες και γεννιούνται απ' το γυαλί, ας σκύψω λίγο ακόμα. Ναι, απ' το γυαλί του ποτηριού βγαίνουν, η μπύρα λοιπόν πηγάζει απ' το γυαλί! Σαν στρατιωτάκια, η μια μετά την άλλη γεννιούνται και μπαίνουν στη σειρά, στοιχίζονται και ξεκινάνε, ανεβαίνοντας αργόσυρτα προς τα επάνω, η μια πίσω απ' την άλλη, με τάξη ακολουθώντας η μια την άλλη σε μια φιδίσια γραμμή, αιωρούμενες ελαφρά δεξιά κι αριστερά, σαν να χορεύουν χαρωπά, μάλλον είναι χαρούμενες που γεννήθηκαν. Κι όσο ανεβαίνουν προς τα πάνω, τόσο μεγαλώνουν, κοίτα! Έγιναν διπλάσιες, παραφούσκωσαν, τώρα θα σκάσουν! Μπα, δεν σκάνε, φτάνουν τελικά στα σύνορα, στα σύνορα της χρυσολαμπερής ζωής τους και του λευκοθολερού θανάτου τους. Χάνονται στο άσπρο σύννεφο του αφρού, σπρώχνοντάς το λες κι αυτό προς τα επάνω, να φουσκώσει και να βγει απ' το ποτήρι, να χυθεί γύρω σαν αφρισμένος καταρράκτης, σαν αργοχυνόμενη χιονοστιβάδα.

Σαν τη ζωή, σαν τη ζωή μας είναι! Γεννιούνται μικρές, ζωηρές και χαρωπές, χορεύοντας πορεύονται και χοντραίνουν χωρίς να το καταλάβουν, γίνονται δυσκίνητες χοντροκοπιές και σαν παραφουσκωμένες μπαλόνες περνούν τελικά τα σύνορα για να εξαφανιστούν στη μάζα του ουρανού, του πηχτού άσπρου σύννεφου. Ούτε οι ίδιες ξέρουν αν πράγματι υπήρξαν στη μικρή ζωή τους. Ή μήπως ήταν μεγάλη; Ποιος να μας το πει; Ο αφρός; Μα, εξαερώνεται κι αυτός με τη σειρά του. Είναι σχεδόν ξεχειλισμένος απ' το χείλος του ποτηριού και συνεχώς νέες μπουρμπουλήθρες προστίθενται από κάτω, όμως με κάποιον τρόπο κρατιέται σταθερός, ή μάλλον μικραίνει. Τροφοδοτείται αδιάκοπα, κι όμως μικραίνει συνεχώς, ποιο είναι άραγες το μυστικό του, πώς το κάνει αυτό το μαγικό; Κοίτα τον πόσο ακανόνιστος είναι! Χάσκει σαν χίλιες σπηλιές να ερημώνουν τα σωθικά του με αργές εκμηδενιστικές εκτονώσεις. Εξαφανίζεται κι αυτός αργά, παίρνοντας μαζί του όλες τις ψυχές που καταβρόχθισε. Τις καταβρόχθισε κι όμως δεν γιγαντώθηκε, αντίθετα συρρικνώνεται καταπίνοντας χιλιάδες, εκατομμύρια ψυχές εξαχνώμενος κι αυτός στον αιθέρα από πάνω του. Μυστήριο...

Κι όμως, κάποιος μπορεί να ξέρει, κάποιος φαίνεται να είναι σταθερός κι αδιάφορος στο γρήγορο, νωχελικό πέρασμα της φυσαλίδας μπροστά του. Οι σταγόνες στο έξω μέρος του ποτηριού κοιτάνε αδιάφορες. Σταγόνες του έξω κόσμου, εσείς που είσαστε αδιάφοροι παρατηρητές του οργασμού της μπύρας, θα μου πείτε εσείς λοιπόν που έχετε δει χιλιάδες φυσαλίδες να περνάνε μπροστά σας, πώς είναι η ζωή τους; Προλαβαίνουν να τη χαρούν; Προλαβαίνουν να μεγαλώσουν ή μένουν για πάντα παιδιά; Κι αν μένουν για πάντα παιδιά, το καταλαβαίνουν αυτό; Συνειδητοποιούν το χάρισμα αυτό που τους έδωσε ο άγνωστος δημιουργός τους και που μόνο μια φυσαλίδα μπορεί να απολαύσει;

Αλλά, για στάσου, τι με κάνει να πιστεύω ότι η σταγόνα ξέρει την απάντηση; Έχει κι αυτή τα δικά της προβλήματα. Να μία που τρώει την πλαϊνή της. Ναι, αλήθεια, την έφαγε! Κι έγινε διπλάσια, έγινε κι αυτή χοντρή, σαν τις χοντροφυσαλίδες, μόνο που αυτή δεν μπορεί να ανέβει προς τα πάνω. Κοίτα! Προς τα κάτω πάει, γλιστράει αθόρυβα σαν φίδι, σαν φίδι δολερό καταπίνοντας κι άλλες σταγόνες στο διάβα της, και όσο τρώει τις σταγόνες, τόσο θεριεύει το ταμάχι της κι επιταχύνει τον δρόμο της, μέχρι να κατέβει κάτω κάτω στο ποτήρι πέφτοντας άγαρμπα με αποτέλεσμα να τη ρουφήξει το στρογγυλό χαρτονάκι. Τι άδοξο τέλος για μια τόσο πετυχημένη σταγόνα! Νίκησε τους πάντες στο πέρασμά της κι όμως δεν μπόρεσε να νικήσει τη μοίρα της, ο θάνατος ήρθε με τη μορφή ενός αδηφάγου κι άπονου μπυροσουβέρ.

Ναι, πράγματι, από κάτω έχουν βάλει ένα στρογγυλό χαρτονάκι. Γιατί άραγε; Μα βέβαια, για να αρπάζει τις σταγόνες που προσπαθούν να δραπετεύσουν, για τι άλλο; Αλίμονο αν κάθε εγκληματική σταγόνα μπορούσε να τρώει έτσι ατιμώρητα τη διπλανή της και μετά να τη σκαπουλάρει. Έχει προβλέψει γι' αυτό το σοφό ποτήρι. Είναι λείο και γλιστερό, καμία σταγόνα δεν μπορεί να του αντισταθεί. Αν κάνει το λάθος να φάει τη διπλανή της, τότε θα χοντρύνει και δε θα μπορεί πια να κρατηθεί στην κάθετη επιφάνεια που γεννήθηκε. Θα γλιστρήσει προς τα κάτω, προς το λαίμαργο σουβέρ που την περιμένει όλο δίψα, να υγρανθεί κι αυτό και να ηδονιστεί απ' την τιμωρία που απλόχερα θα προσφέρει στην παραβάτιδα. Έτσι πρέπει, η τιμωρία είναι απαραίτητη και θεόπνευστη, αλλιώς θα γίνουμε ζούγκλα. Το να τιμωρείς κάποιον μπορεί να είναι κάπως δυσάρεστο για τον ίδιο, είναι όμως πολύ ανακουφιστικό για την κοινωνία που νιώθει ότι τώρα πια είναι ασφαλής και ξαλαφρωμένη. Παρακολουθώντας την παραδειγματική τιμωρία ενός δημόσιου αποκεφαλισμού ας πούμε, όπως τώρα καλή ώρα της δολοφονικής σταγόνας που θα εκτελεστεί με το αργό ρούφηγμα της απ' το απορροφητικό χαρτονάκι μέχρι που να μην μείνει τίποτα απ' αυτήν, ούτε καν η ανάμνηση της, αφού χιλιάδες άλλες σταγόνες θα πάρουν άμεσα τη θέση της, δε θα νιώσει, λέω, κάποιος μια ευχαρίστηση κι ένα ξαλάφρωμα που επιτέλους αποδόθηκε δικαιοσύνη; Δε θα νιώσουμε εμείς, οι ευυπόληπτοι πολίτες, ένα τρέμουλο στα πόδια μας κι ένα ρίγος στη ραχοκοκαλιά μας, όπως κάποτε οι χριστιανοί ιεροεξεταστές όταν έκαιγαν τις βδελυρές, άσχημες και γριές μάγισσες ακούγοντας τους τριγμούς της φωτιάς και νιώθοντας την ευχαρίστηση στα μάτια τους και την ηδονή ανάμεσα στα σκέλια τους ότι ξαλάφρωσαν την κοινωνία –και τους ίδιους, αφού κι αυτοί ήταν εξέχοντα μέλη της– από ένα ακόμα μίασμα; Αποτελεί συνεπώς η τιμωρία μια εξέχουσα πράξη αδελφικότητας, κι ας μη συμφωνεί ο τιμωρούμενος, το σουβέρ ξέρει την αλήθεια κι η σταγόνα το ίδιο...

Για στάσου όμως μια στιγμή! Από κάτω χαρτόνι, στερεό. Από μέσα φυσαλίδες, αέρας. Από έξω σταγόνες, νερό. Στη μέση; Στη μέση είναι το γυαλί, υλικό διάφανο, σκληρό, άκαμπτο και άπονο. Σπλαχνικό όμως στα μάτια μας, ελάτε όλοι να κοιτάξετε, δεν σας κρύβω τίποτα, είμαι διάφανο σαν γυαλί, είμαι γυαλί, δείτε και σεις τα μυστικά που κρύβω μέσα μου! Δείτε τη μπύρα που περιθάλπω στοργικά στην ασφυκτική αγκαλιά μου, είδατε πόσο καλή, δροσερή και λαμπερή σας την κρατάω;

Χμμμ, κάτι δεν μας λες καλά, διάφανο και λαμπερό γυαλί. Να, εδώ, για παράδειγμα, είσαι λίγο μπλε, κάνεις κάτι ιριδισμούς, η μπύρα από μέσα έχει πάρει περίεργα χρώματα, μας παραπλανείς, μας λες ότι μας δείχνεις τα μυστικά της μπύρας, αλλά της αλλάζεις το χρώμα. Να, κι εδώ έχεις αλλάξει τη μορφή της, τρεμοπαίζει και παραμορφώνεται, σαν μέσα από καθρέφτη, σαν μέσα από παραμορφωτικό φακό να τη βλέπει κανείς. Κι εδώ, στον πάτο κοντά; Γιατί είναι τόσο στρογγυλή η μπύρα και γιατί βγάζει περισσότερες φυσαλίδες; Πονηρούλη, κρυφά τις φτιάχνεις τις μπουρμπουλήθρες, εδώ κοντά στο πάτωμα που δεν κοιτάζει κανείς και το στρογγυλεύεις και λίγο το πράγμα, για να μην το πολυκαταλαβαίνουμε!

Τέλος πάντων, θα μας πεις τώρα πώς κρατάς τον αφρό φουσκωμένο στο χείλος σου και δεν χύνεται; Φουσκώνει και κάνει πως θα ξεχειλίσει, αλλά σε λίγο τον ξαναρουφάς μέσα στο ποτήρι. Μάλλον θα φοβάται ο αφρός να πέσει από κει πάνω. Κάποιες φορές που απερίσκεπτα αφροσυννεφάκια δοκίμασαν να δραπετεύσουν γλιστρώντας στα μουλωχτά, αργά και ύπουλα στην επιφάνειά σου, πάντα υπήρξε ένας άπονος μπάρμαν που διέλυσε την απόπειρά τους βίαια κι απότομα με ένα βετέξ, αποκαθιστώντας τη λαμπερή σου εμφάνιση και την τάξη των πραγμάτων. Από τότε κανένα αφροσυννεφάκι δεν τολμάει να διανοηθεί να δραπετεύσει, περιμένει καρτερικά να εναποτεθεί και να πικροδροσίσει τα μουστάκια μας, ακόμα και των γυναικών. Ναι, κι αυτές έχουν μουστάκια κι ας προσπαθούν μανιωδώς να τα κρύψουν. Άλλωστε αρέσει και σε αυτές να δροσίζουν τα αιθέρια μουστάκια τους με μπύρα και να νιώθουν το απαλό άγγιγμα του αφρού να γαργαλάει τις αδιόρατες τριχούλες και να διαχέει το πικρόξινο άρωμά του στα χείλια τους. Ποιος ξέρει, ίσως οι γυναίκες κάνουν κάποιους άγνωστους συνειρμούς, ίσως πάλι να έχουν κάποιες παραπάνω αναμνήσεις και εμπειρίες απ' τους άντρες μουστακαλήδες που συνηθίζουν να γλύφουν τα αφρωμένα μουστάκια τους ή να τα σκουπίζουν με τα μανίκια τους, γουρούνια είναι τέλος πάντων αυτοί οι άντρες!

Δεν μπορεί, κάτι θα μένει τελικά απ' τη σύντομη ζωή μας. Υπάρχει κάποιος που μπορεί να μου πει αν τρέχουν οι φυσαλίδες κι οι σταγόνες γρήγορα και βιάζονται να ζήσουν ή αν πάνε χαβαλέ κι απλά εγώ νομίζω ότι τρέχει η ζωή μας; Ίσως ο ουρανός να ξέρει την απάντηση.

Ας σκύψω να μυρίσω, εδώ, ακριβώς πάνω απ' τον αφρό. Ναι μυρίζει! Οι μικρές, χαρούμενες φυσαλίδες αφήνουν τη σφραγίδα τους, μια σφραγίδα ξινίλας, αποπνικτικής ταγκίλας που μου αρέσει. Ας ρουφήξω πιο δυνατά, μου θυμίζει τη μυρωδιά της παρακμής, της εγκατάλειψης, της ζωτικότητάς μου, που την κοπάνησε χωρίς να την πάρω είδηση...

Τελικά αν το καλοσκεφτώ, αυτό το ποτήρι σφύζει από ζωή. Οι φυσαλίδες χορεύουν στον δικό τους ρυθμό, ζευγαρώνουν χορεύοντας και ζητάνε να φτάσουνε στον ουρανό. Οι σταγόνες απ' έξω, αδηφάγες, δροσερές, γλιστερές και διάφανες τρεμολαμπυρίζουν κοροϊδεύοντας και αλλοιώνοντας το χρυσοκίτρινο χρώμα της μπύρας μέσα στο ποτήρι. Κι όταν βαρεθούνε, απλά παίρνουν τον δρόμο προς τα κάτω, να ξαποστάσουν στο απαλό απορροφητικό, αδηφάγο σουβέρ.

Κι ο αφρός; Α, αυτός έχει τη δική του ιστορία! Είναι η κορώνα, η ομορφιά. Κατάλευκος, σαν φρέσκο σύννεφο, αρύς σαν αιθέρας, πικρός σαν αμύγδαλο νωπό, αλλά μας αρέσει. Μας αρέσει και να τον κοιτάμε, και να παίρνουμε την πίκρα του, και να γελάμε όταν κάθεται στα μουστάκια μας. Όπως μας αρέσει και η ζωή μας, πικρή, θολή, ξινή, ό,τι και να 'ναι, στο κάτω κάτω μεθυστική σαν μπύρα είναι!

Α, ρε μπύρα! Γι' αυτό σε αγαπώ!

Τα πολύτιμα πράγματα δεν βρίσκονται μέσα σε φανταχτερές συσκευασίες, εκεί μόνο προστυχιά και φτήνια μπορεί κανείς να βρει. Όμως συχνά πίσω από ένα σκονισμένο παραπέτασμα κρύβεται ο θησαυρός που ψάχνουμε, αρκεί να έχουμε τα μάτια να τον διακρίνουμε και την ευφυία να τον κατανοήσουμε...

Ο ταξιδιώτης και το στρείδι

Κι όμως ο Ταξιδιώτης της Χώρας του Χθες θα 'πρεπε να το περιμένει ότι δεν έχει κάθε στρείδι μαργαριτάρι, όμως αυτός πιστεύει σθεναρά πως κάποτε θα βρει ένα!

Ναι, σίγουρα! Και θα 'ναι κρίμα να το πατήσει και να το σπάσει, πριν καλά καλά το δει!

Αλλά μπορεί να είναι τυχερός σήμερα, μπορεί και όχι, ποιος ξέρει; Αυτό που άστραψε κι έλαμψε στον ύπνο του τότες, θα μπορούσε να 'ναι η τύχη του σήμερα, στον ξύπνιο του. Το Πνεύμα που του μίλησε δεν ήταν σαφές, όμως αυτός για χάρη του άφησε τη Χώρα του Χθες και πέρασε τον Θυμωμένο Ποταμό προς την Απέραντη Στέπα, τη χώρα που άλλοι έλεγαν ότι ενώνει τους ανθρώπους κι άλλοι ότι τους κιτρινίζει, τους νοθεύει και τους τρελαίνει. Το Πνεύμα τον προκάλεσε δείχνοντάς του κάτι λαμπερό, τον διέγειρε τυλίγοντάς τον με κάτι δυσερμήνευτο και του γέλασε κατάμουτρα με ένα γέλιο που ήταν αδιόρατα κοροϊδευτικό και συνάμα ενθαρρυντικό. Όμως αυτός θα το πάρει το ρίσκο του, είναι αποφασισμένος...

Όλοι ξέρουν ότι η τύχη βοηθάει τους τολμηρούς, είναι όμως η τύχη του που τον κάνει τώρα να σκοντάψει σε κάτι; Σκύβει να δει καλύτερα, ναι, μπορεί αυτήν τη φορά να είναι τυχερός! Αν δεν έσπασε τίποτα. Εξετάζοντάς το προσεκτικά βλέπει ότι πράγματι δεν έσπασε τίποτα, απλά φαίνεται ταλαιπωρημένο. Τι είναι όμως αυτό; Είναι στρείδι; Στρείδι στην ξηρά;

Ξύνει το πηγούνι του, δεν είναι πια σίγουρος ότι ψάχνει μαργαριτάρι, να τον πάρει ο διάβολος, δεν ξέρει καν τι ψάχνει! Το μόνο που ξέρει είναι ότι ψάχνει κάτι να τον γεμίσει, κάτι να τον συμπληρώσει, κάτι σπάνιο ίσως, κάτι που μόνο φευγαλέα έχουν συναντήσει άλλοι άνθρωποι. Του έχουν πει ότι ένα μαργαριτάρι έχει αξία, τι διάβολο, ο πλούτος λύνει όλα τα προβλήματα, έτσι του είπανε, αλλά δεν είναι σίγουρος ότι ψάχνει τον πλούτο...

Κάθεται στην πέτρα παίρνοντας στα χέρια του το στρείδι. Σαν ζωντανό του φαίνεται, σαν να κινείται. Ναι! Ανοίγει το κέλυφος, λίγο, ίσα ίσα για να φανερώσει εκεί στο φωτισμένο θαρρείς βάθος του το λαμπερό μαργαριτάρι, έχει πράγματι ένα μαργαριτάρι μέσα του! Το πλησιάζει με ταραχή κι αδημονία για να δει καλύτερα, όμως αυτό σαν να αιφνιδιάστηκε, κλείνει απότομα. Ο Ταξιδιώτης συνοφρυώνεται, σκοτεινιάζει απογοητευμένος. Το στρείδι χλομιάζει σαν να φοβήθηκε, στη συνέχεια μαυρίζει σαν να τσατίστηκε, αλλά τέλος φωτίζεται σαν να διασκεδάζει τη συνάντησή του με το περίεργο αυτό ον που το κρατάει απαλά στα χέρια του έχοντας γουρλώσει τα μάτια του. Ξανανοίγει το κέλυφος αφήνοντάς τον να ρίξει μιαν ακόμα ματιά στο εσωτερικό του που ιριδίζει σε χίλια χρώματα στεφανώνοντας το μαργαριτάρι που στρογγυλοκάθεται στο κέντρο του με ένα πέπλο μαγικό. Ο Ταξιδιώτης είναι γοητευμένος απ' τη δυσβάσταχτη ομορφιά, απ' την καταιγιστική χρωματική πανδαισία όμως το στρείδι ξανακλείνει παιχνιδιάρικα το κέλυφός του.

Κοιτάει προς τον ουρανό, είναι τώρα πια γαληνεμένος, η ομορφιά διαχέεται μέσα του γλυκά και ηρεμεί την ψυχή του. Χαμηλώνει τα μάτια του ξανά προς το στρείδι και το μελετάει απ' όλες τις πλευρές, όμως αυτό τώρα μαζεύεται, φοβάται μην το βαθμολογήσει και του βάλει μηδέν! Ο Ταξιδιώτης χαμογελάει.

- Έλα, ηρέμησε, δεν πρόκειται δα να σε φάω! Να, απλά είμαι λίγο πικραμένος, το κατάλαβες, έ; Καμμιά φορά καταλήγω ακόμα και στην εμπάθεια, λέει σχεδόν στον εαυτό του, σαν να μονολογεί...

Όμως αυτό τον ακούει! Κάνει σαν να ανασηκώνεται, σαν για να ακούσει καλύτερα. Άλλωστε κι αυτό το ταπεινό στρείδι ψάχνει το "κάτι" του, κάτι ιδιαίτερο που θα το προσέξει και θα το διαλέξει. Τότε το στρείδι θα μπορέσει με τη σειρά του να στολίσει με τον δικό του τρόπο τον άγνωστο εξερευνητή. Ακόμα και χωμένο μέσα στον βόρβορο περίμενε κι αυτό κάτι ξεχωριστό να το σηκώσει, να το βγάλει από εκεί, κάποια μέρα, κάποιον χρόνο, ή ακόμα και πέρα απ' τον χρόνο ίσως...

Ο Ταξιδιώτης τινάζεται. Το στρείδι του πέφτει απ' το χέρι, αλλά δεν το ξανασηκώνει. Απομακρύνεται αργά, θυμωμένος, κόκκινος, σαν να διάβασε τις σκέψεις στον αιθέρα.

- Κανείς δεν είναι στον βόρβορο! Ούτε εγώ είμαι ξεχωριστός, ούτε εσύ αχρείο! Όλοι λάμπουν, όλοι έχουν τη Χάρη, γιατί θέλεις να με κάνεις να πιστέψω ότι την κρύβεις κι εσύ σαν όλους τους άλλους; Κρύβεις το μαργαριτάρι κάτω από ένα πανάσχημο και βρωμερό κέλυφος, σαν να μην θέλεις να το δώσεις σε κανέναν!

Στρέφεται και το κοιτάει. Αμίλητοι κοιτιούνται για λίγη ώρα. Πρώτος ο Ταξιδιώτης σπάει τη σιωπή.

- Κανείς δηλαδή στον κόσμο αυτό δε θέλει να 'ναι η πηγή! Κανείς δεν θέλει να δώσει, όλοι θέλουν να πάρουν μόνο, όλοι μόνο απληστία και τσιγγουνιά έχουν να κρεμάσουν στην πόρτα τους...

Ήρεμα, με άηχη φωνή και μελωδική απουσία το στρείδι του απαντάει ατάραχα:

- Να σε δοκιμάσω ήθελα! Αλλά να ξέρεις ότι δεν έχω ούτε αξία, ούτε ανυπαρξία, ούτε λάμπω, ούτε λείπω, ούτε ανήκω, ούτε χάνομαι... Όλα εξαρτώνται αν μπορείς να με ζεστάνεις χωρίς να με κάψεις, να με κρατήσεις χωρίς να με συνθλίψεις, να με διασκεδάσεις χωρίς να με διαφθείρεις... Η αξία είναι στον συνδυασμό, όχι στην ανεύρεση καθ' αυτή! Μπορείς να γίνεις συνοδοιπόρος μου αντί για κλέφτης του μαργαριταριού μου. Μπορείς να ζήσεις μαζί μου αρμονικά σαν τη φωτιά με το νερό στη γης, σαν τον ουρανό με τα αστέρια...

Αυτός δεν απαντάει. Κοιτάει μόνο πέρα, προς τον ορίζοντα, προς τον ουρανό που σμίγει σιγά σιγά με το σούρουπο ανακατεύοντας το φως με το σκότος και δεν ξέρει αν η πλάση είναι αυγερινή ή σουρουπωμένη. Οι πορτοκαλιές φωτεινές λωρίδες μπερδεύονται με τις γκριζοσκότεινες νυχτερινές ανταύγειες στο αιώνιο παιχνίδι τους της ανταγωνιστικής συμβίωσης. Αυτό λοιπόν ζητούσε; Αυτό έψαχνε; Όχι το μαργαριτάρι; Το νόημα της συνύπαρξης των χρωμάτων, του ουρανού με το σούρουπο, του φωτός με το σκότος, του αρσενικού με το θηλυκό έψαχνε τελικά; Ίσως κάποτε να το μάθει, όμως τώρα είναι πια αργά για να σκεφτεί τέτοια πράγματα, η ώρα έχει περάσει και η κούραση της γεμάτης περιπάθεια αυτής ημέρας τον πλημμυρίζει.

Δεν του δίνει άλλη σημασία, δεν θέλει. Τα λόγια του καρφώθηκαν στην καρδιά του, σαν ζωογόνα μαχαίρια, σαν αναγεννητικό μελισσοτσίμπημα. Αύριο ξημερώνει άλλη μέρα, θα έχει άλλη μιαν ευκαιρία να ρωτήσει το στρείδι, άλλωστε αυτό δεν θα πάει πουθενά, εκεί κείται στο χώμα, ανοιγοκλείνοτας απαλά τα χείλια του, σαν να ετοιμάζεται κι αυτό για τον βραδινό του ύπνο.

Γέρνει στα ριζά του δέντρου, τακτοποιεί προσεκτικά το στρείδι στην αγκάλη του και το μόνο που θέλει τώρα είναι να κοιμηθεί, να κοιμηθεί και να μην ξαναξυπνήσει μέχρις αύριο, να κοιμηθεί μέσα στη νύχτα, που του φαίνεται τώρα φωτεινή κι ανέσπερη, δροσερή κι εύκρατη, ψιθυριστή και ήρεμη σαν την καρδιά του τη γαληνεμένη τώρα πια...

Η τεχνολογία ανυψώνει τον άνθρωπο και τον κάνει παντοδύναμο! Με τη βοήθεια της τεχνολογίας είμαστε πανίσχυροι, δεν φοβόμαστε τίποτα, δεν έχουμε κανέναν ανάγκη, είμαστε ελεύθεροι! (Γκιλ Μπέϊτς, ιδιοκτήτης της εταιρείας MegaHard)
Δεν υπάρχει φυσικά κανένας Γκιλ Μπέϊτς και καμιά εταιρεία MegaHard. Είμαστε όμως σίγουροι ότι κάποιοι άνθρωποι δεν κάνουν (στα κρυφά ή στα φανερά) τέτοιες (ή παρόμοιες) ζοφερές και καταχθόνιες σκέψεις;

Η Τοστιέρα του Βασιλιά

(βασισμένο σε μιαν ιδέα του Sivasis Panigrahi, IEEE)

Μια φορά κι έναν καιρό σε ένα βασίλειο, όχι και πολύ μακριά απ' το Εδώ και το Τώρα, ένας βασιλιάς κάλεσε δυο από τους συμβούλους του για ένα τεστ. Τους έδειξε ένα αστραφτερό μεταλλικό κουτί που είχε δύο σχισμές στην κορυφή, μια λαβή κι έναν μοχλό.

- Τί φαντάζεστε ότι είναι αυτό; τους ρώτησε.

Ο πρώτος σύμβουλος, ένας ηλεκτρολόγος μηχανικός, απάντησε πρώτος.

- Είναι μια φρυγανιέρα! είπε.

Ο βασιλιάς ξαναρώτησε:

- Και πώς θα σχεδιάζατε και θα ενσωματώνατε τεχνητή νοημοσύνη μέσα της, ώστε να την εκμοντερνίσουμε;

Ο μηχανικός σήκωσε τους ώμους του.

- Εύκολο! Χρησιμοποιώντας έναν 4-bit μικροεπεξεργαστή! Θα έγραφα ένα απλό πρόγραμμα που θα διάβαζε τη σκουρότητα της επιφάνειας του ψωμιού και θα την κβάντωνε σε 16 αποχρώσεις του γκρίζου, από κατάλευκο μέχρι κατάμαυρο. Το πρόγραμμα θα χρησιμοποιούσε αυτές τις 16 διαβαθμίσεις σαν σταθερές και θα χειριζόταν με αυτές έναν χρονοδιακόπτη. Ανάλογα με την κάθε στιγμή τιμή του γκρίζου θα άναβε τις αντιστάσεις και φτάνοντας στη σωστή διαβάθμιση θα τις έσβηνε και θα πέταγε έξω τις φρυγανιές.

Έξυσε σκεφτικός το πηγούνι του.

- Την άλλη βδομάδα πιστεύω πως μπορώ να έχω έτοιμο ένα πρωτότυπο...

Ο δεύτερος σύμβουλος, ένας informatics manager, αναγνώρισε αμέσως τον κίνδυνο μιας τέτοιας στενόμυαλης αντίληψης. Σηκώθηκε κουνώντας τα χέρια του.

- Οι σύγχρονες φρυγανιέρες δεν φρυγανίζουν μόνο το ψωμί!, είπε. Θα μπορούσαν επίσης να ζεστάνουν κι άλλα είδη, όπως και να αποψύξουν κατεψυγμένα προϊόντα! Αυτό που βλέπουμε μπροστά μας είναι στην πραγματικότητα ένα breakfast-cooker. Όσο οι υπήκοοι του βασιλείου μας θα εκμοντερνίζονται, θα ζητάνε όλο και περισσότερες δυνατότητες απ' τις οικιακές συσκευές τους. Μια φρυγανιέρα που θα φρυγανίζει μόνο ψωμί θα είναι σύντομα ξεπερασμένη, διότι ο κόσμος θα ζητάει πλέον ένα breakfast-cooker που θα βράζει τα λουκάνικα, θα ψήνει το μπέικον και θα κάνει και τα αυγά!

Κοίταξε με χαμόγελο την έκπληξη στο πρόσωπό τους και συνέχισε.

- Με αυτό στο μυαλό μας πρέπει συνεπώς να σκεφτούμε μια πιο σοφιστικέ προσέγγιση στο πρόβλημά μας. Πρώτα θα δημιουργήσουμε κλάσεις τροφών για πρόγευμα. Ας πούμε δημητριακά, χοιρινό και αυγά. Κάθε κλάση θα πρέπει να τη χωρίσουμε σε υποκλάσεις, για παράδειγμα τα αυγά σε βραστά, ποσέ, τηγανητά και διάφορους τύπους ομελέτας. Την ώρα της λειτουργίας της συσκευής, το πρόγραμμα θα πρέπει να δημιουργεί το αντίστοιχο αντικείμενο και να του στέλνει ένα μήνυμα της μορφής "ψήσου!". Τα χαρακτηριστικά του μηνύματος θα εξαρτώνται φυσικά απ' τη φύση του αντικειμένου, διότι προφανώς άλλες οδηγίες χρειάζεται η φρυγανιά και άλλες τα αυγά.

Ο μηχανικός τον άκουγε με σηκωμένο φρύδι, ο βασιλιάς σκεπτικός. Ο informatics manager συνέχισε όμως απτόητος.

- Ανακεφαλαιώνοντας την ανάλυση του project μέχρις εδώ, βλέπουμε ότι το κύριο πρόβλημα συνίσταται στο ψήσιμο κάθε είδους πρωινού. Το συμπέρασμα αυτό θα το χρησιμοποιήσουμε στη φάση του σχεδιασμού, όπου είναι πλέον προφανές ότι χρειαζόμαστε μιαν αντικειμενοστραφή γλώσσα προγραμματισμού, που να δέχεται παραμετροποίηση. Οι χρήστες βέβαια δε θα θέλουν να κρυώσουν τα αυγά τους όσο ψήνεται το μπέικον, συνεπώς πρέπει να προβλέψουμε δυνατότητα παράλληλης επεξεργασίας. Και βέβαια δεν θα πρέπει να αγνοήσουμε το θέμα του user interface. Ο μοχλός που κατεβάζει το φαγητό για ψήσιμο δεν έχει ευελιξία και πρέπει να αντικατασταθεί με μια software λύση, ενώ ο δείκτης σκουρότητας θα μπερδέψει τον χρήστη άσκοπα. Οι καταναλωτές δεν θα αγοράσουν το προϊόν μας αν δεν έχει ένα φιλικό, γραφικό περιβάλλον διασύνδεσης. Για παράδειγμα μόλις κανείς ανάψει την φρυγανιέρα πρέπει να ακούγεται ψηφιακή μουσική ενώ θα εμφανίζεται στην οθόνη μια καουμπόικη μπότα μαζί με το μήνυμα "Booting TOASTIX ver. 8.3". (Το TOASTIX ver. 8.3 θα πρέπει βέβαια να βρίσκεται στην αγορά τη στιγμή διάθεσης του προϊόντος σε μια λογική τιμή). Οι χρήστες θα μπορούν να χρησιμοποιήσουν διάφορα εικονίδια και μενού για να επιλέξουν την τροφή που θέλουν να ψήσουν, καθώς και για να επιλέξουν τις παραμέτρους του ψησίματος.

Σταμάτησε για λίγο για να αποτιμήσει την αντίδραση των ακροατών του. Το έκπληκτο ύφος τους τον ικανοποίησε, ο στόχος του αιφνιδιασμού επιτεύχθηκε, συνεχίζουμε λοιπόν...

- Επίσης δεν θα πρέπει να αμελήσουμε τη σύνδεση του breakfast-cooker μας με το διαδίκτυο, το κινητό μας και τις άλλες οικιακές συσκευές μέσω WLAN! Ο χρήστης θα πρέπει να μπορεί να κατεβάζει νέες συνταγές πρωινών απ' το διαδίκτυο, αλλά και να θέτει τη συσκευή σε λειτουργία ακόμα κι απ' το αυτοκίνητό του καθ' οδόν για το σπίτι του, με φωνητική κλήση και σε πραγματικό χρόνο! Τα εικονίδια του user interface θα πρέπει να εμφανίζονται στο κινητό του για να μπορεί να επιλέγει το πρωινό που επιθυμεί σαν να ήτανε ήδη σπίτι του. Επίσης το breakfast-cooker μας θα πρέπει να στέλνει ειδοποιήσεις μέσω pushing τεχνολογίας, ώστε να ξέρει ο χρήστης πότε το πρωινό του είναι έτοιμο, αλλά και να διαθέτει κάμερα υψηλής ανάλυσης για να μπορεί να ανεβάζει ο σεφ μας τα δημιουργήματά του στα κοινωνικά δίκτυα και να μαζεύει τα likes που του αξίζουν!

Πήρε μια ανάσα και συνέχισε ακάθεκτος.

- Συνοψίζοντας τη φάση του design να πούμε τέλος ότι είναι απαραίτητο να υποστηρίζει δυνατότητες IMH (Integrated Multifunctional Homing) σε πραγματικό χρόνο ώστε να μπορεί να επικοινωνεί με τις άλλες οικιακές μας συσκευές, για παράδειγμα με το ψυγείο μας που περιέχει τα διαθέσιμα τρόφιμα, με την κουζίνα μας για πιο περίπλοκες συνταγές (αν χρειαστούμε δηλαδή τον φούρνο, ας πούμε) με τον φωτισμό μας που θα πρέπει να αυξομειώνεται ανάλογα με τη διάθεσή μας, με το στερεοφωνικό για να παίζει την αγαπημένη μας μουσική απ' τη συνδρομητική πλατφόρμα όπου είμαστε εγγεγραμμένοι, με την ηλεκτρική σκούπα για να την ειδοποιεί στο τέλος του πρωινού να καθαρίσει τα ψίχουλα, αλλά και με το πλυντήριο, το οποίο θα πρέπει να αποσύρει το τραπεζομάντηλο για πλύσιμο!

Κοίταξε σοβαρά τον βασιλιά που έξυνε το σαγόνι του, τον χτύπησε φιλικά στην πλάτη και κλείνοντάς του συνωμοτικά το μάτι συνέχισε χαμηλώνοντας τη φωνή του.

- Θα μπορούσαμε βέβαια να το προχωρήσουμε το θέμα λέγοντας ότι εδώ ουσιαστικά υπάρχει η δυνατότητα κατασκευής ενός κανονικού breakfast-ROBOT που θα είναι σε θέση να κάνει όλες τις δουλειές που κάνει κανείς στο πρωινό του, μια υπηρεσία που θα παρέχουμε βέβαια συνδρομητικά με χρέωση σε εβδομαδιαία βάση και κλήρωση δώρων στο τέλος του μήνα! Για παράδειγμα, στρώσιμο του τραπεζιού με βιοδιασπώμενα υλικά, σερβίρισμα σε σκεύη εκτυπωμένα επί τόπου από 6D-εκτυπωτή, αερισμό του χώρου σπαμάροντας cookies εικονικής πραγματικότητας που θα περιέχουν μετεστεροποιημένο αέρα απ' τους απέραντους ωκεανούς (που θα τον προμηθευόμαστε δωρεάν), βιονικές φρυγανιές που μετά το φρυγάνισμα θα χοροπηδάνε απ' τη χαρά τους στο πιάτο μας, τσάι ή καφέ αυτοζαχαριαζόμενα ανάλογα με το γούστο μας κι αυτοανακατευόμενα με ψηφιακά κουταλάκια υπερβαρικών μορίων, αλλά ακόμα και προβολή της αγαπημένης μας εφημερίδας (με μια μικρή επιπλέον επιβάρυνση φυσικά, πληρωτέα σε κρυπτονόμισμα) στη μέση του δωματίου σε κρυσταλλικό ολόγραμμα δεδομένων, καθώς εμείς θα απολαμβάνουμε το πολυφασικό συντηξιακό muffin μας (φιαγμένο με τη νέα νανοσωματιδιακή τεχνολογία MicroMufa) που μόλις βγήκε απ' το βιοδιασπώμενο περιτύλιγμά του, μικροκυμματικά καλοψημένο στο ολοκαίνουριο breakfast-ROBOT μας!

Σταμάτησε για λίγο, απολαμβάνοντας το κρεμασμένο σαγόνι και τα ολάνοιχτα απ' την έκπληξη μάτια του βασιλιά.

- Όπως βλέπουμε, οι δυνατότητες ενός breakfast-ROBOT είναι απεριόριστες, η τεχνολογία έχει ένα δυναμικό που κανείς δεν μπορούσε να φανταστεί λίγα μόνο χρόνια πριν! Όμως ας παραμείνουμε για την ώρα καλύτερα στο θέμα μας κι ας συνεχίσουμε με την εκμοντέρνιση αυτής της θλιβερής τοστιέρας σε ένα απλό breakfast- cooker.

Μια ανάσα και συνέχισε.

- Στη φάση της υλοποίησης τώρα είναι προφανές ότι η κατάλληλη πλατφόρμα hardware για αυτές τις προδιαγραφές είναι ένας νανοκβαντικός εξαπύρηνος μικροεπεξεργαστής ToastEL X38 με 16GB μνήμη, 300TB σκληρό δίσκο, οθόνη βιοαιθερικής αφής και φυσικά μικροκρυσταλλικό WiFi με δυνατότητα ιοντικής υπαραγώγιμης ανάδρασης τουλάχιστον 10 Gbps. Με την κατάλληλη object-oriented γλώσσα προγραμματισμού το γράψιμο του multiplex/multilevel κώδικα απ' τους προγραμματιστές θα είναι παιχνιδάκι...

Ο informatics manager ολοκλήρωσε την παρουσίασή του χαμογελώντας πλατιά με το χαμόγελο της επιτυχίας και τα χέρια ανοιχτά σαν τον προφήτη της Τεχνολογικής Αποκάλυψης, φροντίζοντας έντεχνα να σταθεί μπροστά στο παράθυρο, ώστε ο πρωινός ήλιος να δημιουργεί γύρω του φωτοστέφανο...

Ήταν απολύτως σίγουρος για τον θρίαμβό του, όμως ο βασιλιάς, θεωρώντας τον εαυτό του σοφό άνθρωπο, αποκεφάλισε τελικά τον informatics manager κι έζησαν οι υπόλοιποι καλά κι' εμείς καλύτερα!

Σαν συνέπεια όμως αυτής της βιαστικής απόφασης του βασιλιά, οι φρυγανιέρες χρησιμεύουν ακόμα και σήμερα δυστυχώς μόνο για το φρυγάνισμα του ψωμιού, θλιβερά απλές, όπως ήταν όταν πρωτοκατασκευάστηκαν...

Μόνον οι πρώτες νεανικές αγάπες είναι αγνές. Αυτές που άνθισαν κι αυτές που δεν άνθισαν, αδιάφορο. Οι επόμενες είναι για τους περισσότερους απλές επαναλήψεις, που καταντάνε στο τέλος εμπορικές δοσοληψίες...

Ανάστροφη αγάπη

Το πεπρωμένο φυγείν αδύνατον, κι ο πρώτος έρωτας το ίδιο. Δεν ξέρω αν ο έρωτας αλλάζει ανάλογα με τις εποχές, αν ήταν διαφορετικός στην προϊστορική εποχή, ή στην μεσαιωνική εποχή απ' ό,τι είναι στην εποχή του i-κόσμου. Φαντάζομαι όμως πως θα 'ναι το ίδιο, όσο ίδιες μπορούν να παραμένουν οι καρδιές των νεαρών ανθρώπων καθώς ανιχνεύουν τη δίοδό τους στην ενηλικίωση μέσα απ' την επαφή τους με το άλλο φύλο.

Πρέπει να 'μουνα δεκάξι όταν ανασκίρτησε μέσα μου η επιθυμία να μιλήσω επιτέλους με αυτό το μυστηριώδες "άλλο φύλο". Μέχρι τότε όμως πέρασα, όπως όλοι οι άνθρωποι, από στάδια που τώρα με κάνουν να μειδιώ. Ένα αδιευκρίνιστο σε μένα ακόμα και σήμερα ορμέμφυτο μας έκανε στο δημοτικό σχολείο αντιπάλους. "Τα κορίτσια φταίνε, Κυρία!" "Όχι Κυρία, ψέματα, τα αγόρια ξεκίνησαν!"

Μετά ήρθαν τα χρόνια της ανοχής, για μένα τουλάχιστον. Τα κορίτσια ήταν αυτονόητα γύρω μου, παντού όπου γυρνούσα τις έβλεπα, μου άρεσε η παρουσία τους, αλλά με φόβιζαν, δεν τους μιλούσα και δεν μου μιλούσαν κι αυτές πέρα απ' τα τυπικά. Η ζωή μου ώρες ώρες δυσκόλευε και γίνονταν στενάχωρη, αφού ο μισός πληθυσμός γύρω μου ήταν σαν το ουδέτερο στοιχείο, κάτι σαν το άζωτο, κάτι σαν μιαν απαραίτητη ανυπαρξία, που παρ' όλα αυτά όμως μου εξήπτε τη φαντασία με εκατοντάδες ονειροπολήσεις, που καμία δεν πραγματώνονταν και μου κινούσε την περιέργεια με χιλιάδες ερωτήματα, τα οποία όμως ποτέ δεν έβρισκαν απάντηση...

Για να πούμε την αλήθεια, εγώ έστρεψα τότε την προσοχή μου σε άλλα ενδιαφέροντα, αφού κι αυτές αδιαφορούσαν παντελώς για μένα. Πολλά χρόνια αργότερα κατάλαβα τον λόγο.

Δεν ήμουν όμορφος, όμως στην τρυφερή εκείνη ηλικία η ομορφιά είναι το μοναδικό κριτήριο. Όποιος είναι στην κατηγορία μου, να έχει συνειδητοποιήσει ότι ζει σε μια κοινωνία όπου μόνο το όμορφο πριμοδοτείται και όπου μόνο η εξωτερική εμφάνιση μετράει, καταλαβαίνει απολύτως την τότε μοναξιά μου, αλλά και την μετέπειτα αναιμική συνέχεια της πάντα ισχνής αλληλεπίδρασής μου με αυτές τις αινιγματικές συνοδοιπόρους μου στο κοινό ξεκίνημα της ελπιδοφόρας μας ζωής.

Τι όμως άλλαξε ξαφνικά στον κόσμο μου και ξύπνησε το ληθαργεμένο ενδιαφέρον, σαν ένα χέρι να με χτύπησε στον ώμο και να μου 'δειξε το "άλλο φύλο";

Το καλοκαίρι εκείνο με βρήκε ναυταθλητή στον Ναυτικό Όμιλο ενός ελληνικού νησιού. Κάτι φουνταρισμένα βαρέλια με σανίδες από πάνω οριοθετούσαν την "πισίνα" όπου σκυλοπνιγόμασταν καθημερινά με τις ώρες. Ήταν οι καιροί της Χούντας και η "Ελλάς και Θάλασσα" και η "Ναυτική Εβδομάς" μονοπωλούσαν το ενδιαφέρον μας, αφού η επιτυχία στους αγώνες θα μας αντάμοιβε για τους προπονητικούς κόπους ολόκληρης της χρονιάς.

Αυτές ήταν καθημερινά στις κερκίδες. Τι στο καλό κάνουν εκεί, άλλη δουλειά δεν έχουν, μέσα στον Ιουλιάτικο ήλιο να ξεροψήνονται; Απ' την άλλη όμως, αυτό ήταν καλό. Στο τέλος της προπόνησης που παίζαμε το διπλό, είχαμε πορωμένους θεατές, που τσιρίζανε βέβαια κάτι παραπάνω, αλλά κι αυτό μέσα στο παιχνίδι ήταν, μας έφτιαχναν την ατμόσφαιρα.

Ήταν κι αυτή εκεί, αλλά δεν την ξεχώρισα ποτέ. Ήταν εκεί όλο το καλοκαίρι, αλλά δεν τόλμαγε να κάνει το βήμα. Άραγες αυτό το ίδιο μαρτυρικό χτυποκάρδι που έκανε εμένανε δειλό, με την αδρεναλίνη να τρέχει στο αίμα μου και τα πόδια μου τρεμάμενα να ριγούν όταν βρισκόμουν αντίκρυ σε κάποιαν απ' αυτές τις οπτασίες, να κρατούσε κι αυτήν κοντινά κι απόμακρα απ' το δικό της το ποθούμενο, κάνοντάς την να δαγκώνει αγχωμένη το κάτω χείλι της; Ποιος να ξέρει! Πάντως όταν με το τέλος της προπόνησης οι φιλενάδες της ορμούσανε έξω απ' τα αποδυτήρια στο αδίστακτο, λυσσαλέο και με τους δικούς του κανόνες γυναικείο κυνήγι τους, αυτή ήταν πάντα λίγο πιο πίσω κι απλά περίμενε υπομονετικά το δικό της πεπρωμένο. Ας την βαφτίσουμε λοιπόν Πηνελόπη.

Με πλησίασε μια άλλη κοπέλα απ' την παρέα. Τα σφριγηλά και γυμνασμένα νεανικά κορμιά των αγοριών αποτελούσαν έναν ακαταμάχητο πόλο έλξης για τα νεαρά κορίτσια που αχνοπερπάταγαν κι αυτά στα πρώτα τους αδέξια ερωτικά βηματάκια και ίσως για πρώτη και μοναδική φορά είχα και γώ το μερτικό μου. Όμως δεν μου ξέφυγε ότι στα τότε νεανικά πάρτι μας, όταν ξεχαρβαλωνόμασταν χορεύοντας με την αλαλούμ μουσική απ' τους γρατζουνισμένους δίσκους βινυλίου μας, η Πηνελόπη τριγύριζε συνεχώς γύρω μου. Ακόμα κι όταν ήμουνα με την „άλλη", η αύρα της αιωρούνταν ασταμάτητα γύρω μου, αιθέρια σαν ανεπαίσθητο άρωμα, επιτακτική σαν αστραπή κι ευλύγιστη σαν ιτιά. Ας την πούμε λοιπόν Πηνελόπη η Λυγερή.

Δεν τόλμησε να μου μιλήσει. Φυσικά ούτε κι εγώ, ακόμα κι όταν φυσιολογικά ξεθύμανε ο άλλος μου "δεσμός", που ουσιαστικά ποτέ δεν έγινε τέτοιος. Η αύρα της πάντα γύρω μου κι εγώ να την παρατηρώ ασταμάτητα, πάντα με πρωταρχικό μέλημα να μην γίνω αντιληπτός. Ντρεπόμουν. Γιατί άραγες; Ένιωθα εκείνην την ηδονιστική ταραχοποιό παράλυση που κατέληγε σε εκείνον τον ανεξήγητο ερωτομαζοχιστικό γλωσσοδέτη, βρίσκοντας διέξοδο μόνο στην προσευχή "Αχ! Ας μου μιλήσει αυτή πρώτη!" Άλλωστε αυτό δεν είναι από πάντα το προαιώνιο παιχνίδι των φύλων, να δώσουν με σημεία το στίγμα ώστε να αντιδράσει ο άλλος; Σκέφτομαι καμμιά φορά πόσο σοφή είναι η παροιμία "στερνή μου γνώση να σε είχα πρώτα" και κοιτώντας γύρω μου το θράσος και την ερωτική αναίδεια των σημερινών παιδιών, πρέπει να αναγνωρίσω με ένα ελαφρύ κούνημα του κεφαλιού μου ότι η δικιά μου η γενιά χάσαμε, όχι απλώς το τραίνο, αλλά όλη μας τη νιότη, αναλώσαμε όλη μας τη φρεσκάδα πίσω από οδοφράγματα καθωσπρεπισμού και προσταγές μιας αργοπεθαίνουσας αναχρονιστικής ηθικής.

Πρέπει να ήταν σε ένα απ' τα τελευταία μας καλοκαιρινά νεανικά πάρτι, όταν ένα χέρι με άγγιξε απαλά στον ώμο. Ενστικτωδώς κατάλαβα, το χεράκι ήταν λεπτεπίλεπτο και το άγγιγμα απαλό σαν άνθος και μυρωδάτο σαν τη νιότη της. Ένα ρίγος με διαπέρασε.

- Θέλω να σου πω ότι αύριο επιστρέφω στην Αθήνα. Κι επίσης να ξέρεις ότι υπάρχουν άνθρωποι που σε αγαπάνε, αλλά εσύ αδιαφόρησες...

Ήταν η τελευταία αίσθηση αυτής της αύρας γύρω μου. Την αισθάνθηκα ολοκληρωτικά, νιώθοντας το εκρηκτικό θάρρος που έσπασε τελικά τα τείχη της ψυχής της αναπτερώνοντας προς στιγμήν τις ελπίδες μου. Μάταια όμως! Δεν πρόλαβα να αντιδράσω, η καταραμένη δειλία μου με τις κρυστάλλινες αλυσίδες της, με καθυστέρησε για λίγα μόλις δευτερόλεπτα. Αρκετά ώστε το επακόλουθο άμεσο εξάχνισμά της, η αιθέρια αποχώρησή της, μόλις αντιληπτή μέσα στον συρφετό, μόλις ορατή, αλλά πάντα έντονη για το αρχέγονο ερωτικό μου ένστικτο, να μετουσιωθεί άμεσα σε ένα άυλο αλλά σαφές μήνυμα που έκανε αισθητή την παρουσία του διαχέοντας ηλεκτρικά κύματα στην ευαίσθητη νεανική ψυχή μου, χλευάζοντας αμείλικτα το μαρμάρωμά μου. Χωρίς αισθήσεις, ή με όλες μου τις αισθήσεις αν προτιμάτε, βίωσα την στιγμή εκείνη την πρώτη μου ερωτική απογοήτευση, λαγνοδονούμενος απ’ το αποχωρόν θρόισμά της, οσφραινόμενος το εξαχνώμενο άρωμά της, αχνοκοιτώντας την διαχεόμενη ανάμεσα στον κόσμο σιλουέτα της, με την αβάστακτη πίεση του αιθέριου αγγίγματός της ακόμα στον ώμο μου και την απουσία του ποθερού φιλιού της στο στόμα μου.

Αυτή η ανάστροφη αγάπη, που ευοδώθηκε μόνο μετά τον ανύπαρκτο χωρισμό μου απ' αυτόν τον ανεκπλήρωτο έρωτα που με διαπέρασε στιγμιαία κι αιθέρια σε όλο μου το είναι, ανάλαφρη σαν ροδοπέταλο, αλλά επίμονη σαν τις σταγόνες της βροχής στο μέτωπο, μου άφησε τελικά μια πίκρα που με ακολούθησε γι’ αρκετό καιρό. Απόδειξη ότι τη θυμάμαι ακόμα και τώρα στα χρόνια της ύστερης ωριμότητας, πάντα με ένα ανεπαίσθητο τρέμουλο στην καρδιά και μια περίεργη γλυκόπικρη γεύση στο στόμα.

Ο επόμενος χειμώνας στο σχολείο ήταν αφηρημένος, οι ανύπαρκτες σχέσεις μου αναιμικές κι ο πανδαμάτωρ χρόνος που έβαλε τελικά την ανεξίτηλη σφραγίδα του, μου φάνηκε για όλη την επόμενη χρονιά σταματημένος σε ένα άγγιγμα, ένα και μοναδικό αιθέρια αβάσταχτο, αρωματικά πνιγηρό και ευπρόσδεκτα οδυνηρό αποχαιρετιστήριο πεταλούδισμα στον ώμο...

Ο δάσκαλος δημιουργικής γραφής μου ζήτησε να περιγράψω διαπροσωπικές σχέσεις με ρεαλιστικό τρόπο γραφής ("φτάνει πια με τον σουρεαλισμό σου!", μου είπε). Εγώ του έστειλα αυτό. Ο δάσκαλος δημιουργικής γραφής αφού το διάβασε, με απεμπόλησε από μαθητή του. Τελειωτικά. Γιατί άραγες;;

Μενέλαος και Νατάσα

Ο κύριος Μενέλαος είχε φτάσει πια στην ηλικία της φαλακρίτσας, της κοιλίτσας και της καλοπέρασης. Στα νιάτα του πρέπει να ήταν καλούτσικος, τα σημάδια της νιότης του παρέμεναν και επέμεναν ακόμα, παρά τον πόλεμο που δέχονταν από την επερχόμενη απειλητικά ώριμη, ίσως και λίγο υπερώριμη, ηλικία.

Είχε όμως πλάι του μια γυναίκα που δεν πέρναγε απαρατήρητη. Ήταν δέκα χρόνια νεώτερή του, αλλά κρατιόταν τόσο καλά που θα μπορούσε να την περάσει κανείς για κόρη του. Η Νατάσα ήταν μια ψηλή καλλονή με πλούσια τα ελέη του Κυρίου. Φρόντιζε επιμελώς τη σιλουέτα της, ήταν πάντα φροντισμένη και καλοντυμένη, έτρωγε υγιεινά και γυμναζόταν καθημερινά. Επιπλέον αγαπούσε τον Μενέλαο και του το ‘δειχνε με κάθε ευκαιρία αγκαλιάζοντάς τον και φιλώντας τον ακόμα και σε δημόσια μέρη, πράγμα που τον έκανε υπερήφανο για την αγάπη, το πάθος και την αφοσίωση της συζύγου του. Η Νατάσα δεχόταν βέβαια τα κάθε είδους κομπλιμέντα από τρίτους με ευχαρίστηση, όπως κάθε γυναίκα, όμως χαμήλωνε σεμνά τα μάτια της χωρίς να απαντάει. Αποχωρούσε διακριτικά χαμογελώντας κρυφά, κόβοντας έτσι κάθε περαιτέρω προσπάθεια πολιορκίας της και κάνοντας τον Μενέλαο ακόμα πιο περήφανο για την πιστότητα και την τιμιότητά της.

***

Το ζεύγος δεν είχε παιδιά, όμως η Νατάσα επέμενε να πάρουν έναν σκύλο, έναν μεγάλο δανέζικο μολοσσό που τον αγαπούσε σαν παιδί της κι όλο τον αγκάλιαζε, τον βούρτσιζε και τον χάιδευε. Ο κύριος Μενέλαος γκρίνιαζε καθώς το γιγαντόσωμο ζώο τους ξυπνούσε απ’ τα χαράματα ρουθουνίζοντας πίσω απ’ την πόρτα, ενώ όλη τη μέρα έτρωγε τον αγλέορα και για επιδόρπιο το καταπέτασμα. Άσε πια τι αμολούσε μετά πίσω του και άσε τα εμβόλια, τις βόλτες και την υπόλοιπη φροντίδα του...

Η Νατάσα τον αποστόμωνε αμέσως.

- Μενέλαε, ξέρεις πόσες ληστείες γίνονται στην εποχή μας; Είμαστε απροστάτευτοι εδώ στη μονοκατοικία, δεν αισθάνεσαι πιο σίγουρος με τον μικρό μας τον Μπόμπυ να μας προσέχει;

***

Ο κύριος Μενέλαος δούλευε δεκαοκτώ χρόνια τώρα στην Εταιρεία. Οι συνάδελφοί του εκτιμούσαν πάντα τη συνέπεια, την εργατικότητα και την ευγένειά του καθώς δεν δημιουργούσε ποτέ προβλήματα. Ήταν τελειομανής, εργάζονταν επιδεικνύοντας εξαιρετικό ζήλο και ολοκλήρωνε τη δουλειά του πάντα σωστά και έγκαιρα. Τον τελευταίο χρόνο μάλιστα ο προϊστάμενός του έδειχνε κάποια επιπλέον οικειότητα, μιλώντας του με χαμόγελο και χτυπώντας τον φιλικά στην πλάτη. Ο κύριος Μενέλαος, εμφανώς ικανοποιημένος, ενέτεινε τις προσπάθειές του για να πετύχει ακόμα καλύτερη επίδοση κι ο προϊστάμενός του συνέχισε να τον χτυπάει φιλικά -και λίγο κοροϊδευτικά, του φάνηκε- στην πλάτη κάθε φορά που ολοκλήρωναν κάποια συνεργασία τους.

Τελικά, μόλις πριν από έναν μήνα του ανακοίνωσαν και την προαγωγή του. Δεκαοκτώ χρόνια ήταν στο ίδιο πόστο, τώρα όμως ρώτησε να μάθει τα καινούρια του καθήκοντα.

- Θα έχετε τα ίδια καθήκοντα και τον ίδιο μισθό, τον πληροφόρησε η γραμματέας του προϊσταμένου. Όμως τώρα στο καρτελάκι με το όνομά σας θα προσθέσετε τη λέξη “υπεύθυνος” μπροστά απ’ τη λέξη “λογιστής”. Από σήμερα είσαστε “υπεύθυνος λογιστής” κι όχι πια απλός υπάλληλος! Στο εξής, θα υπογράφετε εσείς ο ίδιος τις λεπτές και εχέμυθες υποθέσεις που σας αναθέτουμε! Δεν είναι αυτή μια εξέλιξη με σημασία;

***

Η Νατάσα έρχονταν συχνά τον τελευταίο καιρό και τον περίμενε υπομονετικά στον προθάλαμο του προϊσταμένου να τελειώσει τη δουλειά του. Ήταν όπως πάντα καλοντυμένη και φροντισμένη στην τρίχα, αν και λίγο πιο σέξι απ’ ό,τι συνήθως, έτσι του φαινόταν τουλάχιστον. Μόλις τον έβλεπε, τον αγκάλιαζε, του ξεσκόνιζε την πλάτη και τον φιλούσε με χαμόγελο και θέρμη περισσή, ιδιαίτερα όταν τους κοιτούσαν οι γραμματείς, κάνοντάς τον να κοκκινίζει από περηφάνια όταν αντιλαμβάνονταν τα στραβά και πνιχτά γελάκια των συναδέλφων του. Στη συνέχεια, το ζευγάρι έφευγε μαζί για να ψωνίσει και να επιστρέψει σπίτι του.

Μια μέρα ο κύριος Μενέλαος τελείωσε με επιτυχία και μια ώρα νωρίτερα μια δύσκολη δουλειά που του είχαν αναθέσει και που κανονικά θα τον απασχολούσε μέχρι αργά το απόγευμα. Με χαρά κατευθύνθηκε αμέσως προς το γραφείο του προϊσταμένου του για να αναγγείλει το πρόωρο και αίσιο τέλος. Η Νατάσα δεν ήταν ακόμα στον προθάλαμο, μάλλον δεν θα είχε έρθει ακόμα, αλλά ο Μενέλαος προχώρησε σταθερά προς το γραφείο.

Ατυχία, δεν ήταν κανείς μέσα! Την ώρα όμως που έκλεινε την πόρτα, το αυτί του αντιλήφθηκε ήχους από το ιδιαίτερο δωματιάκι στο πλάι. Προχώρησε λοιπόν μέσα στο γραφείο, αφού ο προϊστάμενος του είχε δώσει αυτό το θάρρος, και άνοιξε την πλαϊνή πόρτα.

Ο προϊστάμενός του ήταν στα τέσσερα στο πάτωμα. Γυμνός. Η Νατάσα ήταν πίσω του, ημίγυμνη. Φορούσε δερμάτινη στολή, απ' αυτές που πωλούνται στα καταστήματα ερωτικών ειδών, και στο χέρι της κρατούσε ένα μαστίγιο. Τα στήθια της ήταν ελεύθερα, ενώ απ' το υπογάστριό της εξείχε κάτι σαν φαλλός. Γύρισε ξαφνικά και τον κοίταξε χωρίς να σταματήσει τις παλινδρομικές κινήσεις της. Ο προϊστάμενός δεν φάνηκε να τον αντιλήφθηκε, καθώς ήταν φανερό ότι αντιμετώπιζε άλλο πρόβλημα. Βογγούσε, έσκουζε κι έβγαζε φωνούλες σαν να πονούσε...

Ο κύριος Μενέλαος έκλεισε γρήγορα την πόρτα και κοίταξε γύρω του. Ευτυχώς δεν ήταν κανείς άλλος στο γραφείο. Πέρασε στον προθάλαμο κι αφού διαπίστωσε ότι οι γραμματείς δεν είχαν αντιληφθεί τίποτα, τουλάχιστον έτσι του φάνηκε, προχώρησε βιαστικά προς την έξοδο και χωρίς καν να πάρει τα πράγματά του απ' το γραφείο, επέστρεψε σπίτι.

***

Δυο ώρες αργότερα εμφανίστηκε η Νατάσα. Ο κύριος Μενέλαος τόλμησε να ξεστομίσει τη λέξη "απιστία".

- Είσαι με τα καλά σου Μενέλαε; απάντησε αυτή. Απιστία είναι όταν ο άντρας είναι από πάνω. Στην περίπτωσή μας αυτός ήταν από κάτω κι εγώ ήμουν η αφέντρα. Είναι απιστία αυτό; Κι άλλωστε δεν θα 'θελες να το κάνεις θέμα, τώρα που πετύχαμε την προαγωγή σου, ε;

Ο κύριος Μενέλαος δεν αντέδρασε, είχε ήδη προσθέσει τη λέξη "υπεύθυνος" στο ταμπελάκι του. Άλλωστε δεν είχε λόγο να αμφιβάλλει για την τιμιότητα της Νατάσας, ποτέ δεν τον είχε εκθέσει. Στο κάτω κάτω αυτό το συμβάν έλαβε χώρα σε στενό ιδιωτικό κύκλο και για καλό σκοπό, όπως του εξήγησε η γλυκιά του γυναικούλα.

Δεν συζητήσανε τίποτα άλλο την υπόλοιπη μέρα. Όμως το επόμενο πρωί, στον δρόμο για τη δουλειά του ο Μενέλαος δεν αισθάνονταν καλά, ζορίζονταν. Είχαν για σήμερα προγραμματισμένη μια σύσκεψη με τον προϊστάμενο κι ο κύριος Μενέλαος δεν ήξερε πώς να τον αντιμετωπίσει, καθώς δεν ήταν σίγουρος αν αυτός τον είχε αντιληφθεί εχθές ή όχι.

Καθ' οδόν όμως του ήρθε αίφνης η επιφοίτηση: η Νατάσα σίγουρα θα ήξερε! Έστριψε αποφασιστικά το τιμόνι και ξαναπήρε τον δρόμο για το σπίτι του, να τη ρωτήσει. Θα μπορούσε βέβαια να της τηλεφωνήσει, αλλά ήταν ευκαιρία να πάρει κι ένα βαρύτερο παλτό, έκανε κρύο σήμερα. Μπαίνοντας κατευθύνθηκε αμέσως προς την κρεβατοκάμαρα, λογικά η Νατάσα θα κοιμόταν ακόμα.

***

Έμεινε στην πόρτα με το χέρι του στο χερούλι. Στο κρεβάτι με τη Νατάσα ήταν η κυρία Νίτσα, η πληθωρική σαραντάρα γειτόνισσα από απέναντι που τη λιγουρεύονταν όλοι στη γειτονιά. Φορούσαν κι οι δυο ελάχιστα, σχεδόν τίποτα, η Νατάσα ήταν από κάτω και η κυρία Νίτσα από πάνω της. Αρχικά δεν τον αντιλήφθηκαν απορροφημένες στις δραστηριότητές τους, όμως σύντομα, λες κι ήταν συνεννοημένες, έστρεψαν ξαφνικά συγχρόνως τα κεφάλια τους προς την πόρτα, όπου στεκόταν μαρμαρωμένος ο Μενέλαος. Πετάχτηκαν όρθιες, η Νίτσα έψαξε ντροπαλά να ρίξει επάνω της ένα ρούχο, ενώ η Νατάσα τον πλησίασε και τον τράβηξε απ' το χέρι στο σαλόνι κλείνοντας πίσω της την πόρτα της κρεβατοκάμαρας. Τον έσπρωξε ρίχνοντάς τον στον καναπέ κι έσκυψε από πάνω του. Δεν έκανε τον κόπο να φορέσει κάποιο ρούχο.

- Δεν κάνει να κρυφοκοιτάς γυμνή τη γειτόνισσά μας, τον μάλωσε. Είναι πολύ σεμνή η καημένη και στεναχωριέται εύκολα! Προβάρουμε τα καινούρια εσώρουχά της, εσύ τι δουλειά έχεις και κρυφοκοιτάς τις γυναικοδουλειές; Δεν ντρέπεσαι λίγο; Γιατί δεν χτυπάς την πόρτα;

Ο Μενέλαος κοκκίνησε, αλλά δεν είπε τίποτα.

Απ' την κουζίνα ήρθε τη στιγμή αυτή κουνώντας την ουρά του ο Μπόμπ. Οσφράνθηκε για λίγο τον αέρα κι αμέσως πλησίασε με σβελτάδα την αφεντικίνα του από πίσω, χώνοντας τη μουσούδα του θρασύτατα ανάμεσα στα σκέλια της ρουθουνίζοντας με θόρυβο, όσο αυτή ήταν σκυμμένη και μάλωνε τον κύριο Μενέλαο. Η Νατάσα δεν έδωσε αρχικά ιδιαίτερη σημασία, όταν όμως ο γιγαντόσωμος σκύλος ανασηκώθηκε ξαφνικά καβαλικεύοντας την με το τεράστιο σώμα του και με το παλλόμενο όργανό του ορθωμένο και προτεταμένο, αναπήδησε και στράφηκε θυμωμένη προς τον σκύλο.

- Όχι τώρα! Σου έχω πει εκατό φορές, όχι μπροστά σε κόσμο!

Ο πόθος και το πάθος ενός ταλαντούχου ανθρώπου είναι ανίκητα. Ο μανιώδης γλύπτης πλάθει αγαλματάκια με την ψίχα του ψωμιού στο γεύμα κι ο προικισμένος δημιουργός πλάθει απ' τα ερείπια παλάτια. Τι συμβαίνει όμως όταν το Σύμπαν συνωμοτήσει για να γίνει αυτό που αποζητάς, ή, με άλλα λόγια, όταν το ταλέντο συναντάει τον σουρεαλισμό;

Το μαγεμένο πάρκο

Ο Αχμετ είναι αρχιτέκτονας. Αν κι έχει λίγα χρόνια που τέλειωσε το πανεπιστήμιο, η φήμη του έχει κάνει ήδη άλματα αφού τον περιγράφουν σαν έναν ταλαντούχο νεαρό αρχιτέκτονα με εξαιρετικά ευοίωνο μέλλον, πράγμα που το διαπίστωσαν πρώτοι οι καθηγητές του που τον παρακολουθούσαν να αριστεύει στα μαθήματα και να φτάνει στο πτυχίο ακάθεκτος.

Τα πρώτα χρόνια της πρακτικής του έπαιρνε συνεχώς επαίνους, αλλά δεν τον άφηναν να κάνει μόνος του δουλειά. Δούλευε βλέπετε σε ένα μεγάλο αρχιτεκτονικό γραφείο, στο οποίο τα αφεντικά θεωρούσαν πρέπον να κάνει αυτός τα έργα και να παίρνουν οι ίδιοι τα λεφτά, τα εύσημα και τη δόξα. Αναγνώριζαν όμως ότι αυτός ήταν η ψυχή του γραφείου και τον είχαν στα ώπα ώπα! Του έβαλαν μαξιλαράκι στην ξύλινη καρέκλα που καθόταν και τοποθέτησαν στο γραφείο του ένα μπολάκι καραμέλες, απ' αυτές τις φτηνές του βουτύρου που δεν τις τρώει κανείς. Του αγόρασαν αυτοκίνητο, ένα μεταχειρισμένο μικρό, απ' αυτά που μοιάζουν σαν κατσαρίδες με ροδάκια, και του νοίκιασαν διαμέρισμα, ένα δωμάτιο ημιυπόγειο στη γειτονιά με τα μπουρδέλα. Σκέφτηκαν γενναιόδωρα και πονόψυχα οι άνθρωποι, καθώς ο Άχμετ είναι νέος κι ομορφόπαιδο, αλλά σαν ερωτευμένος με τη δουλειά του δεν κατάφερε μέχρι τώρα να στεριώσει σχέση, άρα μια βοήθεια απ' τα κορίτσια θα την είχε. Έτσι τουλάχιστον νόμιζαν, όμως ο Άχμετ δεν τα πήρε καν είδηση τα "σπίτια", αφού πήγαινε κάθε πρωί κάνοντας τζόκινγκ στη δουλειά του, που ήταν απ' την άλλη μεριά.

Το θέμα όμως είναι ότι κάθε φορά που ζητούσε να ολοκληρώσει ο ίδιος ένα έργο και να βάλει την υπογραφή του, του το αρνούνταν.

- Έχεις ακόμα χρόνια μπροστά σου! του έλεγαν. Όποιος βιάζεται σκοντάφτει!

- Τουλάχιστον κάποιο μπόνους; τόλμησε να ψελλίσει.

Τον κοίταξαν σηκώνοντας τα φρύδια.

- Τι πεζότητα! τον αποπήραν. Θα γίνεις κάποια μέρα διάσημος, θα έχεις ό,τι ποθήσεις στα πόδια σου, όλοι θα μιλάνε για σένα και για το ταλέντο σου. Γιατί το μυαλό σου είναι στα χρήματα αντί στη δόξα; Μας απογοητεύεις...

Δεν είπε τίποτα, αλλά το πάθος να φιάξει το πρώτο δικό του, ολόδικό του έργο, του έγινε από τότε έμμονη ιδέα.

***

Έτσι και σήμερα το βράδυ που κάθεται μπροστά στο ανοιχτό ημιυπόγειο παράθυρό του με το κεφάλι στα χέρια προσπαθώντας να αποφεύγει τις γόπες που πετούν μέσα οι περαστικοί κι ατενίζει την απέραντη, δημοτική, χωμάτινη αλάνα με τα γκρεμίσματα του παλιού αρχοντικού στην απέναντι πλευρά του δρόμου, εμφανίζεται το τζίνι. Έτσι αναίτια και ξαφνικά, εμφανίζεται μπροστά του ένα τοσοδούλι, μυξιάρικο τζίνι, που του τραγουδάει πεταρίζοντας σαν ενοχλητικό τζιτζίκι με τη μελωδική τζινίστικη φωνή του.

Τι το θωρείς ακίνητος;
Σε καρτερά κι αυτό!
Το κέφι σου, την τέχνη σου
Δειξ' τα μας τώρα εδώ!

Δείχνει σταθερά προς την αλάνα, πριν εξαφανιστεί το ίδιο αναπάντεχα όπως εμφανίστηκε, με ένα μεγαλοπρεπές "πουφ!" σαν τσιχλόφουσκα που σου σκάει στα μούτρα.

Ο Αχμετ πετιέται όρθιος. Πώς δεν το σκέφτηκε ο ίδιος, το τζίνι έπρεπε να του το υποδείξει; Σαν τρελός ορμάει με το σώβρακο στον δρόμο τρέχοντας στην απέναντι μεριά, πηδάει πάνω από ένα περαστικό αυτοκίνητο που προσπάθησε να τον πετύχει αλλά αστόχησε και ροβολάει μέσα στα χαλάσματα του μισογκρεμισμένου αρχοντικού. Ξέρει ότι οι εργάτες που καταπιάστηκαν κάποτε με την αναστήλωσή του έχουν εγκαταλείψει εδώ κάτι εργαλεία που ούτε ο ίδιος ο εργολάβος ενδιαφέρθηκε να τα πάρει, καθώς βρίσκεται πλέον σε πληρωμένες, μακροχρόνιες διακοπές στη φυλακή για υπεξαιρέσεις.

Τα βρίσκει με τη μία. Αρπάζει στην πλάτη του ένα φτυάρι κι έναν κασμά και συνεχίζοντας τον φρενήρη ρυθμό του διατρέχει πρώτα όλην την αλάνα διώχνοντας στο πέρασμά του τις τρομαγμένες γάτες με τα κλεμμένα ψάρια στο στόμα και καταγράφοντας στο μυαλό του κάθε λεπτομέρεια της τοπογραφίας της. Κουνάει τα χέρια του δείχνοντας εδώ κι εκεί σαν ξωτικό που απαγγέλει ασυναρτησίες, προκαλώντας με τα αλλόκοτα καμώματά του μιαν παρέα νεαρών που την έχουν αράξει στο παγκάκι παρά πέρα να ξεσπάσουν σε χειροκροτήματα.

Σαν να ξυπνάει για λίγο απ' την αιθεροβαμωσύνη του, υποκλίνεται μεγαλοπρεπώς κι αρχίζει πάλι να τρέχει σαν σίφουνας προς τη μέση της αλάνας, εκεί που κάποτε ήταν ο πίσω κήπος του αρχοντικού.

Αρχίζει να σκάβει με μανία. Πρώτα με τον κασμά, μετά στοιβάζει με το φτυάρι τα χώματα πιο πέρα για να γυρίσει ευθύς να συνεχίσει το σκάψιμο. Οι νεαροί που τον ακολούθησαν από περιέργεια στην αρχή, κοιτάνε τώρα με ενδιαφέρον αλλά σύντομα τον αρχίζουν στην καζούρα.

- Σε καρβουνιάρικο δουλεύεις και μανιπουλάρεις τόσο καλά τον κασμά;

- Έεεελα, έεελα! Πιο γρήγορα! Θα μας πάρει η νύχτα εδώ με σένα!

- Εδώ! Εδώ, σκάψε! Όχι, πιο εκεί σου λέω! Όχι εκεί! Πιο πέρα!

- Καλέ! Τι ωραίο σώβρακο είναι αυτό; Από πού τ' αγόρασες να πάρω κι εγώ πεντ' έξι;

- Σκάβε γρηγορότερα! Πολύ αργός είσαι! Μόνο τριάντα κασμαδιές το λεπτό; Πω, πωωωω!

Ο Αχμετ δεν δίνει σημασία, αφού μάλιστα οι νεαροί βαρέθηκαν σε καμιά ώρα κι έφυγαν. Συνεχίζει να σκάβει, μέχρι που τον παίρνει η νύχτα. Κινάει τότες πρώτα για το αρχοντικό, να αποθέσει τα εργαλεία και μετά για το διαμερισματάκι του. Εκεί το τελευταίο κουράγιο του τον εγκαταλείπει, πέφτει στο κρεβάτι και ξεραίνεται αμέσως στον ύπνο...

Το άλλο πρωί καταφθάνει πάλι με τζόκινγκ στη δουλειά του. Δεν έχει προλάβει όμως να πλυθεί, είναι μεσ' τα χώματα και τον ίδρω και μυρίζει σαν φρεσκομαζεμένο ραπανάκι, παρά τα καθαρά ρούχα που φόρεσε.

Η ιστορία αυτή συνεχίζεται απαράλλαχτη όλες τις επόμενες μέρες. Το πρωί καταφθάνει τρέχοντας στο γραφείο, μοσχομυρίζοντας σαν βόθρος αφού απ' την κούραση δεν έχει το κουράγιο να πλυθεί, με ρούχα που βρομίζουν όλο και πιο πολύ. Οι συνάδελφοί του, σε ένδειξη αλληλεγγύης, βγάζουν το γραφειάκι του στο μπαλκόνι και βάζουν πλάι του έναν δυνατόν ανεμιστήρα να φυσάει προς κάτι αντιπαθητικούς γειτόνους που έχουν. Όταν χρειάζεται να πάει στο φωτοτυπικό, ένας τοπικός συναγερμός χτυπάει στο σαλόνι για να φορέσουν όλοι τις μάσκες τους μέχρι να τελειώσει.

Το απόγευμα, σχεδόν χωρίς να φάει τίποτα, ορμάει στην αλάνα όπου δουλεύει μέχρι να μην βλέπει πια. Οι αλητάμπουρες είναι πάντα εκεί, η παρέα όλο και μεγαλώνει καθώς όλο και περισσότεροι έρχονται να δούνε αυτόν τον κουζουλό που σκάβει με τις ώρες σαν αγροπόντικας κουβαλώντας και στοιβάζοντας τα χώματα εδώ κι εκεί. Στην παρέα μάλιστα τώρα υπάρχουν και κορίτσια που, αν κρίνει κανείς απ' το ντύσιμο, ή μάλλον απ' το γδύσιμό τους, έχουν έρθει απ' τα σπίτια για να τον κάνουν χάζι και να ξεκαρδιστούν στα γέλια. Ευτυχώς δηλαδή, γιατί οι νεαροί νταβατζήδες τους κάνα δυο φορές αποπειράθηκαν να κάνουν χοντρόκοπα αστεία, να του πετάξουν ξύλα, βρισιές, σκυλόσκατα, προσβολές και άλλα μικροαντικείμενα, όπου όμως τα κορίτσια τους συγκράτησαν από χειρότερες αποκοτιές.

Ο Αχμετ σταματάει συνήθως, μην ξέροντας πως να αντιδράσει στην παρακώλυση του θεάρεστου έργου του. Όμως τότε επεμβαίνει η τζιτζικίσια φωνή απ' το μικροσκοπικό πετάρισμα μπροστά στα μάτια του.

Τι τους κοιτάς; Χασομεράς!
Αγνόησ' τους και ξέχασ' τους
Χαζοί κι ανόητοι μεσ' τη μιζέρια τους
Δεν ένιωσαν ποτές τ' αγάλλιασμα
Που η δούλεψη, ο κάματος κι ο μόχθος
Απλώνουν βάλσαμο το δείλι στην ψυχή...

Τελικά χαμογελάει με κατανόηση και συνεχίζει τη δουλειά του. Με τον καιρό τα πειράγματα σταματάνε. Ο επίμονος αυτός περίεργος τύπος με τον αμείωτο ζήλο αρχίζει να τους κερδίζει και να κεντρίζει το ενδιαφέρον τους. Τι να σκαρώνει άραγες;

Πολλές οι εικασίες, αλλά ο Άχμετ τους μπερδεύει καθώς, αφού έχει κάνει άνω κάτω όλην την περίμετρο, εστιάζει τώρα στον αρχοντικό ερειπιώνα χτίζοντας και γκρεμίζοντας ντουβάρια και στέγες κατά τη βούληση της αινιγματικής φαντασίας του.

***

Είναι ακριβώς τότες που ένας απ' την παρέα αποφασίζει να τον βοηθήσει, βλέποντάς τον να ζορίζεται καθώς προσπαθεί να στηρίξει ένα βαρύ δοκάρι. Τον πλησιάζει θαρρετά και φορτώνεται τον βαρύ ξυλοδοκό μέχρις ο Άχμετ να τον στηρίξει σταθερά στον τοίχο.

Το παράδειγμα κάνει σχολή και σύντομα εμπλέκονται ωθούμενοι απ' την περιέργειά τους και οι υπόλοιποι βαριεστημένοι υποκοσμικοί συγκροτώντας ένα παρδαλό, ανέλπιστο εργοτάξιο για να καταλήξουν να δουλεύουν τελικά καμιά εικοσαριά εθελοντές οικοδόμοι κάτω απ' τις οδηγίες του Άχμετ σαν γητεμένοι, σαν το μυξιάρικο τζίνι να τους έδεσε με διάφανα ξόρκια στο άρμα του. Η ομάδα έχει παρασυρθεί απ' τον ζήλο του οδηγητή της, που ανέλπιστα αποδεικνύεται επίσης εξαιρετικός μάνατζερ, κατευθύνοντάς τους επιδέξια καθώς αυτοί δουλεύουν ακάματα, έχοντας τυφλή εμπιστοσύνη στις ικανότητες του αλαφροΐσκιωτου αρχιτέκτονα οδηγητή τους.

Τα κορίτσια δεν μένουν έξω απ' τον χορό. Όσες το λέει η καρδιά τους συμμετέχουν ισότιμα, παραμελώντας προς στιγμήν τα ιερά καθήκοντα των ιερόδουλων, κάνοντας τα κουβαλήματα και τις βοηθητικές εργασίες, ενώ οι υπόλοιπες ετοιμάζουν τα σάντουιτς και τα αναψυκτικά για τη γητεμένη, πλην όμως κουρασμένη κι άμαθη στον μόχθο κατά συγκυρίαν εργατιά.

Ανάμεσά τους μια όμορφη κοπέλα με σγουρά μαλλιά και μεγάλα λαμπερά μάτια, επιμένει να βρίσκεται συνεχώς κοντά στον Άχμετ για να ελαφρύνει κάπως τις βαριές δουλειές του. Κουβαλάει τα τσιμέντα, σε μικρές ποσότητες αλλά αδιάκοπα, σηκώνει και στοιβάζει τις μικρότερες πέτρες και σε λίγες μέρες αρχίζει ακόμα και να χτίζει τα τούβλα με μυστρί και πηλοφόρι, βοηθώντας τον στην αναστύλωση των τοίχων του αρχοντικού. Ο Άχμετ δουλεύει ευχαρίστως μαζί της, αφού αυτή μαθαίνει γρήγορα τα μυστικά της οικοδόμησης κι αντιλαμβάνεται έγκαιρα την επόμενη κίνηση του, διευκολύνοντας έτσι σημαντικά το έργο του. Δεν ανταλλάσσουν πολλές κουβέντες, μόνο τα απαραίτητα για τη δουλειά. Άλλωστε ο ονειροπαρμένος, νεφελοβάμων αρχιτέκτονας δεν έχει μυαλό για κάτι άλλο...

***

Ένα βράδυ, περίπου έναν μήνα αφ' ότου ξεκίνησε αυτό το περίεργο εθελοντικό συνοθύλευμα, η κοπέλα θα ακολουθήσει τον Άχμετ προς το κονάκι του, όπως αυτός σέρνεται πτώμα απ' την κούραση. Δεν την παίρνει είδηση, ή κι αν την πήρε, δεν δίνει σημασία. Η κοπέλα γλιστράει μόλις αυτός ανοίγει την πόρτα στο δωματιάκι του, κρατώντας τη μύτη της. Ο Αχμετ ξεραίνεται αμέσως στο βρωμερό κρεβάτι του. Η κοπέλα κοιτάει πρώτα γύρω της, σηκώνει τα μανίκια και καταπιάνεται να βάλει μια πρώτη τάξη στο χάος. Δουλεύει όλο το βράδυ σιγοτραγουδώντας, όσο αυτός ροχαλίζει. Το πρωί παίρνει μιαν αγκαλιά βρωμερά ρούχα του κι εξαφανίζεται.

Η ιστορία αυτή τραβάει αρκετόν καιρό, για την ακρίβεια όσο διαρκούν τα έργα στη μαγεμένη αυτήν αλάνα που μεταμορφώνεται σιγά σιγά με τη βοήθεια των σαγηνεμένων εργατών, αλλά και με τα διάφορα υλικά, τα φυτά και τα δενδρύλια που κουβαλάει συνεχώς με την κατσαρίδα του ο Άχμετ, ξοδεύοντας για χάρη τους όλον τον μισθό του.

Το τζίνι επιμένει για το κεντρικό σημείο στους κήπους:

Εδώ μια κρήνη αψηλή
Ωραίο, πελώριο συντριβάνι
Ομπρέλα το νερό του να γενεί
Φυτά και νούφαρα πολλά
Και γύρω δρόμοι και στενά
Να σουλατσάρει κάθε αλάνι

Μετά από σχεδόν έναν χρόνο δουλειάς έχει αρχίσει πια να γίνεται ορατό το υπέροχο πάρκο που αναδύεται μπροστά στα μάτια τους. Πεζούλια κι αναβαθμοί, άλλοι με ξηρολιθιές, άλλοι χωματένιοι, δρομάκια χαλικόστρωτα ή πλακόστρωτα, αλέες και σκίαστρα, λιμνούλες με χρυσόψαρα που με έξυπνα συστήματα εκμεταλλεύονται το βρόχινο νερό, ποταμάκια με γεφυρούλες, δέντρα μικρά και μεγάλα, θάμνοι κι αναρριχώμενα που μεγαλώνουν γύρω από βράχους με καταρράκτες προκαλούν τα πουλιά και τα έντομα να αναζητήσουν εδώ τον νέο βιότοπό τους, γεμίζοντας την αλλοτινή νεκρή αλάνα με ζωή και φασαρία γύρω απ' το καλαίσθητα πια μισοανακαινισμένο αρχοντικό στη μέση, με τους τεράστιους κήπους πίσω του και το εντυπωσιακό, γιγάντιο, γεμάτο γλυπτές παραστάσεις συντριβάνι που φωτίζει με τον πολύχρωμο υετό του τη νυχτερινή πανδαισία.

***

Οι υπάλληλοι του δήμου θα επισκεφθούν κάποτες το εργοτάξιο, αλλά θα φύγουν ευχαριστημένοι που κάποιος φιάχνει τζάμπα το πάρκο αναψυχής που είχαν αποφασίσει ούτως ή άλλως να κάνουν αλλά δεν μπορούσαν να βρουν τα λεφτά. Από τότε δεν τον ξαναενόχλησαν, απεναντίας του χορήγησαν ρεύμα και νερό, γοητευμένοι κι αυτοί με τη διαφαινόμενη υλοποίηση του έργου που θα παρουσιάσει σε μια μεγαλειώδη τελετή εγκαινίων καμαρωτός ο δήμαρχος σαν επιτυχία του Δήμου του.

Το τζίνι εμφανίζεται αυτήν τη φορά θυμωμένο.

Πάλι κορόιδο θα πιαστείς; Πάλι θα μιζεριάσεις;
Το πόδι κάτω να χτυπάς, το σπλάχνο σου αγαπάς!
Τη σφραγίδα σου να βάνεις, την παρουσία σου εδώ
Εκεί σιμά στην είσοδο ανεξίτηλα τ' αρχοντικού,
στον λίθο τον ακρογώνιο να σμιλέψεις.

Τελικά δέχτηκαν να μνημονεύσουν τον αρχιτέκτονα με μια πλακέτα στην είσοδο του αρχοντικού.

***

Όλον αυτόν τον καιρό της δημιουργικής όργασης και κάθε βράδυ αδιαλείπτως, η κοπέλα ακολουθεί τον Άχμετ γλιστρώντας μαζί του στο δωματιάκι. Δεν τον αφήνει πια να ξεραθεί αμέσως στο καθαρό και φρεσκοστρωμένο κρεβάτι του, παρά πρώτα τον γδύνει και τον λούζει σχολαστικά κάτω απ' τη ντουζιέρα, τον ξυρίζει και τον σαπουνίζει όσο αυτός κοιτάει γλαρωμένος στο άπειρο ή λαγοκοιμάται ήδη κάτω απ' τη σαγήνη του χλιαρού νεροκαταρράκτη. Στη συνέχεια τον ταΐζει μισοκοιμισμένο και χώνεται μαζί του στο κρεβάτι για να ξυπνήσουν το πρωί και να τον ντύσει με καθαρά και φρεσκοσιδερωμένα ρούχα. Ο Αχμετ δεν της δίνει και πολλή σημασία, την αντιμετωπίζει σαν να υπήρχε πάντα στη ζωή του ή σαν να μην την αντιλαμβάνεται καθόλου, σαν να είναι αυτονόητη ή σαν να είναι περαστική, σαν ένα κομμάτι του εαυτού του ή σαν κάποιαν ξένη που δεν έχει τίποτα να πει μαζί της. Αν τον ρωτήσει κανείς, ειλικρινά δεν θα ξέρει τι να απαντήσει γι' αυτήν του τη συμπεριφορά. Σας έχει τύχει εσάς, κάτι να είναι τόσο κοντινό και συνάμα τόσο απόμακρο; Ένα κομμάτι δικό σας κι όμως ξένο, η ψυχή σας φευγάτη από σας, το μυαλό σας πλανεμένο μακριά; Αυτό έχει πάθει ο Άχμετ με την κοπέλα αυτήν που μπήκε τόσο απροσδόκητα στο διάβα του...

Εκείνη πάλι δεν επιδιώκει κάποια συζήτηση, ό,τι πρέπει να γίνει απλά το κάνει...

***

Όμως να που ήρθε τώρα ο πόλεμος κι εδώ! Η βροχή αντικαθίσταται από βόμβες κι ο άνεμος απ' τη σκόνη τους. Το γραφείο του στο κέντρο της πόλης σωριάζεται σε ερείπια κι όλα τα υπέροχα και μεγαλοπρεπώς υπογεγραμμένα σχέδια χάνονται. Όχι όμως εντελώς, αφού όλα είναι αποτυπωμένα ανεξίτηλα στο μυαλό του ταπεινού βοηθού αρχιτέκτονα του μεγαλόσχημου αυτού γραφείου, πράγμα όμως που δεν έχει πια καμιά σημασία...

Η πόλη μετατρέπεται σιγά σιγά σε ερείπια, οι σαγηνεμένοι εργάτες λακίζουνε και τα κορίτσια σκορπίζουν τρομαγμένα. Τα ''σπίτια'' αδειάζουν και το πάρκο ερημώνει.

Όμως για δες εκεί ένα θαύμα! Οι βόμβες φείδονται του μαγεμένου πάρκου, καθώς κάθε φορά που οι σειρήνες αντηχούν και κάποιο απ' αυτά τα υπέροχα θανατηφόρα ανθρώπινα opera magna πλησιάζει τρίζοντας τις λαμαρίνες του με σαδιστικά θανατερή χαρά, το μαγικό συντριβάνι ζωντανεύει θαρρείς, αυξάνεται σε μέγεθος, ψηλώνει προς τον ουρανό, ανοίγει με χάρη περισσή την πολύχρωμη υδάτινη ομπρέλα του και σιγοτραγουδώντας ύμνους αγνότητας που μόνον ο Ουρανός, ο Άχμετ κι η κοπέλα του μπορούν να ακούσουν, σκεπάζει όλο το πάρκο με ένα πυκνό, αδιαπέραστο, πηχτό σαν πάχνη κι αποφασισμένο σαν χιονοθύελλα συννεφένιο πέπλο που αποπροσανατολίζει τον ιπτάμενο σατανά και τον κάνει να χάνει τον προορισμό του. Δεν είναι μάλιστα λίγες οι φορές που οι θανατεροί αυτοί μαύροι άγγελοι της εξολόθρευσης διαποτίστηκαν απ' το μαγικά αβάσταχτο ψέκασμα του ειρηνικά οργισμένου συντριβανιού που διαπέρασε διαβρώνοντας το μεταλλικό τους κέλυφος και βραχυκύκλωσε τα σωθικά τους, κάνοντάς τα να ψοφολοήσουν άμεσα, καταμεσής της πτήσης τους και να σωριαστούν στη γης, άψυχα και ζοφερά μεταλλικά κουφάρια, σαν αποκαΐδια στοιχειωμένου νεκροταφείου...

***

Το νέο κυκλοφορεί γρήγορα στους πονεμένους δρόμους και στα ματωμένα χαλάσματα της πόλης, παρακινώντας τους ανθρώπους να συρρεύσουν κατά εκατοντάδες στην αρχή και κατά χιλιάδες στη συνέχεια στο μαγεμένο πάρκο, μέχρις που ολόκληρη η πόλη να βρει το καταφύγιό της στη φιλόξενη αυτή αστική όαση, αδιαφορώντας για τους πολεμόχαρους κι αιμοδιψείς δαίμονες που πετάνε από πάνω τους.

Το συντριβάνι ποτίζει απλόχερα με νέκταρ τους κάτω απ' τη σκέπη του έχοντες χρείαν, ενώ το πηχτό σύννεφο που κρύβει πλέον το πάρκο απ' τα αιματοβαμμένα μάτια του πολέμου τους καταβρέχει με μάνα. Οι ίδιοι βάζουν μόνο την αγάπη για ζωή, τη θέρμη της αγκάλης τους, την ευγνωμοσύνη για την ευσπλαχνία και τη χλεύη για τη ματαιότητα της ανθρώπινης κακίας...

Ο Αχμετ στέκεται στον έρημο πια δρόμο μπροστά στο μαγεμένο πάρκο αγκαζέ με την κοπέλα κοιτώντας την πράσινη οχλαγωγία μπροστά του με τις μυριάδες τους ανθρώπους που οι λυσσασμένες για καμένη σάρκα βόμβες αποτυγχάνουν να αγγίξουν. Γυρνάει και την κοιτάει κατάματα, ερωτηματικά.

- Ως πότε; τη ρωτάει νεύοντας προς το πάρκο και μετά ψηλά.

Εκείνη σηκώνει το χέρι πάνω απ' το κεφάλι της. Κάνει μια πιρουέτα γύρω απ' τον εαυτό της, μετά μια δεύτερη, μετά μια τρίτη, όλο και πιο γρήγορα, μέχρις που απ' τη στροφοδίνη εξαχνώνεται, γίνεται τοσοδούλα και πεταρίζοντας σαν τζιτζίκι μπροστά στα μάτια του, του σιγοτραγουδά με την περίεργη τσιριχτή τζινίστικη φωνούλα της:

Ό,τι είναι ανθρώπου τέχνημα τελεύει νωρίς
χάνεται πνιγμένο στην κατάρα των καιρών
μιας κι είναι ατελές, ευαίσθητο, λεπτό.
Ό,τι όμως γεννιέται από ψυχή αμόλυντη κι αγνή
του μέλλεται να ζήσει και ν' ανθίσει
να τιθασέψει δράκους και θεριά
γιατί 'ναι αγάπης κι έρωτα γενιά...

*** *** ***

Τα κρυμμένα μυστηκα είναι πίσω από ένα χοντρό εξώφυλλο βιβλίου. Ο θαυμαστός κόσμος ενός συγραφέα ξετυλίγεται αργά αργά μπροστά μας. Μας συμπαρασύρει στην πλάνη του. Μας απογηώνει απο τον δικό μας βατό κόσμο και μας προσγηώνει στα στιγματισμένα δεδομένα του. Και εμείς μη λάτρεις του εαυτουλη μας δραπετεύουμε, ιππεύοντας το λευκό ή μαύρο άλογο τυπωμένο με μαύρες καληκατούρες γράμματα πάνω στο λευκό χαρτί. Πάντα υπήρχε τρόπος μετάδοσης γνώσης, Όταν ήμουν μικρή είχαμε ένα μακρύ σπάγγο, όπου στα δύο άκρα του είχαμε βάλει από ένα καπάκι , και έτσι μεταφερόνταν ο ήχος από το ένα σημείο στο άλλο...

(μήνυμα από μιαν άγνωστη φίλη, με αυτούσια την ωρθογραφοία του...)

Το αστεράκι

Το γαλάζιο αστέρι έτρεχε σαν τρελό στον ουράνιο θόλο, πέρα δώθε, δεξιά αριστερά. Τι αστέρι θα 'ταν άλλωστε αν δεν έτρεχε παιχνιδιάρικα και σαν τρελό; Μόνο στους ανθρώπους που μιζεριάζουν κάτω στη γης τους φαίνονται τα αστέρια πως κάθονται στον ουρανό και λιάζονται τεμπέλικα, αλλά οι άνθρωποι της γης είναι δα γνωστό πως δεν έχουν ούτε φαντασία, ούτε αισθήματα για να νιώσουν πώς τρέχουν και πώς χορεύουν τα αστέρια, αιώνια μέσ' τη χρωματική πανδαισία που τα ίδια συνεχώς δημιουργούν...

Έξαφνα το γαλάζιο αστεράκι μας σταμάτησε το παιχνίδι του και κοντοστάθηκε. Με την άκρη του ματιού του σαν να είδε 'κεί πέρα στην άκρη ένα μικρό ροζ αστεράκι να αιωρείται χορεύοντας μόνο του στο κενό και να μιλάει στον αιθέρα. Έκανε κινήσεις περίεργες, σαν να ήθελε ο κόσμος όλος να ακούσει τα λόγια του και, ενώ δεν προσπαθούσε να τραβήξει την προσοχή των άλλων αστεριών που περνούσαν, έδειχνε με τον τρόπο του ότι θα ήθελε -ναι, θα το ήθελε πολύ!- να το προσέξει κάποιος και να σταματήσει να μιλήσει μαζί του!

Το γαλάζιο αστέρι μας λοιπόν σταμάτησε.

- Γειά σου!, είπε στο ροζ αστεράκι. Πώς σε λένε;

Εκείνο αρχικά δεν απάντησε, κοίταξε μόνο το γαλάζιο αστέρι με τα λαμπερά του μάτια που ξεχείλιζαν από χαρά που επιτέλους κάποιος το πρόσεξε!

Αμέσως όμως αναθάρρησε και πετάρισε σκορπίζοντας γύρω του αστερόσκονη που έλαμψε στο στερέωμα.

- Σου αρέσουν τα βιβλία; ρώτησε με έξαψη. Εμένα μου αρέσουν πολύ! Όμως δεν ξέρω να διαβάζω, άμα ήξερα κιόλας θα είχα διαβάσει ακόμα πιο πολλά βιβλία!

- Τι ακριβώς σου αρέσει απ' τα βιβλία; ρώτησε το γαλάζιο αστεράκι.

- Μα, χαζός είσαι; Όλοι ξέρουν ότι πίσω από κάθε χοντρό εξώφυλλο βιβλίου κρύβεται ένας θαυμαστός κόσμος! Κρίμα όμως που μόνο ο συγγραφέας του τον καταλαβαίνει, είπε το ροζ αστεράκι και για μια στιγμή μελαγχόλησε...

- Μα όχι, όχι βέβαια! Ο θαυμαστός αυτός κόσμος ξετυλίγεται μπροστά μας, δεν έχεις παρά να διαβάσεις το βιβλίο! διαμαρτυρήθηκε το γαλάζιο αστέρι που δυσκολευόταν να καταλάβει τη σκέψη του ροζ αστεριού.

- Κουτέ! Αυτό που ξετυλίγεται μπροστά σου είναι απλά μια πλάνη, μια πλάνη που ο συγγραφέας σε παρασύρει, είπε πάλι μελαγχολικά το ροζ αστεράκι, αλλά ξαφνικά τα μάτια του γέλασαν πάλι. Ξέρεις όμως, αυτή η πλάνη δεν είναι κατ' ανάγκη κακή! Σε απογειώνει, έτσι για να δεις τον κόσμο που σου περιγράφει από ψηλά, όπως ακριβώς εμείς τα αστέρια βλέπουμε τους κόσμους των άλλων από ψηλά, αλλά τελικά σε προσγειώνει και πάλι στον κόσμο τον πραγματικό, τον στιγματισμένο, τον γνώριμο, που στο κάτω κάτω δεν σου αρέσει. Και είναι η εκδίκησή του αυτή...

- Εκδίκηση; Δεν καταλαβαίνω, γιατί εκδίκηση; Γιατί να θέλει ο συγγραφέας να εκδικηθεί τους αναγνώστες του;

Το γαλάζιο αστεράκι σκυθρώπιασε στεναχωρημένο.

- Γιατί είναι εγωιστές οι αναγνώστες, να γιατί! Κι αυτό το ξέρει ο συγγραφέας. Είναι εγωιστές, ουσιαστικά εχθροί του εαυτού τους, αφού ο εγωιστής ακόμα και τον εαυτό του ανταγωνίζεται κι αντιπαθεί. Διαβάζουν για να δραπετεύσουν οι ίδιοι, δεν τους ενδιαφέρει τι νιώθει και τι θέλει να πει ο συγγραφέας με αυτά που γράφει, δεν κάνουν καν την προσπάθεια να τον καταλάβουν, απλά είναι τόσο εγωιστές οι αναγνώστες που όταν αγοράζουν το βιβλίο, πιστεύουν ότι αγόρασαν μαζί και την ψυχή του συγγραφέα. Περιμένουν να τους διασκεδάσει, όλοι διαβάζουν τα βιβλία για να "διασκεδάσουν" κι αν ο συγγραφέας αποτύχει να τους διασκεδάσει, τον κατηγορούν για κακό συγγραφέα και πετάνε το βιβλίο του παραπέρα...

- Χμ, μάλλον καταλαβαίνω τι θέλεις να πεις! είπε λίγο πιο ξαλαφρωμένο τώρα το γαλάζιο αστέρι. Αυτό που προσπαθείς να μου πεις είναι ότι πάντα υπάρχει τρόπος μετάδοσης της γνώσης, κι ο συγγραφέας πρέπει να τον βρει για χάρη του αναγνώστη...

Το ροζ αστεράκι ξέσπασε σε γέλια. Τρανταχτά γέλια! Τόσο τρανταχτά που τα άλλα αστέρια που έτρεχαν σαν τρελά κι αυτά γύρω γύρω ταράχτηκαν και ταρακουνήθηκαν προς στιγμήν προσπαθώντας να ισορροπήσουν στην αστρική καταιγίδα που ξέσπασε. Ανακατώθηκαν, μπερδεύτηκαν, άλλα απ' τα φωτάκια τους δυνάμωσαν κι άλλα αδυνάτισαν, αλλά είναι γνωστό ότι τα αστέρια δεν παθαίνουν τελικά τίποτα, ούτε και θυμώνουν, αντίθετα, τους αρέσει αυτή η ιλαρή ανακατωσούρα αφού τελικά όλα θα ξαναβρούν τη θέση τους στο απέραντο στερέωμα μεσ' την ατέλευτη αιωνιότητά τους.

- Μα όχι, όχι!, είπε το ροζ αστεράκι όταν συνήλθε απ' τα γέλια. Η γνώση, αγάπη μου, δεν μεταδίδεται! Αυτό που μεταδίδεται είναι η πληροφορία. Υπάρχουν χιλιάδες τρόποι μετάδοσης της πληροφορίας, η γνώση όμως δημιουργείται τελικά μέσα στον καθένα μας! Να, για παράδειγμα, εγώ σου μιλάω τώρα κι εσύ προσπαθείς να καταλάβεις τι εννοώ. Εγώ σου μεταδίδω μόνο την ηχητική πληροφορία. Από κει και πέρα είναι δική σου δουλειά να την αποκωδικοποιήσεις και να δημιουργήσεις τη γνώση, τη δική σου γνώση, που θα τοποθετηθεί στο μυαλό σου, τακτοποιημένη ανάμεσα στις άλλες γνώσεις σου. Κι αυτή η γνώση θα είναι πια εντελώς δική σου, με το δικό σου αποτύπωμα επάνω, κανείς άλλος δεν μπορεί ούτε να τη δει, αλλά και ούτε και να σου την πάρει!

Το ροζ αστεράκι κοίταξε χαρωπά το γαλάζιο κι έκανε μια κωλοτούμπα διασπείροντας πάλι χαρούμενη αστερόσκονη γύρω του. Η γωνία των αστροματιών του τρεμόπαιξε σε ένα ειρωνικό παιχνίδισμα, καθώς είδε το γαλάζιο αστεράκι να είναι σκεφτικό και προβληματισμένο.

- Τελικά είσαι χαζούλης, αλλά γλυκός χαζούλης!, του είπε. Να στο εξηγήσω κι αλλιώς: ένα άσπρο και ένα μαύρο άλογο τρέχουν πάνω στο χαρτί, τρέχουν αιθέρια, αλαφιασμένα, διαπλεκόμενα, δημιουργώντας αντί για γράμματα καλλιτεχνικές, μπερδεμένες, εύμορφες καρικατούρες. Τι μας λένε αυτές οι καρικατούρες;

- Εεε, δεν ξέρω!

- Πώς δεν ξέρεις; Αφού πήγες σχολείο, ξέρεις να διαβάζεις, δεν μπορείς να μου πεις τι λένε;

- Εεε, όχι, δεν τις καταλαβαίνω! Τα γράμματα εντάξει, αλλά καρικατούρες...

- Είδες; Μόνο η γλώσσα της ψυχής μπορεί να καταλάβει τον συγγραφέα και να αποκρυπτογραφήσει τις καρικατούρες της ψυχής και του μυαλού του, που αφήνουν στο διάβα τους τρέχοντας σαν παλαβά χιλιάδες πλουμιστά με τα χρώματα της φαντασίας του άλογα...

Έκανε άλλη μια χαριτωμένη κωλοτούμπα ξαναφωτίζοντας το στερέωμα, περιλούζοντάς το με την αιθέρια αστερόσκονή του.

- Έτσι διαβάζω εγώ τα βιβλία! Εσύ που πήγες σχολείο δεν έμαθες ποτέ να διαβάζεις με τη γλώσσα της ψυχής παρά μόνο με τη γλώσσα των ματιών, τι πεζότητα αλήθεια! Μόνο αν γίνεις ένα με το βιβλίο θα κατανοήσεις τον θαυμαστό του κόσμο και θα ανακαλύψεις τα μυστικά του, αυτά που κρύβονται πίσω απ' την αρχική πλάνη. Τότε πια δεν θα μιλάμε για εκδίκηση, αλλά για σοφία, καθώς μόνο τότε ο συγγραφέας θα μπορέσει να σου περάσει λίγη απ' τη σοφία του, σαν τα παιδιά που τεντώνουν έναν μακρύ σπάγκο και στην άκρη του βάζουνε δυο καπάκια για να μπορούν έτσι να περνάνε τα μυστικά τους απ' το ένα στο άλλο, νικώντας και τον χρόνο και την απόσταση και τον αιθέρα και τη λογική μαζί, αφού η αθωότητα κι η φαντασία της παιδικής ψυχής ερμηνεύουν σε τελική ανάλυση το μήνυμα, έφτασε δεν έφτασε αυτό στην άλλη άκρη του σπάγκου!...

Το γαλάζιο αστεράκι άκουγε με ολάνοιχτα τα αστρομάτια του. Όμως αίφνης, με ένα αιθέριο φρρρρρρ... το ρόζ αστεράκι έφυγε! Στριφογύρισε σβέλτα αρχίζοντας ξανά τον τρελό αστροχορό του, για να εξαφανιστεί επακολούθως αστραπηδόν στο άπειρο κάπου ανάμεσα στ' άλλα, τα εκατομμύρια άλλα αστεράκια...

Το γαλάζιο αστεράκι στάθηκε για λίγο σκεφτικό.

- Ώστε τελικά μόνο η γλώσσα της ψυχής μπορεί να μας κάνει να καταλάβουμε τον άλλο; Αν δηλαδή κι εγώ άκουγα με την ψυχή μου κι όχι με τα αστροαυτιά μου το ροζ αστεράκι, θα το καταλάβαινα ίσως καλύτερα;

Αλλά, όπως είπαμε, τα αστεράκια είναι πολύ παιχνιδιάρικα και δεν μπορούν να ασχοληθούν για πολύ με τέτοιους περίπλοκους προβληματισμούς. Ένας φίλος του του είχε πει κάποτε ότι τέτοια θέματα απασχολούν κάτι κολοβά, γλοιώδη όντα χωρίς τρίχωμα που περπατάνε όρθια εκεί κάτω σε έναν πλανήτη, κάπου χαμένον στο άπειρο, αλλά δεν έψαξε ποτέ του να βρει αυτόν τον πλανήτη για να τα ρωτήσει... Το αστεράκι μας λοιπόν απόδιωξε τις περίπλοκες αυτές σκέψεις, αναπήδησε κι αυτό χαρούμενο τινάζοντας με τη σειρά του λαμπερή, φωτεινή, αισιόδοξη αστερόσκονη γύρω του, για να ξεχυθεί στη συνέχεια προς τη μεριά που απομακρύνθηκε το ροζ αστεράκι, βάζοντας τα δυνατά του κι όλη την ξέφρενη ταχύτητά του για να το προλάβει.

- Ε, περίμενε λίγο! Θέλω να σε ρωτήσω κάτι ακόμα! φώναξε δυνατά προς τη μεριά που κατευθύνθηκε το ροζ αστεράκι, προκαλώντας μιαν απόκοσμη επουράνια βροντή, προβοκάροντας στο διάβα του τα άλλα αστεράκια να ταραχτούν και να τρεμοπαίξουν ξανά ώστε να διασπείρουν με τη σειρά τους όλα μαζί τη δική τους ολόφωτη, διαυγή, ακτινοβόλο αστερόσκονη, γεμίζοντας από τότε ολόκληρο το Σύμπαν με μια λαμπερή, αισθησιακή, υπερούσια Φαντασία, που οι άνθρωποι ποτέ τους δεν θα καταφέρουν να την κατανοήσουν...

Ένα ψυχογράφημα περιγράφει τις ψυχικές διαθέσεις των ανθρώπων σε σχέση με κάποια αφορμή ή ένα αντικείμενο. Ωραία. Ένα αντικείμενο όμως; Μπορούμε να μιλάμε για ψυχογράφημα ενός αντικειμένου, ή πρόκειται μόνο για ένα φωτογράφημα; Για να δούμε, για να δούμε...

Μολυβένια Ζωή

Όλοι γεννιούνται μόνοι τους, γυμνοί και κλαψιάρηδες. Εγώ γεννήθηκα με πολλά αδέλφια, καμιά εικοσαριά θα 'μασταν, λαμπερός και στιλπνός. Και χαρούμενος. Με τυλίξανε σε προστατευτικό σελοφάν για να μείνω λαμπερός για πάντα και με αποθέσανε προσεκτικά πλάι στ' αδέλφια μου σε ένα πολύχρωμο πολυτελές κουτάκι που είχε απ' έξω χαρούμενες ζωγραφιές. Πρόλαβα να ρίξω μια τελευταία ματιά στη μάνα μας, μια μεγαλόσωμη, χοντροκομμένη και βρώμικη μηχανή που βογκούσε, έτριζε και ξεφυσούσε σε κάθε της κίνηση ξεγεννώντας μας. Έτσι κι αλλιώς δεν ενδιαφέρθηκε ποτέ της για μας, απλά μας αράδιαζε τον έναν μετά τον άλλον απ' τα σπλάχνα της και μετά μας παράταγε κάτω. Η τελευταία μου ανάμνηση απ' τη γέννα μου ήταν ένα μεγαλόσωμο χέρι που έκλεισε το καπάκι, τυλίγοντάς μας στο μαύρο σκοτάδι. Δεν είχα τι άλλο να κάνω, παρά μόνο να κοιμηθώ...

***

Ξύπνησα σε ένα φωτεινό μαγαζί. Ήμουνα όρθιος, μέσα στο κουτάκι μου, πλάι στ' αδελφάκια μου, έχοντας όλην την ζωή μπροστά μου, καμαρωτός και χαρούμενος που έβλεπα τόσον κόσμο. Είχε πολύ κίνηση το μαγαζί αυτό, αλλά κυρίως παιδιά. Πολλά έρχονταν μπροστά μας και μας περιεργάζονταν, κάποια έχαναν το ενδιαφέρον τους γρήγορα και κοιτούσαν άλλα πράγματα, ενώ κάποια άλλα έπαιρναν ένα απ' τα αδέλφια μου και το έβαζαν στο καλαθάκι που κρατούσαν. Να κι ένας μπόμπος, χοντρός, πασαλειμμένος σοκολάτα με μοχθηρό βλέμμα. Έπιασε ένα απ' τα αδέλφια μου, το έβαλε στην τσέπη του κι απομακρύνθηκε κοιτώντας καχύποπτα δεξιά-αριστερά.

- Ε!, ήθελα να φωνάξω, αλλά δεν είχα φωνή! Τον παλιοκλέφτη...

Ένιωσα ένα βλέμμα πάνω μου. Πείτε το ένστικτο, πείτε το όπως θέλετε, αλλά εγώ το ένιωσα. Ένα κοριτσάκι με κοιτούσε έντονα.

- Κοίτα, είπε στη φίλη του, κοίτα πόσο χαρούμενα χρώματα έχει αυτό...

- Ωχ, καημένη!, απάντησε η φίλη της, καιρός να μεγαλώσεις, όλα την ίδια δουλειά κάνουν. Πάρ' το να τελειώνουμε, έχω ραντεβού...

Έτσι βρέθηκα στο καλαθάκι της Αννούλας...

***

Η Αννούλα ήταν ένα ευαίσθητο κορίτσι, όπως όλα τα κορίτσια της ηλικίας της. Ήταν όμως ασχημούλα και δεν είχε πέραση στ' αγόρια. Πόσα κλάματα δεν ρίξαμε μαζί, πόσα ατέλειωτα τηλεφωνήματα δεν κάναμε αναζητώντας παρηγοριά στις φίλες της, με εμένα να της ζεσταίνω τα χέρια, στριφογυρίζοντας στα δάκτυλά της και κρατώντας της συντροφιά όταν έγραφε στο ημερολόγιό της...

Ο Πέτρος την πλήγωνε. Τον ήθελε σαν τρελή, χωρίς να ξέρει γιατί τον ήθελε, ήξερε μόνο ότι ήθελε να είναι για πάντα πλάι του. Του ζητούσε να βγουν με την παρέα όλοι μαζί κι αυτός χαμογελούσε στραβώνοντας το στόμα του προς το πλάι, δημιουργώντας ένα λακκάκι στο μάγουλό του που την τρέλαινε ακόμα πιο πολύ. Ήθελε να τον φιλήσει εκείνη τη μέρα, μόνοι στην τάξη αφού όλα τα παιδιά ήταν στο διάλειμμα στην αυλή, αλλά δεν τολμούσε. Ήθελε να τον αγγίξει κι αυτό ήταν το λάθος της. Τον άγγιξε στο στήθος, έτσι όπως αυτός στεκόταν μπροστά της, προσδοκώντας λίγη θαλπωρή, λίγη επαφή με αυτό που ποθούσε αχνά και δυνατά, λίγη ερμηνεία για το τι είναι τέλος πάντων αυτές οι πεταλούδες που νιώθει μέσα της και πολλή διάθεση για εξερεύνηση. Όμως αντί γι' αυτά, ένιωσε ξαφνικά τα χέρια του κάτω απ' την μπλούζα της, πάνω στ' άγουρα στήθια της, να τη χουφτώνουν και να την πονούν!

Τρόμαξε! Τσίριξε! Τον έσπρωξε δυνατά μακριά της, προς το παράθυρο, αυτός χαμογέλασε κοροϊδευτικά κι επιτιμητικά, αλλά η Αννούλα δεν αστειευόταν πια με το γκρέμισμα του ονείρου της, με την κατακρεούργηση του ρομαντισμού της! Με άρπαξε απ' το θρανίο και με πέταξε με δύναμη πάνω του.

***

Έτσι βρέθηκα στο πεζοδρόμιο, μπροστά στο σχολείο. Με σήκωσε ένας ρυπαρός αγριάνθρωπος και με έβαλε στ' αυτί του. Μου στραβόκατσε. Κι όταν με κατέβασε και με σάλιωσε, ένοιωσα αηδία. Άσε που δεν καταλάβαινα τι έλεγε. Ούτε κι όταν φώναζε τραγουδιστά επαναλαμβάνοντας την ακαταλαβίστικη λέξη του, προσπαθώντας να σκεπάσει τις φωνάρες των πλαϊνών του σε μια κακόφωνη χορωδία σκέτο γκάρισμα, που με ξεκούφαινε και σκέπαζε ακόμα και τη βοή της παρδαλής λαοθάλασσας που περνούσε όλη μέρα μπροστά μας. Το μόνο που καταλάβαινα απ' τα λόγια του ήταν όταν θύμωνε με κάποιαν πελάτισσα και χειρονομούσε απειλητικά φωνάζοντας:

- Έλα τώρα κυρά μου που θέλεις κι απόδειξη, τι το κάναμε εδώ, εφορεία είμαστε;...

Αλλά το χειρότερο ήταν η βρώμα που ζούσα μέσα. Τα δάχτυλά του αδρά, γεμάτα χόνδρους και πάντα άπλυτα με καταβρόμιζαν καθημερίς, το αυτί του που με έβαζε πάνω λεριασμένο, πιο βρώμικο κι απ' τον πισινό του, που με έχωσε μια φορά μέσα απ' το παντελόνι του να του ξύσω τον βρωμερό του πρωκτό! Το μισούσα αυτό το κάθαρμα, το μισούσα απ' τα βάθη της ψυχής μου και συχνά αρνιόμουν να συνεργαστώ, σπάζοντας κομμάτια απ' τη μύτη μου, έτσι όπως με έσφιγγε δυνατά στα χοντρόχερά του. Και τότε αυτός με έξυνε με ένα μαχαίρι ακόμα πιο βρώμικο απ' τα δάχτυλα του, με ξεραμένα κομμάτια πάνω του απ' ό,τι μπορείς να φανταστείς και με πονούσε κόβοντάς μου κομμάτια μεγάλα, κάνοντάς με να αναπολώ το λεπτεπίλεπτο ξύσιμο της ξύστρας της Αννούλας που είχα στα νιάτα μου και με κράταγε πάντα καθαρό...

Α! Τα νιάτα μου! Πίστευα τότε ότι η φρεσκάδα μου και τα λαμπερά μου χρώματα θα κράταγαν για πάντα, αλλά, φευ! Τώρα είμαι ο μισός, βρώμικος, δαγκωμένος, με τη μύτη μου ξυσμένη σε ακαθόριστο σχήμα και δεν μπορώ πια να σταθώ όρθιος, αφού το πίσω μέρος μου είναι τσακισμένο και σκλήθρες εξέχουν ακανόνιστες, σαν κατάρτι καραβοτσακισμένης γαλέρας.

***

Δεν ξέρω πώς βρέθηκα στο χαντάκι. Πρέπει να έπεσα απ' το κάρο, όταν ο βρωμερός αγροίκος χοιροροχάλιζε στον μεσημεριανό του ύπνο, που να μην έσωνε να ξυπνήσει. Το θέμα είναι ότι έμεινα στο χαντάκι τρείς ολάκερους λυσσαλέους χειμώνες και τρία νταβρατισμένα ζαλάδικα καλοκαίρια, στη βροχή και στον καύσωνα. Σκέβρωσα, διαβρώθηκα και τα χρώματά μου χάθηκαν μαζί με τη νιότη μου. Αλλά δεν μου ήταν γραφτό να ξεψυχήσω εκεί. Ένα χέρι με σήκωσε μια μέρα, ένα χέρι γέρικο, ροζιασμένο, αλλά καθαρό κι ευγενικό, που μύριζε λιβάνι.

- Για κοίτα το, μουρμούρισε ο γέροντας, θα 'χει ιστορίες να πει κι αυτό το καημένο...

Και με έβαλε στην τσέπη του.

Στο φτωχικό του με καθάρισε προσεκτικά, σχεδόν με σεβασμό θα μπορούσε να πει κανείς. Με μια καρφίτσα βρήκε όλα τα χωματάκια που είχαν διεισδύσει στη σάρκα μου και με μαγάριζαν και τα αφαίρεσε προσεκτικά, σχεδόν κατανυκτικά. Μετά, προς μεγάλη μου κατάπληξη, πήρε ένα μικρό βαζάκι με βερνίκι κι άρχισε να με γυαλίζει σιγοτραγουδώντας ένα απολυτίκιο, ένα απ' αυτά της Μεγάλης Βδομάδας που αρέσουν στους ανθρώπους να τα ακούνε. Τραγουδούσε χωρίς παραφωνίες, με σιγουριά, με φωνή κρυστάλλινη και σταθερή που έβγαινε πηγαία απ' το βάθος της ψυχής του και γέμιζε το δωμάτιο με κατάνυξη κι έκανε ακόμα και το βερνίκι να γλιστράει απαλότερα πάνω μου και να με διαποτίζει καθώς ανατρίχιαζα απ' την αρμονία του θεϊκού ύμνου, έτσι όπως τον βίωνε ο άγιος αυτός άνθρωπος.

- Δες εδώ τι ωραίο κειμήλιο που έγινε αυτό το ταπεινό δημιούργημα του Ανθρώπου!...

είπε ο γέροντας και με έβαλε, έτσι απλά ξαπλωτό, στη βάση από ένα μπρούτζινο κηροπήγιο που είχε στο περβάζι του παραθύρου του.

Οι μέρες που πέρασα στο σπίτι του γέροντα ήταν οι καλύτερες της ζωής μου. Ο χώρος ήταν κατανυκτικός, μικρός και καθαρός αφού ο γέροντας φρόντιζε με επιμέλεια για την πάστρα του. Αρωματισμένες με λιβάνι και διαποτισμένες απ' τις ψαλμωδίες του άγιου αυτού ανθρώπου κυλούσαν οι μέρες μου ημερολογιακά, αφού εγώ δεν γερνούσα πια παραδομένος στην ουράνια αυτή ηρεμία. Ανασκοπούσα την ζωή μου τη χαραμισμένη, το λαμπρό μέλλον που είχα πια πίσω μου, ενώ το μέλλον που δεν είχα πλέον μπροστά μου δεν με ένοιαζε καθόλου. Η αρμονία με είχε επιλέξει κι η ηρεμία με είχε κατακτήσει, αλλάζοντας τις ισορροπίες μου, ανατρέποντας τα ιδανικά μου και γκρεμίζοντας τις αξίες μου κάνοντάς τις να φαίνονται ρηχές και ποταπές μπροστά στη γαλήνη της θεϊκής παντοτινότητας...

***

Αλλά ο γέρος κοιμόταν τα βράδια βαθιά. Και μας έπαιρνε πάντα πλάι του στο κομοδίνο. Το κερί από πάνω μου αχνοφώτιζε όλην τη νύχτα το δωμάτιο, μέχρι που ο γέροντας γυρνώντας στον ύπνο του μας έριξε και τους δυο στο χαλάκι που τακτοποιούσε κάθε βράδι τις παντόφλες του. Η πυρκαγιά το έκαψε τελείως το σπιτάκι, μαζί και μένα. Αλλά δεν με πείραξε. Μακάρι όλοι μας να μπορούσαμε να είχαμε έναν ήρεμο θάνατο, άγιο κι ευλογημένο σαν του γέροντα, με τις αμαρτίες μας σχωρεμένες και τη συνείδησή μας ήσυχη, ότι εκτελέσαμε τα πρέποντα με Σοφία, ότι σταθήκαμε στους οικείους μας με Αγάπη, ότι τιμήσαμε την ύπαρξή μας με Αξιοπρέπεια κι ότι ευχαριστήσαμε τον Δημιουργό μας με Ταπεινοφροσύνη...

Συνηθίζεται εδώ να παρατίθενται πληροφορίες για τον συγγραφέα. Όμως εγώ δεν θα ήθελα να προσθέσω τίποτα άλλο. Πιστεύω ότι δεν έχει σημασία πού γεννήθηκα, πού σπούδασα, πού ζω κι άλλα τέτοια ανάλατα κουτσομπολιά. Θέλω να πιστεύω ότι με γνωρίσατε μέσα απ' το έργο μου κι ότι αυτή η γνωριμία είναι σημαντικότερη απ' την τυποποιημένη πληροφορία των τεχνολογικών meta-data.

Αν μάλιστα κατάφερα να κινήσω μερικές χορδές μέσα σας, αν σας προβλημάτισα, αν σας ξαλάφρωσα ή αν ευχαρίστησα την ψυχούλα σας, τότε ακόμα καλύτερα, αυτή είναι μια ανταμοιβή που αξίζει πραγματικά!

Θα χαρώ επίσης και να το πληροφορηθώ, μην είσαστε τόσο φειδωλοί στην αγάπη, ρε παιδιά!...